从"诱导创新"到"技术偏向"：中国农业发展的经验证据

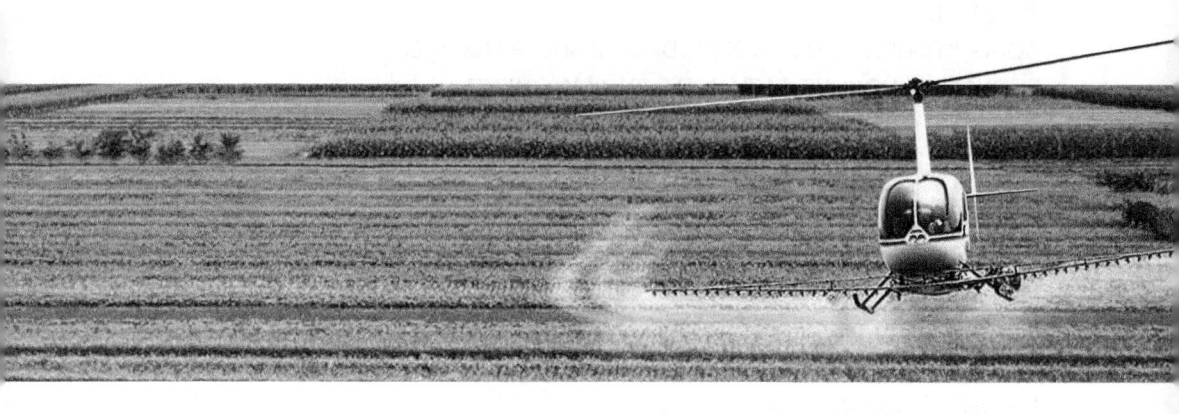

贺娜 ◎ 著

首都经济贸易大学出版社
Capital University of Economics and Business Press
·北京·

图书在版编目（CIP）数据

从"诱导创新"到"技术偏向"：中国农业发展的经验证据/贺娜著． -- 北京：首都经济贸易大学出版社，2024.1

ISBN 978-7-5638-3630-7

Ⅰ．①从… Ⅱ．①贺… Ⅲ．①农业经济发展-研究-中国 Ⅳ．①F323

中国国家版本馆CIP数据核字（2024）第004593号

从"诱导创新"到"技术偏向"：中国农业发展的经验证据
贺　娜　著
CONG "YOUDAO CHUANGXIN" DAO "JISHU PIANXIANG"：
ZHONGGUO NONGYE FAZHAN DE JINGYAN ZHENGJU

责任编辑	晓　地
封面设计	砚祥志远·激光照排　TEL：010-65976003
出版发行	首都经济贸易大学出版社
地　　址	北京市朝阳区红庙（邮编100026）
电　　话	（010）65976483　65065761　65071505（传真）
网　　址	http://www.sjmcb.com
E-mail	publish@cueb.edu.cn
经　　销	全国新华书店
照　　排	北京砚祥志远激光照排技术有限公司
印　　刷	北京九州迅驰传媒文化有限公司
成品尺寸	170毫米×240毫米　1/16
字　　数	257千字
印　　张	14.75
版　　次	2024年1月第1版　2024年1月第1次印刷
书　　号	ISBN 978-7-5638-3630-7
定　　价	59.00元

图书印装若有质量问题，本社负责调换
版权所有　侵权必究

前　言

技术进步是社会经济持续发展的动力和源泉。新技术的研发和应用，会对社会生产效率和财富积累产生重要影响。新古典增长理论认为，资本和劳动要素投入仅带来总产出的增加，而技术进步率会影响人均产出的增长率。内生增长理论则把技术进步内生化，进一步解决技术生成的盲盒问题。上述理论对技术进步的研究，侧重于从总量角度进行分析，一般假定技术进步是中性的。然而，从结构层面看，技术进步通常是有偏的，不同种类技术的进步方向和扩散速度存在差异性；技术实施后要素的产出效率变动会有所不同，甚至对比悬殊；在技术有偏进步的作用下，社会经济往往也会形成不同的发展路径。多年以来，许多学者密切关注和深入论证技术的偏向性变化，推动该领域学术研究不断发展，形成了富有解释力和影响力的理论体系。

诱导性技术创新理论聚焦技术偏向性变化，最先提出诱导性创新概念，基于此分析技术有偏进步的内在机制，并对技术进步的要素偏向性进行基本界定，创立了富有特色的理论体系。根据研究视角不同，可以把这一理论体系的研究区分为两条主线：一条主线是希克斯-速水佑次郎-拉坦-宾斯旺格的要素相对稀缺性诱导技术创新理论，主要通过要素相对价格的变化诠释技术有偏进步，认为技术进步方向是倾向于节约相对昂贵的要素。其中，速水佑次郎和拉坦特别指向农业领域，提出了著名的诱导性创新假设，论证资源禀赋制约下农业内生发展路径的不同选择。另一条主线是以施莫克勒-格里利切斯为代表的市场需求诱导技术创新理论，主要使用市场规模和密度变化解释技术进步方向，认为市场需求决定创新的获利水平，因此与技术调整和扩散速度密切关联。

技术进步偏向理论继承了诱导性技术创新理论的主要研究成果。作为该理论的主要创立者和代表者，阿西莫格鲁对技术有偏进步及其影响进行了系统化的研究。他进一步规范技术进步偏向的内涵，在技术内生决定的框架中，从研发供给与技术需求交互影响层面，结合替代弹性取值范围，分析价格效应与规模效应综合作用下技术进步偏向的形成机制。整体上看，阿西莫格鲁基于新古典经济学的基本假设,把要素供给、商品生产及技术研发等市场主体引入理论模型,充分论证技术偏向性均衡的实现过程,为技术有偏进步研究确立起微观基础,也为技术进步偏向研究构建起基本的理论体系。由于动态化、结构性的一般均衡研究,技术进步偏向理论具有较好的学术延展性,相关研究还拓展到经济增长、收入分配、环境经济学及国际贸易等领域。

以诱导性技术创新理论和技术进步偏向理论为基础,当前学者围绕技术进步偏向命题分别进行了大量研究。基于诱导性技术创新理论,相关研究主要面向农业领域,多数研究结合资源禀赋特征,检验诱导性创新假设,以此说明要素相对稀缺性引致技术偏向的现实性。基于技术进步偏向理论,相关研究往往把技术有偏变化外生处理,或者进行一般性分析,或者探讨只限于工业领域,主要研究可分为两个方面:一是测度技术进步偏向性;二是分析技术有偏进步对收入分配、清洁生产、国际贸易等的影响。当前尚未有文献立足农业生产,把农业技术进步偏向内生化,根据价格效应与规模效应的综合影响,论证农业技术有偏进步形成的内在逻辑和机制,并且对农业技术偏向性测度的详细分析也较为缺乏。

众所周知,农业是基础产业,农业生产是国民生产体系中重要的组成部分。把握农业技术有偏进步的内在规律及其影响,不仅有利于深化技术进步偏向命题的研究,而且有利于指导现实层面的农业内生发展。改革开放以来,中国农业生产发展成果显著,技术进步对农业的贡献率大幅提升。然而,目前科技创新在农业领域的应用水平,尚未达到国际上对现代农业的认定标准。现阶段要推动农业产业转型升级,解决结构层面的矛盾和冲突,不仅要加大涉农科技创新力度;更要遵循市场需求规律,结合诱导技术创新因素的变化,把握农业技术变迁的内在机理,在现实应用中积极推动精准创新,确立起适宜的创新驱动农业发展路径。本书通过诱导创新因素与农业技术进步偏向之间关系的系统研究,详细解答农业技术为何有偏进步及农业技术进步后要素的产出效率如何变化等问题,从而为技术创新模式选择及农业发展路径优化指明方向。

首先,本书在相关文献梳理的基础上,把诱导性技术创新理论与技术进步偏向理论结合起来,在农业技术进步方向内生化视角下,使用比较静态和局部均衡分析方法,通过要素市场、产品市场及研发市场的交互影响研究,构建需求端诱导性因素引致农业技术进步偏向的理论模型。农业技术具有公共属性,政府参与创新活动,可以弥补市场失灵导致的数量短缺,并对技术进步方向产生重要影响，所以理论模型延伸分析了公共部门参与诱导创新的影响机制。在农业部门中，农作物种类丰富，各种作物要素投入及技术实施有较大差异性，所以理论模型也延伸分析了不同种类作物技术偏向的异质性。

其次，本书着眼于中国农业生产现实，描述农业技术有偏进步及诱导创新因素变化的特征事实。通过农业技术结构性变化方向分析，发现1978—2002年生物化学技术与机械化技术相对比率低幅上升，2003—2018年则出现大幅下降。通过诱导性因素——要素相对稀缺性与市场需求变化趋势分析，发现改革开放后土地劳动比率有所降低，城镇化发展战略启动后反弹上升态势明显；市场需求水平则逐年连续提高。借助熵权法对诱导创新因素给予赋权和评价，发现价格效应权重远大于规模效应。基于经验现象研究，认为农业技术呈现出典型有偏进步特征，且2002年前后方向不一致；由此初步推测，其主要原因是诱导创新因素发生了结构性变化。

再次，本书按照相互关联又逻辑递进的层次，对研究命题进行实证检验。

本书实证研究的第一个层次：验证诱导创新机制的现实性。研究认为，中国农业技术进步符合诱导性假说，要素相对稀缺性与市场需求综合引致技术相对增长方向发生转变，这一过程中价格效应的影响大于规模效应，且主导了农业技术进步方向。政府参与创新活动、地理环境及气象条件等因素，也显著影响农业技术的有偏变化，但作用方向存在差异性。通过调节效应模型与广义双重差分法分析，研究认为，随着城镇化水平的上升，农村人口向第二、第三产业逐步转移，农业要素相对稀缺性发生变化，这是农业技术进步方向逐步变化的内部原因；而城镇化发展战略的外生冲击，则是导致农业技术进步方向逆转的关键外因。另外，本书基于东西部城镇不同的衍生机制，认为从打破传统体制对要素流动的限制看，城镇化发展战略的实施，对于中西部地区而言更有实质意义，相对应的政策效应更为显著。

本书实证研究的第二个层次：测度农业要素替代弹性及技术进步偏向性。本书采用级数展开式法，依次研究农业部门及不同种类作物技术进步偏向状况。关于农业部门技术进步偏向分析，研究认为，土地与劳动间是互补关系。1979—2002年土地效率增长快于劳动效率增长，技术进步偏向于劳动要素，即劳动边际产出增加大于土地边际产出增加；而2003—2018年要素效率变化及农业技术偏向性，则方向恰恰完全相反。关于农作物技术进步偏向的异质性分析，研究认为，土地密集型作物、土地劳动密集型作物机械化技术进步率高，技术进步偏向于土地要素；劳动密集型作物由于种植工艺复杂，机械技术创新及推广难度较大，生物化学技术进步率更高，技术进步偏向于劳动要素。研究还认为，同一种农作物内部，不同产区技术进步偏向也有差异性；一些产地受地理结构和经济发展制约，技术偏向则异于作物的主体变化特征。

最后，本书总结和归纳主要研究结论及学术观点。结合研究中发现的因果关系及制约因素，有针对性地提出对策和建议。本书认为，应进行需求与供给端的双向调节，不仅要优化诱导创新因素，从需求层面入手，改善引致技术进步的相关条件；也要立足于农业生产现实，结合需求端变化，不断优化技术供给体系，确立起适宜的内生发展路径。

本书的创新之处主要有三点：一是阐明农业技术有偏进步的诱导机制，为农业技术进步偏向性均衡研究构建理论模型，解答农业技术为何有偏进步的问题；二是在农业技术有偏进步引致机制的实证研究中，对诱导创新因素的异质混合影响进行评价和检验，解决价格效应与规模效应的综合作用无法直接观测的问题；三是实证测度不同种类作物替代弹性及技术进步偏向状况，比较农业内部技术偏向的异质性。

目　录

1 绪论 ………………………………………………………………… 1
　1.1 研究背景 …………………………………………………………… 3
　1.2 研究的理论和实践意义 …………………………………………… 5
　1.3 研究思路和基本框架 ……………………………………………… 8
　1.4 主要研究方法和创新之处 ………………………………………… 12

2 从诱导创新到技术偏向的思想传承与学术发展 …………………… 15
　2.1 诱导性技术创新理论的形成及发展 ……………………………… 17
　2.2 技术进步偏向理论的确立及发展 ………………………………… 22
　2.3 简要评述 …………………………………………………………… 29

3 诱导性因素引致农业技术进步偏向的理论研究 …………………… 33
　3.1 诱导性因素引致农业技术进步偏向的逻辑机理 ………………… 35
　3.2 理论模型构建 ……………………………………………………… 42

4 农业技术有偏进步与诱导性因素变化的特征事实 ………………… 51
　4.1 农业技术进步状况及比较 ………………………………………… 53
　4.2 诱导创新因素的结构性变化及对比 ……………………………… 67

5 诱导性因素对农业技术有偏进步的影响机制检验 ………………… 81
　5.1 问题的提出 ………………………………………………………… 83
　5.2 计量模型设定、变量选择及数据说明 …………………………… 84
　5.3 实证计量过程及结果分析 ………………………………………… 87
　5.4 结论 ………………………………………………………………… 109

6 农业技术进步偏向的总量测度 ……………………………………… 113
　6.1 农业技术进步偏向测度方法的选择 ……………………………… 115

  6.2 农业技术进步偏向测量模型的推导 ………………………… 116
  6.3 农业技术进步偏向指数的构建 ……………………………… 117
  6.4 农业技术进步偏向性的实证检验 …………………………… 118
  6.5 结论 …………………………………………………………… 123

7 农业技术进步偏向的作物异质性检验 ……………………………… 127
  7.1 问题的提出 …………………………………………………… 129
  7.2 农作物要素投入特点及技术进步状况比较 ………………… 130
  7.3 农作物技术进步偏向的实证研究 …………………………… 141
  7.4 农作物年度技术进步偏向的测度 …………………………… 145
  7.5 结论 …………………………………………………………… 157

8 研究结论和政策建议 ………………………………………………… 161
  8.1 研究结论 ……………………………………………………… 163
  8.2 政策建议 ……………………………………………………… 167
  8.3 研究不足及未来展望 ………………………………………… 178

参考文献 ………………………………………………………………… 181

附录 ……………………………………………………………………… 197
  附录1 农作物技术有偏进步诱导机制的理论模型推导过程 …… 199
  附录2 生物化学技术的各项衡量指标权重及综合评价数据 …… 202
  附录3 诱导创新因素变化的综合评价数据 …………………… 207
  附录4 农业内部各类作物的年度要素效率增长率数据 ……… 212

后记 ……………………………………………………………………… 225

1 绪 论

1.1 研究背景

农业是基础产业部门,农业高质量发展不仅关系着十几亿国民的粮食安全问题,而且关系着全面乡村振兴乃至现代化强国目标的实现。改革开放40余年,中国农业生产水平大幅提升,1978年粮食产量30 476.5万吨、油料521.8万吨、水果657万吨,农业总产值仅为1 117.5亿元;2020年实现粮食产量66 949.2万吨、油料3 586.4万吨、水果28 692.4万吨,农业总产值则达到71 748.2亿元。农产品综合生产能力的显著增长,强化了农业的保障功能,日益丰富的产品种类,也满足了人们多样化的需求。然而,长期以来农业发展的思路基本上是增产导向型,目前虽然产出增长大致维持了总量上的供需平衡,但从结构层面看,产需矛盾依然突出。表现在国际贸易环节,除了蔬菜水果外,多数农产品处于逆差位置,大豆、小麦和稻米等对国际市场有较高的依赖度,显然与我国农业大国的地位不相匹配。现阶段农产品供求的结构性失衡,根本原因是与需求结构转变和持续升级相比,供给质量和效率的提高相对迟缓;尤其是部分粮食作物,生产成本高,产出绩效低,优质产品比例小,缺乏市场竞争力。当前要扭转不利局面,就应积极推动农业转型,通过不断提质增效塑造发展新优势。

除了制度、资源禀赋等外生制约外,科技创新无疑是农业高质高效发展的关键影响因素。当今世界已经实现农业现代化的国家或地区,一般都具有较好的资源条件,如美国、巴西、澳大利亚等;不过也有例外情况,如日本和以色列。可以肯定的是,这些国家农业现代化进程中,科学技术进步都发挥着重要促进作用。美国当前农业科技进步贡献率超过90%,而以色列在20世纪80年代时该指标值就超过了96%。与主要的农产品出口国相比,虽然我国农业资源基础储备并不丰富,不具备普遍和明显的比较优势,但在一国范围内,总是可以选择一套适合本土农业发展的合理模式,以技术创新补齐要素短板,充分挖掘生产潜力,释放发展新动能。改革开放以来,我国农业的发展成就,很大程度上受益于科技创新。目前,我国农业科技进步贡献率已经超过60%。然而,国际上现代农业的标准是,科技对农业的贡献率要达到80%以上。也就是说,我国农业要实现现代化,科技应用水平仍需继续提升,同时也表明以创新驱动发展前景可期。

如果聚焦涉农科技创新活动,从结构层面考察技术应用水平,通常会发现不同种类技术进步方向和扩散速度并不一致，与之相对应，技术实施后社会生产发展程度也存在较大差异性。探索农业技术结构性变迁的动力机制，并揭示要素产出效率的变化规律，有利于契合社会现实，选择适宜的技术创新模式，提高研发转化率和市场采纳率，优化农业内生发展路径。从整体看，供给与需求都会对技术变迁产生影响。研发供给确定了可以实现的创新可能性边界，技术选择总是受现有的科学知识积累及研发水平制约。但毋庸置疑的是，科研资源也是稀缺的，创新活动的最终目标是回馈社会，与市场相结合并充分满足生产和生活需要，才能提升资源配置效率，最大限度地激发农业生产动能。在具体社会经济实践中，科技创新常致力于解决生产中的资源瓶颈问题；一些特定种类的技术，由于能够促进要素替代，充分发挥比较优势，不断创造出新的获利机会，因而会更快发展起来。而商业化科研项目的开发和推广，会重点考虑市场容量和密度，要进行成本和收益的对比，所以技术的投产和应用也与市场需求水平紧密关联。可见，在技术进步方向内生化视角下，如果试图对技术偏向性变化的原因做出合理解释，需求端因素的影响不容忽视。

诱导性技术创新理论与技术进步偏向理论均认为，需求端诱导机制会对技术进步方向产生重要影响，并认为技术变化会最终影响要素的产出效率。诱导性技术创新理论强调诱导创新因素对技术变革的重要作用，相关学术文献以该理论为依托，已经完成的实证分析，多数证实了诱导性创新假说的现实性。技术进步偏向理论也对技术有偏进步的需求端引致机制进行了系统研究以及严谨的理论论证，形成了较为系统的理论体系。许多学者以此为基础，使用参数或非参数法，对技术进步偏向性进行实证测度，亦证实了技术有偏进步的存在。

相关学术成果的积累，为进一步研究农业技术进步偏向命题，提供了理论依据和经验支持。结合学术思想演进与中国现实国情，有几个议题可以思考和探讨。第一，从经济学说的渊源方面看，诱导性技术创新理论与技术进步偏向理论有密切的学术关联，但从目前的文献分布看，近期研究分别以两个独立的体系开展，很少有学者对两个理论的关系进行系统分析。第二，关于诱导创新机制的理论依据及检验内容方面，当前学术研究一般基于诱导性技术创新理论，多数对要素相对稀缺性诱导创新假设进行检验，少量文献分析了市场需求影响技术变化的现实性。但实质上，技术进步偏向理论对诱导创新机制进行了更系统的研究，而以这种理论为依托的实证检验文献相对缺乏。第三，关于诱导创新假说实证检验的结论方面，立足于中国农业部门，以诱导性技术创新理论为基础，对诱导创新机制进行检验的文献较多，并且多数文献接受农业技术变革符合诱导性假说的观点，但研究结论所指向的技术扩散方向及适宜的农业发展路径并不统一。第四，关于农业技术进步偏向的实证测度方面，联系农业生产实际，对技术进步偏向性进行实证检验的文献尚不充分。

本书在文献梳理的基础上，详细分析诱导性技术创新理论与技术进步偏向理论的关系，以进一步深化理论认知，为农业技术有偏进步的诱导机制及农业技术进步后要素的产出效率变化提供合理的理论诠释。从经验现象看，中国农业资源禀赋结构复杂，具有较强的时序、地域和作物异质性。农业要素传统特点是耕地少，劳动资源相对丰富；农业用地中优质平原面积比例低，丘陵和山地占比高。近年来，受多重因素冲击，一些基本条件正在发生转变。城镇化发展战略启动后，农村人口大量涌入城市，快速向第二、第三产业转移，农业生产人地比例关系已明显改善；与此同时，农产品规模化生产得到发展，市场需求水平逐步提升。那么，在诱导性因素已经发生变化后，农业技术进步方向及要素产出效率会如何变动，很值得思考。中国地域辽阔，各地区的市场发育程度、资源储备水平及自然地理条件等对比悬殊，因而农业技术的有偏变化也会显著不同；而在农业部门内部，农作物的要素结构及技术实施，除了表现出共性的时序变化特点外，不同种类作物之间也有较大的差异性。此外，公共部门参与创新活动会对技术进步方向产生重要影响，气候地理因素也与农业生产中的技术应用密切关联。所以，本书联系中国农业生产现实，实证研究内因影响及外因作用下，中国农业技术有偏进步方向及要素产出效率变化状况，同时充分考虑了区域和作物间的异质性。本书在对研究命题进行实证检验时，把时间跨度从改革开放初期延伸到近期，以捕捉可能存在的结构性变化因素，并反映相关变量变动的近期特征及真实影响。

1.2 研究的理论和实践意义

1.2.1 理论意义

诱导性技术创新理论与技术进步偏向理论，是围绕技术有偏进步研究的两种代表性理论。速水佑次郎和拉坦（Hayami and Ruttan，1970，1971）的诱导性技术创新理论立足于农业部门，把技术进步区分为机械化技术与生物化学技术两种主要类型，侧重于研究资源禀赋影响下技术进步方向及农业发展路径，既未系统推导诱导性因素与农业技术进步偏向之间的逻辑关系，也未分析农业部门内作物属性及技术偏向的差异性。市场需求诱导技术创新的研究被认为是诱导性技术创新理论的另一分支，但由于缺乏系统的理论论证及严谨的实证检验，学术关注度相对不足。阿西莫格鲁（Acemoglu，2002a）一般性地研究技术进步偏向命题，明确地把其界定为技术相对增长所引起的要素相对边际产出变化。他关于需求端诱导性因素对研发供给的引致机制分析，综合了希克斯以来"要素相对稀缺性"与"市场需求"诱导技术创新的观点（Acemoglu，2001a，2004），并且结合替代弹性取值范围，判定价格效应与规模效应的综合影响方向（Acemoglu，2002a）。在此基础上，阿西莫格鲁进一步分析技术进步的要素偏向性及收入份额变化。此外，在关于技术进步偏向理论的拓展研究中，他还提到土地与劳动相对数量变化对劳动节约型技术进步的影响，但未展开详细分析，也未考虑农业部门技术进步偏向的特殊性。

本书将以上述两种理论为基础，把两者的相关研究结合起来，将诱导性技术创新理论中的范畴界定及理论解析，引入技术进步偏向理论框架中，把生物化学技术看作土地增强型技术，把机械化技术看作劳动增强型技术，构建反映诱导性因素引致农业技术进步偏向的理论模型，实证推导要素相对稀缺性（价格效应）与市场需求（规模效应）对技术相对增长方向的影响状况，并判断由此引起的土地与劳动边际产出的相对变化方向。下文的理论研究，有助于厘清要素相对稀缺性与市场需求对农业技术进步的不同作用机理，明确需求端综合引致机制影响下农业技术进步的方向，也有助于阐释和判断土地与劳动要素的产出效率及份额变化状况。

本书还将尝试对技术进步偏向的基本理论研究做出拓展。第一，关于政府部门参与诱导创新机制的分析。速水佑次郎和拉坦曾把创新活动中公共部门的参与机制纳入研究体系，试图建立一个包括研发部门、技术投产企业、政府部门和农业企业等主体在内的更具包容性的诱导创新模式。本书在理论模型构建中借鉴了这一点，用财政收支参数表示政府部门对科技创新的支持，讨论实施政府干预后，农业技术结构性增长及要素的产出效率变化状况。第二，关于农业内部技术偏向异质性的分析。为更贴合农业生产实际，本书从结构层面延伸探讨技术进步偏向的特殊性。小麦、稻米和玉米等粮食类作物属于土地密集型作物，现实中机械化技术的应用和推广速度较快。蔬菜、水果等经济类作物，则具有劳动密集型作业特点，修枝、套袋和采摘等较为细碎和个性化工种，很难使用机械给以替代；生物化学技术更快的发展和应用，显然与该种类作物生产特点及农业技术可及性相适应。介于二者之间的棉、油和糖料等作物，则兼有上述两类作物的特征，本书把其界定为土地劳动密集型，实践中机械化技术与生物化学技术通常发展并重。本书的理论模型构建，将考虑到农业部门内部不同种类作物的个性化特征，并尝试以合理的理论逻辑表述。混合经济环境下，引入政府部门参与创新活动的研究，更契合经济现实；而农业结构层面的理论分析，细化了农业领域技术进步偏向的研究，具有一定的理论意义。

1.2.2 实践意义

技术进步是农业产业内生发展的动力和源泉。发达国家农业现代化的过程，就是不断以创新打破发展瓶颈，并促生新的获利机会的过程。中国农业生产的历史发展，也在很大程度上受益于创新活动。现阶段要推动农业产业转型升级，加速现代化建设目标的实现，科技创新应当更有所作为。"十四五"规划明确提出要"坚持创新驱动发展"，并将其提升到国家发展战略高度。近年来，中央"一号文件"也对农业技术创新做出重要部署。那么，落实到具体农业生产经营环节，该如何结合要素禀赋特征与市场需求变化，选择适宜的技术创新模式和农业发展路径，很值得深入研究。

传统观点一般认为，中国人多地少，应选取生物化学技术优先发展道路。笔者以为，上述观点的得出，可能与使用国内早期的研究数据有关，没有考虑农业要素的结构性变化。如果参照近期诱导创新因素及农业技术变化的经验特征，则不能武断和草率地接受这个结论。本书选用改革开放40余年的省级样本集，实证分析诱导性因素综合作用下农业技术结构性变化状况；同时控制政府参与诱导创新、地理条件和气象环境等因素的影响，最终形成主要变量之间关系的研究结论。这些成果有益于立足现实，指明农业内生发展路径，对相关部门制定合理的科技兴农政策将有所帮助；明晰政府与市场间的职责和分工，优化技术创新模式，更好地匹配市场需求开发科研项目，不断提高研发项目的市场转化率。

本书在诱导性创新假设的实证检验基础上，进一步测度农业技术进步偏向状况。技术进步的要素偏向性，反映新技术采纳过程中要素产出效率的变动差异。对要素替代弹性及技术进步弱均衡偏离特征的实证检验，可以为农业领域资源优化配置提供可靠依据。如果分析结论证实，技术创新倾向于促进丰裕要素的边际产出增长，那么在农业生产中就应当多使用丰裕要素替代相对稀缺要素。本书还根据要素投入及替代关系的不同，分类研究土地密集型、劳动密集型及土地劳动密集型作物的技术偏向性。依据不同种类农作物技术偏向特征，可以更细致地判断农业内部资源配置、技术实施及要素产出效率变化状况。这些研究将有利于建设性地指导农业生产实践，引导生产者依照作物种类调节要素投入，合理组织生产经营；也有利于相关部门结合作物种类施策，推动实施差异化创新驱动发展路径，以促进精准创新、补齐技术短板，充分挖掘各类农产品生产潜能，持续提升农业绩效。

总之，本书围绕中国农业技术进步偏向主题进行的系列研究，将服务于农业资源优化配置、技术创新模式设计、科技支农政策制定，以及农业内生发展路径选择等目的，具有一定的实践意义。

1.3 研究思路和基本框架

1.3.1 研究思路

本书研究诱导性创新到农业技术偏向的现实性，选取两个逻辑上紧密关联的研究对象，分别为农业技术有偏进步的诱导机制与农业技术进步的要素偏向性。本书整体结构可以分为四部分，按照递进层次逐步展开，分别为理论模型构建、经验现状分析、实证计量检验及结论与政策建议。本书具体研究思路如图1-1所示。

第一，梳理文献及构建理论模型。本书首先梳理国内外与研究命题相关的学术文献，以把握该领域问题的研究进展；概述和解析代表性理论，以进一步深化理论认知。在此基础上，结合研究对象和目的构建理论模型，先推导诱导性因素对农业技术结构性增长的引致机制，再推导农业技术进步对要素相对边际产出的影响，同时考虑了混合经济背景下现实经济的复杂性及多样性，拓展研究公共部门参与诱导创新的影响及农业部门技术偏向的异质性。

第二，描述中国农业技术有偏进步与诱导性因素变化的经验特征。本书先分析农业技术结构性变迁路径，从现象层面呈现农业技术有偏变化特征；再分析要素相对稀缺性与市场需求变动趋势，以揭示诱导创新因素演变的规

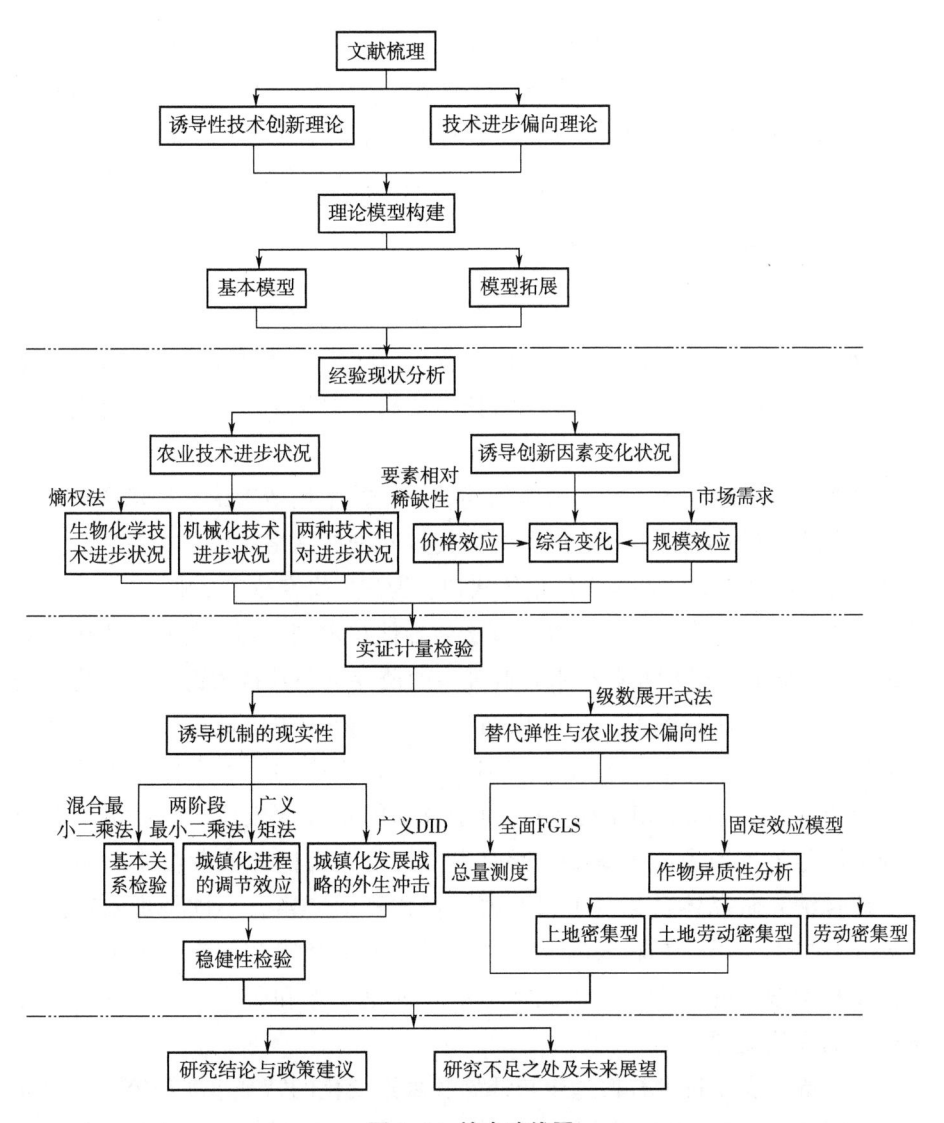

图 1-1 技术路线图

律。以此为基础，对比农业技术与诱导性因素的变化轨迹，粗略推测两者之间的因果关系，形成关于变量之间关系的经验认知。

第三，使用中国农业经验数据，对理论推导的命题进行实证检验。本书的实证研究过程与理论研究的逻辑顺序保持一致，先检验诱导性创新假说的现实性，分析诱导性因素作用下农业技术有偏变化方向；再测度农业技术进步的要素偏向性，该实证研究过程以总量分析和结构性分析两个维度进行，即从整体农业部门的共性分析过渡到结构层面的农作物个性分析。

第四，对本书的主要研究结论进行总结，并有针对性地提出政策建议，旨在优化农业要素配置、激励有效技术创新及确立适宜的创新驱动发展路径。最后，指出本书研究的不足之处，展望未来该领域学术研究的发展方向。

1.3.2 研究的基本框架

本书围绕研究主题，结合研究目的，确立基本框架。

第1章 绪论。本章引入本书研究背景，陈述本书研究的理论和实践意义，介绍和展示本书的研究思路，概括主要研究框架结构，归纳研究方法和创新点。

第2章 文献综述。本章系统阐述诱导性技术创新理论与技术进步偏向理论研究的主要文献成果，厘清和明晰其学术发展脉络及演化关系，以形成对代表性文献基本思想和观点的整体认知，为深入研究奠定基础。

第3章 理论模型构建。本章基于诱导性技术创新理论与技术进步偏向理论的相关研究，解析农业技术有偏进步的诱导机制及技术进步的弱均衡偏离特征。在定性研究的基础上，以两种理论为依托构建理论模型，先推导价格效应与规模效应对农业技术有偏进步的作用机制，再推导技术结构性变化对要素相对边际产出的影响。由于技术的正外部效应，公共部门参与创新可以弥补市场失灵的缺陷，所以本书把公共部门对农业技术创新的诱导实施也纳入研究体系；由于农业内部作物种类丰富，不同种类农产品要素投入及技术应用存在较大差异性，所以本书拓展探讨了农业内部不同种类作物技术偏向的异质性，借此得出主要理论要点和研究命题，确立起后续内容的理论支撑。

第4章 农业技术有偏进步与诱导性因素变化的特征事实研究。本章立足于中国农业生产现实，先用种子、化肥和农药投入的熵权法评分衡量生物化学技术进步状况，用机械化总动力衡量机械化技术进步状况，以生物化学技术与机械化技术相对进步趋势反映结构层面农业技术有偏变化状况；再分析需求端诱导创新因素变化特点，采用熵权法对价格效应与规模效应的指标权重进行赋权，用生成的加权评分反映需求端诱导力量的综合变化；通过农业技术有偏进步与诱导性因素变化路径及特征的直观分析，初步推测彼此间的因果关系。

第5章 检验诱导创新机制的现实性。本章先建立实证计量模型，用生物化学技术与机械化技术相对比率作为被解释变量，表示结构层面农业技术的有偏进步；要素相对稀缺性与市场需求的综合赋权评价作为解释变量，表示价格效应与规模效应的综合作用；同时控制政府参与诱导创新、地理环境、气候条件等因素的影响。由于城镇化进程的加速推进影响了劳动力的产业间转移，改变了农业要素的相对稀缺性，所以本书把城镇化率作为调节变量，分析随着城镇化水平上升，诱导性因素对技术结构性变化的作用状况。为判断城镇化发展战略启动是否导致诱导力量的作用方向发生转变，从而促使农业技术进步方向出现逆转，本书还将研究该战略的外生影响，使用广义双重差分法，分析其实施的政策效应。最后，本书通过变量和数据替换法、安慰剂检验，对样本数据分时段、调整样本区间和对样本分组相结合的方法进行稳健性检验，结论再次证实前述研究结果的可靠性。

第 6 章 检验整体农业部门技术进步偏向性。本章结合技术进步偏向的内涵界定，构建技术进步偏向指数，选用级数展开式法进行测算。本书先对农业 CES 生产函数做标准化处理，取对数后进行二阶泰勒展开得到线性表达式。考虑到土地增强型技术与劳动增强型技术相对比率的结构性转变，与诱导创新机制的实证分析相同，引入虚拟变量以反映城镇化发展战略实施的影响。为规避可能存在的异方差和自相关问题，选取全面可行广义最小二乘法进行计量检验和回归分析；根据计量回归参数，核算要素替代弹性、要素效率平均变化率及技术偏向指数，再借助所获取的替代弹性数值，进一步核算出年度要素效率增长率及技术偏向指数。

第 7 章 检验农业部门内部技术进步偏向异质性。本章选取社会生产和生活中较有代表性的 12 种农作物，结合作物属性及要素替代的难易程度，将其分为土地密集型、劳动密集型及土地劳动密集型三种类型，阐述不同种类作物基本要素投入及技术实施特点。根据农作物数据特点，将 CES 生产函数展开式调整为反映单位要素投入的替换形式；基于农业内部要素结构及技术有偏进步差异性的经验认知，使用固定效应模型，对 12 种农作物的变量关系进行计量检验。与整体农业部门技术偏向测度时的处理方法一致，本书还核算了各种农作物的替代弹性、技术变化率及偏向指数，在此基础上，逐次核算不同种类农作物年度要素效率增长率及技术偏向指数，对比分析各类作物农业技术进步偏向的差异性。

第 8 章 概括主要研究结论及提出政策建议。本章基于已经完成的系列研究，归纳和总结主要研究结论。针对研究中所揭示的变量关系及发现的问题，提出改善对策。本书建议应进行需求与供给端的双向调节，不仅要优化诱导创新因素，从需求层面入手，改善引致技术进步的相关条件；也要立足于农业生产现实，结合需求端变化，不断优化技术供给体系，以推动精准创新，确立起适宜的创新驱动发展路径。最后，本书结合研究的不足之处，展望未来研究进一步优化和拓展的方向。

1.4 主要研究方法和创新之处

1.4.1 主要研究方法

1.4.1.1 数理模型法

基于常数相对风险效应函数，本书把最终总产出的数量作为消费、投资和研发的预算约束边界，构建诱导性因素引致农业技术偏向的理论模型；设定基础投入要素为土地与劳动，采用的技术为生物化学技术与机械化技术两类。本书引入农产品市场、要素市场和技术市场，假定满足利润最大化的理性假设，依托一阶最优条件，结合替代弹性取值，通过比较静态和局部均衡分析，研究农业要素投入、产品生产及技术研发活动间的交互影响关系；在基本理论模型建立的基础上，进一步拓展探讨政府部门参与的诱导创新机制及农业部门内部技术进步偏向的异质性。

1.4.1.2 实证检验法

本书结合变量的数据特征及研究目的，选用了适宜的指标评价和计量回归方法。在技术进步和诱导性因素综合评价方面，先使用熵权法对种子、化肥和农药投入状况进行赋权和评价，以反映生物化学技术应用状况；同理使用熵权法对诱导创新因素进行赋权和评价，以反映价格效应与规模效应的影响权重及综合变化。在诱导创新机制的计量检验方面，采用混合最小二乘法实证分析综合引致机制，运用两阶段最小二乘法、广义矩法进行调节效应分析，使用广义双重差分法分析城镇化发展战略实施的外生影响，通过安慰剂检验、改变计量模型和调节样本相结合等方法进行稳健性检验。在要素替代弹性和技术偏向指数测度方面，选取级数展开式法推导得到计量模型，分别使用全面可行广义最小二乘法、固定效应模型进行计量回归，根据计量回归得到的表层参数值，依次间接核算整体农业部门及不同种类作物的替代弹性、要素效率增长率和技术偏向指数。

1.4.1.3 比较分析法

本书对农业部门技术进步偏向进行异质性分析时，系统地使用了比较分析法。根据作物要素结构及替代关系的不同，将农作物区分为土地密集型、劳动密集型及土地劳动密集型三类，对比分析各类作物要素投入和技术实施状况，归纳出变量变化共性趋势及个性特征。与经验现状分析相对应，本书分类测度农作物技术进步偏向状况，比较分析作物技术进步及要素偏向的差异性。

1.4.2 本书的创新之处

1.4.2.1 为农业技术偏向性均衡的研究构建理论模型

当前，国内文献以技术进步偏向理论为基础的研究侧重于两个方面：一是对技术进步偏向性实证测度的研究；二是把技术进步偏向作为外生变量处理，分析技术有偏进步对结构转型、收入分配和经济增长等方面的影响。而关于技术偏向性变化的内在机制研究，理论层面的系统化研究则相对不足。以诱导性技术创新理论为基础，对技术有偏进步的机制研究，分别从要素相对稀缺性与市场需求两个层面进行，相关研究没有从理论上对比两方面诱导创新因素的不同作用机制，也没有将两个不同的影响机制统一起来研究。本书在陈述诱导性技术创新理论与技术进步偏向理论学术关系的基础上，把两者的相关研究结合起来，阐明农业技术有偏进步的诱导机制。本书在技术进步方向内生决定的框架中，将农业技术分为生物化学技术与机械化技术两类，诱导创新因素分为要素相对稀缺性（价格效应）与市场需求（规模效应）两个方面，构建诱导性因素引致农业技术进步偏向的理论模型。本书借鉴速水佑次郎和拉坦（Hayami and Kuttan，1971）关于公共部门对创新活动的影响分析，探讨公共部门参与下的诱导创新机制；结合农作物结构多样性、栽培工艺特殊性及技术可及性，探讨农业内部不同种类作物技术进步偏向的异质性。

1.4.2.2 对诱导创新因素的异质混合影响进行评价和检验

关于农业技术有偏进步的诱导机制检验，多数文献从要素相对稀缺性角度进行分析，少量文献验证了市场需求的影响。在技术有偏进步引致机制的理论研究中，阿西莫格鲁（Acemoglu，2002a）分析了价格效应与规模效应的综合作用。如果要素相对稀缺性与市场需求的影响同时存在，必然以综合形式发挥作用；然而当前的学术文献，尚未对价格效应与规模效应的异质混合影响进行实证研究，也未对两种效应的作用机理加以比较和区分。本书通过熵权法对反映要素相对稀缺性与市场需求的指标进行赋权和评价，进而检验诱导性因素综合作用下农业技术结构性变化方向，解决了价格效应和规模效应的综合作用无法直接观测的问题；结合农业生产中土地劳动之间的替代关系，判定价格效应与规模效应对技术有偏进步的不同导向性，同时控制了政府参与诱导创新、地理环境及气象条件等因素的影响。

1.4.2.3 不同种类农作物技术进步偏向的异质性检验

本书考察了农业内部技术进步偏向的异质性，根据农作物生产中基本要素投入属性及替代程度的不同，将农产品生产分为三种类型，分别为土地密集型、劳动密集型及土地劳动密集型，依次实证测度不同种类作物替代弹性、要素效率增长及技术进步偏向状况。这一划分充分考虑了中国作物种类的多样性及区域分布的差异性，在此基础上进行农业内部技术进步偏向的异质性研究，既能揭示技术有偏变化的一般规律，又不忽视个性化特征，有利于指导科学施策及结合市场需求推动精准创新。

2
从诱导创新到技术偏向的思想传承与学术发展

技术进步理论及实践应用研究,在学术界有广泛的关注度与兴趣点。从结构层面揭示技术有偏进步的内在机制及产出效率变化,是该领域一个重要研究方向。诱导性技术创新理论与技术进步偏向理论是与之相关的代表性研究。从经济理论在学说史上的渊源看,诱导性技术创新理论与技术进步偏向理论关系密切,在早期发展过程中具有几乎相似的学术背景。但是,目前很少有文献对两种理论的关系进行详细分析,近期学术界基于两种理论的相关研究,也分别以相对独立的体系开展。本书研究诱导性创新到农业技术偏向的现实性,主要围绕两种理论,系统梳理和阐述关联文献成果,厘清和解析其学术发展脉络及演化关系,以形成对该领域研究的整体认知,为推动深入研究奠定基础。

2.1 诱导性技术创新理论的形成及发展

2.1.1 诱导性技术创新理论的形成

2.1.1.1 要素相对稀缺性诱导技术创新的理论研究

马克思密切关注到技术的有偏变化,是这一领域早期学术研究中的重要经济学家[1][2]。马克思揭示在资本主义扩大再生产过程中,资本家受追求剩余价值的贪婪动机驱使,不断提高资本积累水平,资本有机构成将呈上升趋势。资本主义企业采用先进技术,以机器替代劳动,体现了创新的劳动节约型特征[3]。

希克斯(Hicks,1932)最早提出了诱导性技术发明的概念,基于要素相对稀缺性及获利优势的诱导作用,解释技术发明及要素份额变化。当探讨技术偏向性均衡的决定时,他强调:"生产要素相对价格的变化会激励发明,这种特殊发明偏向节约变得更昂贵的要素。"[4] 但是,他并未系统地论证诱导性技术创新理论,也没有检验诱导创新机制及技术偏向的现实性。

20世纪60年代后,学者们逐渐对该领域的研究产生了更大兴趣。哈巴谷

---

[1] HABAKKUK H J. American and British technology in the nineteenth century: search for labor saving inventions [M]. Cambridge: Cambridge University Press, 1962: 44.

[2] SAMUELSON P A. Theory of induced innovation along Kennedy – Weisäcker lines [J]. Review of economics and statistics, 1965, 47 (4): 354.

[3] 马克思,恩格斯. 马克思恩格斯文集: 第5卷 [M]. 北京: 人民出版社, 2009: 721, 724.

[4] HICKS J R. The theory of wages [M]. London: Macmillan, 1932: 124-125.

（Habakkuk，1962）把劳动稀缺性及由此带来的工资增长作为企业探寻劳动节约型创新的引致力量，以此解释19世纪美国与英国相比更快的技术创新和应用。肯尼迪（Kennedy，1964）用诱导性创新替代希克斯诱导性发明的表述，并引入创新可能性边界的概念，以判断不同类型创新间的选择，指出诱导性创新将推动经济进入要素相对份额为常数的均衡状态。颛德克斯和菲尔普斯（Drandakis and Phelps，1966）首次对技术变革的决定进行系统研究，并最先调研要素价格与技术变化间的联系。其基于肯尼迪的创新可能性边界假说，提出了一个诱导性创新模型，研究发现在新古典主义假设下，均衡增长是存在的，在该均衡位置要素份额将保持常数。艾哈迈德（Ahmad，1966）使用创新可能性曲线，分析技术进步偏向和要素份额变化。虽然研究认为创新将偏向于节约相对昂贵的要素，但同时表示这种倾向会被历史创新可能偏向修正，强调价格比率和历史创新共同决定一项创新的实施。值得一提的是，艾哈迈德具有发展经济学的眼光，认为一种要素禀赋引致的发明，不一定适用于其他不同要素禀赋的经济体，并指出如果在数量禀赋不同之外，再考虑质量禀赋差异，情况就更是如此。

要素相对价格变化诱导技术创新的早期研究遭到了质疑。索尔特（Salter，1960）批判诱导性发明的观点，认为生产要素价格以边际成本支付，企业会欢迎所有总成本方面的降低，并表示除非由于某些技术的特殊性，节约劳动的知识比节约资本的知识更易于获得，否则没有特别理由假定技术会节约更昂贵的要素。萨缪尔森（Samuelson，1965）认为，长期均衡状态时存在着诱导性创新，但否认要素相对价格变化发挥引致作用。其观点是长期均衡状态下要素相对份额是常数，当替代弹性小于1时，均衡将趋于稳态，此时任何劳动份额的向上偏移，将使得劳动节约型创新有利可图，从而使经济重新回到均衡水平。诺德豪斯（Nordhaus，1973）指出，该领域已经开展的研究缺乏微观基础，并认为关于"由谁承担研发活动、如何融资及定价"的问题研究，相关理论的解释和说明都是不清晰的。

在继承要素相对价格变化引致技术创新文献观点的基础上，速水佑次郎和拉坦（Hayami and Ruttan，1970，1971）提出著名的诱导性技术创新理论模型，试图把农产品生产者、技术投产企业、研发部门和政府部门都纳入研究视野，构建更有包容性及能够体现多重反馈关系的诱导发展理论。该研究主要指向农业领域，分析资源禀赋影响下，农业技术进步方向及内生发展路径。宾斯旺格（Binswanger，1974a，1974b）建立体现诱导性创新机制的微观解释模型，通过超越对数成本函数，分析要素相对价格变化对收入份额变化的影响，研究结果支持诱导性创新假设。著名的希克斯-速水佑次郎-拉坦-宾斯旺格的要素相对稀缺性诱导技术创新的理论框架由此构筑起来。这一主线下的早期研究，多是一般性地进行学术探讨，研究领域涉及技术有偏进步的内在机制、要素份额变化及稳态路径实现等；而速水佑次郎和拉坦的一个重要贡献，则是把诱导性创新理论引入到农业领域，为农业技术创新方向及内生发展模式选择，提供相对规范的理论诠释。

2.1.1.2 市场需求诱导技术创新的理论研究

与此同时，另一些学者从市场规模和需求角度解释技术的创新及应用。格里利切斯（Griliches，1957）实证研究美国杂交玉米技术的推广和应用，认为技术创新与获利水平密切相关，而研发新技术的利润，则会受到市场密度、创新成本及市场成本的影响。他指出，市场规模大时利润更高，技术调整和普及的速度更快。施莫克勒（Schmookler，1966）的观点是，需求在决定发明活动的方向和级别方面，发挥着重要导向性作用；创新活动的安排，也基于利润最大化的成本收益对比原则，由于预期收益取决于市场销售额，所以发明获利随着市场规模而增长，会偏向规模更大的市场。施莫克勒与格里利切斯的研究被称为"市场需求诱导性技术创新理论"，可以看作诱导性技术创新理论的另一研究方向。由于缺乏系统的理论论证和规范的实证检验，这一学术研究的关注度相对不足。

可见，在希克斯明确提出诱导性发明概念后，关于诱导性技术创新理论的研究，大体上形成了两个不同的研究方向：一是以希克斯-速水佑次郎-拉坦-宾斯旺格为代表的要素相对稀缺性诱导技术创新理论；二是以施莫克勒-格里利切斯为代表的市场需求诱导技术创新理论。上述两个研究方向，对技术进步诱导机制的理论论证，通常被称为诱导性创新假说。此后该领域的相关研究，基本上以这两个方向的理论研究为基础，进行更深入的学术探索和拓展。

2.1.2 诱导性技术创新理论的研究发展

2.1.2.1 在工业部门或整体经济中的研究应用

（1）要素相对稀缺性诱导技术创新研究的拓展。要素相对稀缺性诱导技术创新理论的重要发展，首先致力于解决早期理论研究中的突出问题，以强化该理论的现实支撑力。范克（Funk，2002）从理论方面研究要素价格、要素份额与技术进步之间的关系，旨在为早期文献中的诱导性创新假说构建微观基础。在实证检验方面，阿曼维尔和范克（Armanville and Funk，2003）进一步提出一个有别于传统文献的方法，以相对明确的参数形式，重新表述创新可能性边界概念，以优化诱导性创新假说的实证研究。相关文献在进行技术有偏进步研究时，除实证分析诱导机制的现实性外，也对要素份额的变化给以有效检验。尹恩（Yuhn，1991）使用1962—1981年韩国制造业数据，实证研究技术变革偏向及分配份额变化，结果表明，技术进步是劳动节约型、资本使用型，经济增长过程中的劳动份额趋于减少。此外，随着能源消耗与可持续发展之间关系的深入研究，有学者（Newell，1999；Popp，2002）将诱导技术创新的研究，由传统的资本和劳动要素投入分析，延伸到能源消耗方面，认为能源价格变化会影响技术创新。

（2）市场需求诱导技术创新研究的推进。皮沃和维沃瑞林（Piva and Vivarelli，2007）研究市场需求对研发创新的影响，发现销售在诱导研发方面不显著，但使用微观层面的子样本集分析时，却发现需求拉动效应存在较大差异性，接受过流动性培训、未享有公共补贴及没有领导企业集团的公司，对市场需求表现出较大的敏感性。巴塔查里亚和皮卡林（Bhattacharya and Packalen，2011）论证市场需求对医药研究的诱导作用，结果发现医药研究确实会对发病率做出反应；还发现衰老、肥胖相关疾病的市场规模，会影响制药创新。卡特勒等（Cutler et al.，2012）发展了一个应用于医学研究的诱导创新模型，认为医学研究会针对更常见的疾病，社会福利最大化的研究资金分配，将倾向于较大人口群体中相对更为常见的疾病。沃尔弗和贾菲（Werfel and Jaffe，2013）研究戒烟政策调整对戒烟技术的影响，发现相关税收提升对戒烟产品的发明率没有明显影响，但是对香烟产品进行替代的研发专利增加具有正向作用。

（3）关于中国技术有偏变化诱导机制的研究。有学者基于诱导性技术创新理论，为中国技术变革和经济增长提供新的诠释。弗莱舍等（Fleisher et al.，2021）构建劳动生产率取决于劳动成本和物质资本的理论模型，在此基础上研究中国工资成本上升对第二产业技术变化的影响，结果表明，20世纪90年代的工资上涨诱导了劳动节约型创新，但指出在2005年之后情况有所变化。王等（Wong et al.，2022）基于希克斯的诱导性创新假说，实证研究1986—2017年中国技术创新及全要素生产率提高状况，发现不仅存在着显著的工资诱导型技术创新，而且该创新还冲抵了2006年前全要素生产率的下降。该研究最终认为，中国经济增长是在工资诱导型创新及与之伴随的大规模物质资本投资驱动下实现的。

2.1.2.2 在农业领域的研究进展

（1）传统实证检验方法的改进和拓展。在传统的超越对数模型检验诱导性创新假说的基础上，时间序列法、直接计量分析法及非参数法等也得到有效运用。查瓦斯等（Chavas et al., 1997）基于非参数法，使用美国农业数据，实证分析诱导性创新假设的现实性，为技术进步的原因和动态特征提供有益见解。奥尼基（Oniki，2000）利用日本水稻生产的时间序列数据，借助协整回归模型检验诱导性创新假说，结论表明要素相对价格变化是技术革新的引致力量，而产出的影响不显著。白德保迪和海尔斯米塔巴（Bidabadi and Hashemitabar，2009）检验伊朗农业技术变化的诱导机制时，也使用时间序列数据的协整分析方法，发现只有要素相对价格变化诱导创新，产出水平、研究与推广投资则没有诱导作用。瑟尔特等（Thirtle et al., 2002）以两阶段CES生产函数为基础，建立误差修正模型，分析1880—1980年美国农业发展中的诱导创新作用，研究结果支持速水佑次郎和拉坦的诱导性创新假设，同时显示研发支出及农场规模也是影响技术变化的重要因素。巴尔迪和卡萨帝（Baldi and Casati，2005）基于CES生产函数，使用1968—2002年意大利农业领域的经验数据，研究价格比率、R&D（研发）支出效率对技术变化的影响，实证结果证实诱导性创新假说。

然而，有文献基于农业领域经验数据，采用多种计量方法进行实证检验，研究结果不支持诱导性创新假说。埃斯珀斯迪和皮若迟（Esposti and Pierani，2003）研究了1960—1995年公共研发在意大利农业中的作用，指出没有证据支持诱导性创新假说，但相关研究也承认社会计划者为促进政策目标实现，或许会牺牲公共资助研究项目的市场导向及绩效。刘和舒姆韦（Liu and Shumway，2006）使用1960—1999年美国国家和州级数据，采用误差修正模型，检验美国和西部地区技术进步是否符合诱导性创新假说。研究认为，该假说在华盛顿、太平洋西北区域及西北地区是适用的，但国家层面的实证分析并不支持该假说。刘和舒姆韦（Liu and Shumway，2009）综合运用时间序列法、直接计量分析法及非参数法，再次使用1960—1999年美国州级面板数据，从需求侧检验农业技术的变化方向，最终认为诱导性创新假设不能有效解释投入节约型技术的应用。

（2）复杂现实因素下诱导性技术创新的实证检验。复杂现实环境中农业技术有偏进步的机制研究引起关注。那珀斯图瓦（Napasintuwong，2004）发展了诱导性技术创新理论框架，以此对美国农业技术变化做出新的解释。该研究通过建立超越对数利润函数模型进行计量分析，指出移民限制政策的实施并未促进机械化技术的应用，认为其中原因是非法移民导致工人供给的增加。霍克曼和科普西迪斯（Hockmann and Kopsidis，2007）基于诱导性技术创新理论解释俄罗斯农业的持续转型危机，通过核算1995—2001年不同农场的要素生产率，发现制度摩擦影响技术变化、扭曲技术选择。皮耶斯等（Piesse et al.，2011）基于两阶段常数替代弹性的CES生产函数，使用英国1953—2000年的农业数据，检验诱导性创新假说，认为该假说可以解释长期转型，但不能反映短期价格波动。科恩等（Cowan et al.，2015）使用伪泊松极大似然估计法，检验诱导创新机制在美国公共农业研究中的适用性，对公共农业研究的投入配对结果支持诱导性创新假说。李等（Lee et al.，2020）基于双向固定效应模型，验证1960—2004年美国农业的诱导创新机制。该研究结果显示，资本、中间品和劳动三种投入配对的实证结果与诱导性创新假说一致，而土地组的配对分析所提供的支持度较低。该研究结论还强调，在理性预期条件下，分析投入品价格变化的影响，对该假说会有更高的支持度。

显然，近年来诱导性技术创新理论的研究取得重要进展。从研究内容看，以技术有偏进步内在机制的实证研究为主，多数文献检验要素相对稀缺性诱导的技术创新，少量文献分析市场需求和规模变化对技术创新的影响。从研究视角和领域看，涉及农业、工业及整体经济部门，但更侧重于农业领域技术有偏变化的研究。从研究结论看，一般认为诱导性创新假说具有充分的现实依据。

2.2 技术进步偏向理论的确立及发展

2.2.1 技术进步偏向理论框架的确立

2.2.1.1 技术进步偏向的基本理论研究

随着教育水平提高及人力资本不断积累，熟练与非熟练劳动供给及工资发生对比性变化，结构层面技术变化视角下的解读引起较高学术关注，促进技术进步偏向理论研究框架的逐步形成。

阿西莫格鲁（Acemoglu，1998）认为，当存在大量熟练工人时，企业发现给他们提供岗位有利可图，从而促使技术朝着有利于提高熟练工人劳动效率的方向进步；结果会导致熟练技工工资上涨，非熟练劳动者工资下降。克鲁格曼（Krugman，2000）建立的模型与阿西莫格鲁的观点有相似的特征。凯利（Kiley，1999）不赞同传统文献所描述的熟练工人供给增加将使工资下降的观点，认为熟练劳动力供给增加将促进技能偏向型技术变革，导致非熟练工人工资暂时停滞，并最终拉大熟练劳工与非熟练劳工间的工资差距。阿西莫格鲁（Acemoglu，1999）进一步研究技能劳动供给增长所引致的技能互补型技术变革，指出劳动力市场上较高比例的技能劳动者，对技能互补性技术而言，意味着有较大的市场规模，并认为虽然短期中技能劳动增加会降低技能溢价，但随后会引致技能偏向型技术变化，从而增加技能溢价，乃至最终使其超出初始水平。

以前述文献为基础，阿西莫格鲁（Acemoglu，2002a）推动了技术进步偏向理论更一般化的研究。在传统企业理论范式下，他以资本与劳动两要素投入为例，引入要素市场、产品市场和技术市场，基于利润最大化的理性假设，依托一般均衡实现条件，分析要素提供、产品生产及技术研发活动间的交互影响关系，为技术进步偏向研究建立起一个微观基础。阿西莫格鲁关于技术有偏进步的基本理论研究，主要包括技术进步的诱导机制及技术进步的偏向性两个方面。前者通过需求端技术创新方向的引致机制分析，解释技术为何有偏进步的问题；后者则通过技术进步后要素边际产出的变化分析，解答技术进步后要素的产出效率如何变化的问题。显然，两个方面的研究存在着紧密的逻辑递进关系。

2.2.1.2 技术进步偏向理论与诱导性技术创新理论的关系

技术进步偏向理论延续诱导性技术创新理论关于技术进步方向内生化的研究。阿西莫格鲁对技术创新方向的引致分析，主要继承要素相对稀缺性与市场需求诱导技术革新两条主线的研究，结合替代弹性取值范围，判定价格效应与规模效应对技术有偏进步的综合作用。他关于价格效应的探讨，源于要素相对稀缺性诱导技术创新理论；而关于规模效应的分析，则受到市场需求引致技术创新理论的启发，对此他特别提到对施莫克勒学术观点的继承[①]。为了突出强调规模效应对技术有偏变化的作用，阿西莫格鲁和林（Acemoglu and

---

① ACEMOGLU D. Directed technical change [J]. Review of economic studies，2002a，69（4）：785.

Linn，2004）曾以施莫克勒的学术研究作为论文的研究背景，并认为格里切斯关于杂交玉米在美国传播的研究，为证明技术采用与市场规模的密切关联提供了有利证据①。

在技术有偏进步内在机制研究的基础上，阿西莫格鲁规范了希克斯的发明的偏向性研究。他进一步明晰技术进步偏向的内涵，把其界定为技术进步所引起的要素相对边际产出变化，并结合替代弹性取值，判断技术进步的要素偏向性。阿西莫格鲁（Acemoglu，2002a，2003a）还深化诱导性技术创新理论关于要素份额变化的研究，系统分析了技术有偏变化对要素相对份额的影响状况；他认为，利润最大化企业可以同时采用资本增强型与劳动增强型技术，指出长期中经济增长具有纯劳动增强型技术特征，国内生产总值（GDP）中劳动份额保持不变，而短期过度路径下技术变化是资本增强型，要素份额也是可变的。此外，在技术偏向性均衡的理论研究方面，阿西莫格鲁（Acemoglu，2001a）以内生增长理论对颛德克斯和菲尔普斯（Drandakis and Phelps，1966）的研究给予了现代范式下的重述②。

可见，从诱导创新到技术偏向，阿西莫格鲁实现了希克斯以来技术进步偏向研究的完整综合，并构建起相对系统的理论体系，成为技术进步偏向理论的主要创立者。内生框架下技术偏向性均衡决定的动态化和规范化研究，使其理论引起较高学术关注。如果仅考量研究领域及方法，诱导性技术创新理论与技术进步偏向理论有一定差异性，前一理论对农业技术有偏变化的研究更为系统和深入，以静态或比较静态分析为主；后一理论则进行一般化的研究，使用了比较静态和动态分析方法。当不局限于农业领域问题的探讨时，技术进步偏向理论可以划入诱导性技术创新理论的研究体系。从诱导机制、技术偏向、要素份额及稳态路径的研究看，两个理论之间具有交叉和相似之处，可以认为后者对前者具有传承和发展关系。

---

① ACEMOGLU D, LINN J. Market size in innovation: theory and evidence from the pharmaceutical industry [J]. The quarterly journal of economics, 2004, 119 (3): 1049-1050, 1052.

② ACEMOGLU D. Factor prices and technical change: from induced innovations to recent debates [R]. Cambridge: Social Science Research Network, Working Paper, 2001: 28.

2.2.2 技术进步偏向理论相关研究的进展

2.2.2.1 技术进步偏向理论的研究发展

(1) 技术进步偏向理论的深化研究。琼斯（Jones，2005）表示，如果存在帕累托分配，当总量生产函数是柯布-道格拉斯函数时，长期中技术变化是劳动增强型的。在技术进步偏向基本理论研究的基础上，阿西莫格鲁（Acemoglu，2007）依次研究技术均衡偏向的三种情况，即相对均衡偏离、弱绝对均衡偏离与强绝对均衡偏离，深化了技术偏向性均衡的理论研究。阿西莫格鲁（Acemoglu，2010）还进一步研究劳动节约型创新发生的前提条件，发现在合适的环境中，技术将表现出较强的劳动节约型。他特别强调，如果此时技术可以节约劳动，劳动稀缺性会鼓励技术进步，否则不会出现创新。自动化和人工智能等科学技术的发展，促使技术进步偏向的理论研究逐步聚焦前沿科技的结构性变化。阿西莫格鲁和雷斯特雷波（Acemoglu and Restrepo，2018）把自动化和新任务的创立内生化，论证资本与劳动间的任务分配如何由可得技术及企业内生选择决定。该研究认为，当一种要素变得更加便宜时，不仅影响分配给它的任务范围，而且还会激励技术应用。他们指出，如果长期中资本相对于劳动更加廉价，自动化技术将快速发展并取代劳动，如果资本租金率水平不是很低，将会产生两种技术并驾齐驱的均衡增长路径。该研究还认为，市场力量能够保证均衡增长路径的稳态，但不一定能产生有效率的技术组合。

(2) 技术进步偏向理论的实证检验。

第一，单方程法测度技术进步偏向。级数展开式法、最优一阶条件法和随机前沿模型法是常用的测度方法。级数展开式法由克曼塔（Kmenta，1967）提出，对 CES 生产函数做低阶近似处理，在特定替代弹性点进行二阶泰勒式展开，得到线性化的单方程式；再根据表层参数值，间接求得替代弹性、要素效率增长率及技术偏向指数。最优一阶条件法和随机前沿模型法则分别基于最优一阶条件、随机前沿模型生成单方程式，与级数展开式法近似，依据表层参数，间接求得替代弹性和技术偏向指数。多位国内学者基于级数展开式法，使用我国经验数据，研究发现，资本与劳动间基本存在互补关系，技术进步大体上偏向资本要素（陆雪琴和章上峰，2013；钟世川，2014；朱琳等，2016）。部分学者选择了成本最小法或随机前沿模型法。郝枫和盛卫燕（2014）建立要素增强型 CES 生产函数，主要借助单方程成本最小法，核算替代弹性及要素效率增长率。该研究结果显示，要素替代弹性大于0且小于1，技术进步为劳动增强型和资本偏向性。罗慧和赵芝俊（2020）则通过随机前沿模型测度粳稻技术进步率和偏向指数，认为偏向性技术进步具有时空异质性和阶段性特征。

第二，多方程联立法测度技术进步偏向。在多方程测度技术进步偏向的方法选择方面，有学者建立最优一阶条件的联立方程式，增加约束条件，再间接求得技术偏向指数。更多学者使用供给面系统法，该方法把最优一阶条件法和级数展开式法结合起来，构建多个联立方程，通过系统估计提高有效性，有利于检验跨方程参数约束。雷钦礼（2013）基于要素增强型CES生产函数的最优一阶条件法，生成关于要素价格的联立方程组，测度1991—2011年中国要素效率水平和技术进步偏向状况。研究结果表明，技术进步为劳动节约型与资本使用型。克兰普等（Klump et al.，2007）研究美国1953—1998年经济的技术偏向性时，较早地使用了供给面系统的估计方法。戴天仕和徐现祥（2010）根据技术进步偏向的内涵界定技术偏向指数，使用中国1978—2005年的经验数据，通过标准化系统方法测度技术进步偏向，指出技术进步呈现愈来愈显著的资本偏向性。此外，一些学者基于双层嵌套的CES生产函数，使用供给面系统方法，也证实技术进步的非中性特征（王林辉等，2014；雷钦礼和李粤麟，2020）。

第三，非参数法对技术进步偏向的测度。关于技术进步偏向的测度，多数文献通过构建计量模型进行实证分析；也有部分文献基于非参数法，得出有意义的研究结论。在当前的非参数法测度中，Malmquist-TFP指数分解法有较充分的应用。弗勒瑞等（Färe et al.，1997）通过Malmquist生产率指数分析，分解出投入偏向型指数。韦伯等（Weber et al.，1999）根据要素投入比例和投入偏向型指数，进一步判断偏向型技术进步方向。国内一些学者使用该方法，对工农业领域的技术偏向性进行测度，虽然研究的主题和结论存在差异性，但大都认为技术进步是有偏的（王班班和齐绍洲，2015；王俊和胡雍，2015；付明辉和祁春节，2016；尹朝静等，2018）。而另一些学者则选择相对更为复杂的其他非参数法。丁黎黎等（2020）基于Malmquist-Luenberger多维分解指数模型，测度中国省级绿色技术进步偏向。该研究认为，投入偏向型绿色技术进步和中性绿色技术进步促进了区域技术水平，能源结构调整改善中性绿色技术进步、抑制投入偏向性绿色技术进步。孙猛（2021）构建集成DEA框架系统，分析能源结构、要素替代和全要素生产率，从能源生产率变化分离出要素替代弹性和全要素生产率的增长贡献。该研究发现，资本替代效应在碳生产率增长中发挥主导作用，低碳经济为索罗中性技术进步。韩海彬和赵慧欣（2023）使用 Malmquist-Luenberger 生产率指数，测度中国农业技术有偏进步状况，发现整体上偏向节约土地要素。

2.2.2.2 基于技术进步偏向理论的拓展研究

（1）技术进步偏向理论被应用到内生增长领域。以技术进步偏向理论为基础，相关文献对内生增长问题的研究，推动该理论进一步发展。有学者在技术有偏变化研究中引入路径依赖因素，从动态角度解读技术结构性变迁和经济内生增长。瓦西卢克（Wasiluk，2015）构建一个内生增长模型，通过激励新研发的诱导机制分析，揭示路径依赖和技术锁定的根源。该研究指出，要素的相对供给变化会对技术创新产生激励作用，促使新技术更好适应新环境。该研究还指出，以该模型为基础，得出与阿西莫格鲁（Acemoglu，2002a）一致的结论，即技术进步偏向于丰裕要素，但强调其前提是存在根本性创新，如果技术变化仅是二次开发引起的，那么技术进步将是中性的。也有学者基于技术进步偏向理论，进行结构视角下经济非平衡增长的研究。在世界经济发展方面，阿西莫格鲁和兹利波琪（Acemoglu and Zilibotti，2001b）通过发达国家与发展中国家之间的技术有偏变化分析，解释南北国家间的生产率差距。该研究认为，北方技能劳动的供给增加，将促使技能互补型技术进步，与北方相比，南方则需要更多劳动互补型技术；南方劳动与从北方引进技术间的不匹配，是生产率差距及人均产出差距拉大的重要原因。在国民经济发展层面上，阿西莫格鲁和格里瑞里（Acemoglu and Guerrieri，2008）建立非平衡内生经济增长模型，认为非平衡增长与常数利率及资本份额的近似均衡具有一致性，并以此为基础研究经济体的内生偏向型技术变革。在产业结构角度，比斯托等（Bustos et al.，2019）以阿西莫格鲁的技术进步偏向理论为基础，提出一个多部门经济模型，研究由农业技术创新引致的不同部门劳动力需求变动，并进一步分析这些变化对农业、制造业及整体经济增长的影响。

（2）技术进步偏向理论对研究收入分配问题有一定的应用。学者们研究发现，从技术有偏进步角度，能够对结构层面的技能溢价和收入分配变化提供更有说服力的解释。克鲁塞尔（Krusell，2000）发展了一个包括四要素生产函数的内生框架，为技能偏向型技术变化提供了一个简单和明确的经济解释，并认为要素投入变化可以解释美国 1963—1992 年技能溢价的大部分变动。阿西莫格鲁（Acemoglu，2002b）研究第二次世界大战后美国技术变化对工资不平等的影响，认为工资和教育回报的变化，充分说明过去60年技术变化一直是技能偏向型的，其中原因是熟练工人供给的快速增长已经引致技能互补型技术的开发。布尔诺和卡布斯基（Buera and Kaboski，2012）分析专业化高技能劳动在服务业过度增长中的作用。该研究结论显示，随着生产率水平提高，需求将向高技能密集型产业转移，市场服务的重要性会逐步增加，并由此预测，技能水平、技能溢价及服务的相对价格会上升。布尔诺等（Buera et al.，2022）进一步构建一个两部门模型，评估技术偏向型结构转换对技能溢价的影响。该研究认为，美国需求结构的变化，部分解释了由技术变革引起的技能溢价。赫莫斯和奥尔森（Hémous and Olsen，2022）建立包括自动化和横向创新的内生增长模型，论证自动化、经济增长及收入不平等间的关系。他们表示所进行的研究，不同于以外生变化解释收入差距的学术研究，实质上更接近于布尔诺和卡布斯基（Buera and Kaboski，2012）的理论逻辑。阿西莫格鲁和雷斯特雷波（Acemoglu and Restrepo，2020）基于不同生产任务中机器与劳动竞争的模型，分析1990—2007年美国工业机器人使用对地区劳动力市场的影响，结果发现，机器人的应用会降低就业和工资。

（3）技术进步偏向理论在环境经济、结构转型及国际贸易等研究方面有所应用。技术进步偏向理论也被应用于环境经济、结构转型和国际贸易等方面问题的研究，相关研究具有重要理论和现实意义。温（Wing，2006）将阿西莫格鲁的基本理论框架用于环境问题研究，发展了一个简化的企业动态模型，分析环境税所导致的价格变化及受监管企业的自我创新机制。该研究发现，税收提高污染投入的相对价格，增强替代污染投入的技术研发的相对吸引力，同时挤出了清洁研发。然而，阿西莫格鲁等（Acemoglu et al.，2012）在具有环境约束的增长模型中引入内生技术偏向变革，研究结果表明，当要素间可替代性较强时，临时税收或补贴政策会激励支持清洁投入的创新，从而促进可持续增长；但也强调虽然最优政策包括碳税和研究补贴，应避免过度使用碳税。该研究还指出，当肮脏要素生产中使用易耗竭资源时，在自由放任背景下将有助于转向清洁创新。阿西莫格鲁等（Acemoglu et al.，2014）还将前期的理论研究拓展为南方、北方国家的技术进步偏向模型，发现北方国家恰当的环境监控能降低环境灾难，而当南方、北方间存在国际贸易时，北方单边采取环境政策很难阻止环境灾难，因为北方环境监管可能使南方在肮脏投入方面的生产专业化，放弃不再有利可图的清洁技术模仿，因此建议为减少碳排放，应实施全球协调的环保政策。阿西莫格鲁（Acemoglu，2015）

赋予李嘉图模型技术偏向变化特点，以此研究离岸外包对技术创新的影响，认为离岸成本下降引致技术偏向，但具体的要素偏向性并不明确。比斯托等（Bustos et al.，2016）研究农业技术采纳对结构转型的影响，通过巴西转基因种子应用状况的实证检验，发现大豆生产中的技术变化是强劲地劳动节约型，并最终带动了工业领域的增长。

2.3 简要评述

2.3.1 技术进步偏向理论对诱导性技术创新理论的传承与发展

从希克斯提出诱导性发明概念，到诱导性创新理论的构建及应用，再到技术进步偏向理论的确立及拓展，经济学说史上围绕技术有偏进步的研究，经历了一个学术传承又不断发展的过程。

需求端因素影响下的技术创新方向分析，是这一学术体系问题探索的共同起点。速水佑次郎和拉坦的要素相对稀缺性诱导创新理论，继承了希克斯的要素相对价格变化诱导新发明的研究。阿西莫格鲁同样探讨技术相对增长的需求端引致机制，结合要素替代或互补关系，研究价格效应与规模效应对技术结构性变化的综合作用。他关于价格效应的分析传承了希克斯的学术观点，对规模效应的分析则受到诱导性技术创新理论的另一分支——市场需求诱导创新理论的影响，在分析规模效应对技术创新的作用时，阿西莫格鲁多次强调施莫克勒所论述的"市场规模"的重要性。

基于诱导性创新机制的分析，早期代表文献还进一步研究技术有偏变化下，要素份额变动状况及稳态增长路径实现，但尚未确立起严谨的微观基础。速水佑次郎和拉坦（Hayami and Ruttan，1971）的研究重心有所不同，已经较少关注要素份额变动，侧重于研究要素禀赋约束下农业技术进步方向及内生发展路径。阿西莫格鲁（Acemoglu，2001a，2002a，2004）继承诱导性技术创新理论的主要学术思想，将内生增长理论引入技术有偏变化的研究框架中，以相对规范的方法进行研究，构建了技术进步偏向理论的基本研究体系。他以新古典经济学的基本假设为基础，把多个市场和经济主体纳入研究，通过动态化的一般均衡分析，为技术进步偏向理论确立起微观基础。与传统内生增长理论的总量研究不同，技术进步偏向理论主要进行结构视角的研究。该理论具有较好的延展性，对经济现实也有较强的解释力。近年来，围绕技术进步偏向的研究，衍生出许多热点议题，如人力资本积累与经济发展不平衡，人工智能与高低技能收入分配，清洁能源使用与可持续发展，资源储备差异及国际贸易发展，等等。

2.3.2 两种理论的相关研究对比及可能性拓展

以诱导性技术创新理论与技术进步偏向理论为基础，学术界继续对该领域问题进行深入的研究。从具有代表性和影响力的成果看，表现出几个主要特征：

第一，理论基础和研究内容方面，主要依托以速水佑次郎和拉坦为代表的诱导性技术创新理论及以阿西莫格鲁为代表的技术进步偏向理论。以前者为基础的学术文献，侧重于农业技术创新方向及内生发展路径的研究；以后者为基础的学术成果，则是一般化地实证研究技术偏向性问题，学术视野进一步延伸到经济增长、收入分配和国际贸易等领域。

第二，研究工具和方法方面，基于前一理论的研究，一般使用比较静态的分析方法，实证分析多选取超越对数模型或其拓展变化形式，以时变替代弹性反映要素替代关系及技术变化方向，也有研究引入代理变量直接检验诱导创新假设；基于后一理论的研究，比较静态和动态的研究方法均有涉及，实证检验多依托参数或非参数法，进行要素替代弹性和技术进步偏向的测度。要注意的是，两者实证研究中都使用到替代弹性的概念，然而数值区间和反映的参数关系存在差异性。

第三，理论研究与现实契合方面，以两种理论为基础的文献聚焦于不同领域，研究方法也有所区分，但关于结构层面技术变化的实证研究，却有大体一致的结论：技术有偏进步具有充分地现实依据。

围绕技术有偏进步的相关文献，在理论研究和实证检验方面，积累了丰富的学术成果，但系列研究还存在继续讨论和拓展的空间。

一是以诱导性技术创新理论为基础，学者多侧重于农业领域技术进步的诱导机制分析，相关研究分别从要素相对稀缺性与市场需求两个层面进行，没有对比两方面影响机制的差异性，也没有把两方面相对分割的研究统一起来。

二是以技术进步偏向理论为基础，实证研究成果大体可以分为两类：一类是实证测度要素替代弹性及技术进步偏向性；一类是把技术进步偏向外生化处理，实证检验技术有偏变化对经济增长、收入分配、结构转型、国际贸易等方面的影响，而把技术有偏进步作为内生变量，充分联系现实，较为系统的研究相对缺乏。

三是关于技术有偏进步的形成机制与技术进步的要素偏向性研究，既可以作为两个独立的研究命题，也可以作为同一个研究主题的两个研究对象。当把其作为两个研究对象同时研究时，由于要素相对价格变动会影响技术有偏进步，而技术结构性变化又会作用于要素相对边际产出，变量间似乎存在双向因果关系，对此有待进一步从理论和实证方面进行深入研究。

基于诱导性技术创新理论与技术进步偏向理论的学术关联，并概述以其为基础的主要文献研究特征，本书由此认为，把两种理论有机结合起来，是推动该领域问题系统化研究的可行途径。在技术有偏进步的形成机制研究方面，以诱导性技术创新理论的相关研究为基础，可以根据替代弹性取值的经验判断，实证研究价格效应与规模效应的异质混合影响，解决价格效应与规模效应的综合作用无法直接观察的问题，从而完善技术进步偏向理论的研究。在技术进步偏向性研究方面，由一般性研究转为农业领域的特殊性研究，可以弥补诱导性技术创新理论研究的局限性，把要素相对稀缺与市场需求诱导创新的研究相统一，进而将研究视野从技术有偏进步的内生性研究延伸到外生性研究。技术具有公共属性，政府部门必然会一定程度参与创新实践，会对研发供给与技术需求产生双向作用。另外，地理和气候等外部环境变化也会影响技术采纳。当市场机制、政府干预及地理气象等因素叠加时，技术有偏进步的生成机制及产出效应如何，诱导性技术创新理论与技术进步偏向理论是否依然适用，很值得进一步深入研究。

3
诱导性因素引致农业技术进步偏向的理论研究

现代科学技术进步及在农业领域的广泛应用，促使农产品生产绩效不断提升，推动农业部门整体发展日益取得显著成果。然而，从结构层面看，不同种类农业技术创新和扩散速度存在差异性，技术采纳后要素的产出效率变化也不尽相同。诱导性技术创新理论与技术进步偏向理论均围绕技术有偏进步问题进行了系统研究。本章基于第2章两个理论之间学术关联的相关研究，解析农业技术有偏进步的内在机理及产出效率变化。在此基础上构建基本理论模型，并将延伸分析公共部门参与下的诱导创新机制，还将结合农业生产特点，拓展讨论不同种类农作物技术进步偏向的异质性；最后推导出主要研究命题，确立起本书的理论基础。

3.1　诱导性因素引致农业技术进步偏向的逻辑机理

本书在梳理和总结相关理论的基础上，基于诱导性创新假说，把要素相对稀缺性与市场需求作为诱导农业技术创新的主要因素，借鉴技术进步偏向理论的研究范式，试图构建一个诱导性因素引致农业技术进步偏向的逻辑框架。受研究主题和篇幅所限，本书所研究的农业，仅限于狭义层面的种植业，广义口径下的林业、牧业和渔业没有涉及。本书的理论研究分为两个层次，以递进的次序展开分析，先研究诱导性因素对农业技术结构性变化的作用机制，即需求端力量如何引致农业技术发生结构性变动；再研究技术进步对农业要素相对边际产出的影响，即农业技术进步偏向要素哪一方。

3.1.1　诱导性因素引致农业技术有偏进步的机理

农业技术进步受多重因素影响，通常呈现出非平衡增长特征。经济学理论一般认为，供求双方力量作用是技术结构性变迁的原因，供给与需求因素分别解释了技术变革的不同范围和方面。

马克思认为，科学技术进步源于经验知识和科学知识的积累[1][2]。萨伊的观点是："生产给产品创造需求。"[3] 无疑，技术进步方向会受到现有科学知识存量的制约，新技术、新工艺和新方法的使用会刺激需求，培养出新的购买热点。但如果不考虑小范围适用的前沿和个性化技术，在发展秩序良好及

---

[1] 马克思. 摩尔根《古代社会》一书摘要 [M]. 北京：人民出版社，1965.
[2] 马克思. 机器、自然力和科学的应用 [M]. 北京：人民出版社，1978：206.
[3] 萨伊. 政治经济学原理 [M]. 北京：商务印书馆，2017：152.

从"诱导创新"到"技术偏向":中国农业发展的经验证据

创新体系相对完善的现代社会,基础技术供给多是有效和充分的;如果要对特定技术的快速增长及大范围应用做出合乎逻辑的解释,技术创新的需求端引致机制分析就显得异常重要。马克思强调,由于对剩余价值的追逐,在资本积累和扩大再生产过程中,资本主义企业采用先进科学技术,机器设备使用范围不断扩大,劳动雇佣量逐步减少,资本有机构成将呈现出上升趋势[①]。希克斯把新发明区分为自主性和诱导性两类,虽然并不认可自主性发明必定以劳动节约型为主,也不认为自主性发明水平将会降低,但强调要素相对价格变化对劳动节约型发明的影响,并认为在随机分布状态下,这种发明将会在较大范围存在[②]。速水佑次郎和拉坦的观点是:"我们并不完全认为,农业技术变革完全具有诱导的特点,存在供给范围(外生的),同时存在需求范围(内生的)。除了资源条件和需求增长的作用外,农业技术变革反映了一般科学和技术的进步……在不涉及要素比率和产品需求的情况下,多对农业技术变革产生影响。即使在这些情况下,当这些因素通过要素和产品市场反映出来时,技术的采用率及其内因变化或外因变化对生产率的作用,将强烈地受资源供给和产品需求条件的影响。"[③]

可见,主要源于需求端的诱导创新因素,通过形成特殊的利益激励机制,使供给端的创新活动及其应用做出调整,以适应新市场形势的变化。相关主体在获利动机驱使下,必然会做出更符合比较利益的理性选择,通常会促使某些技术更快发展起来,并对要素的产出效率产生不同影响。结构层面的需求端诱导创新机制分析,能够很好地解释现实中农业技术采纳率和生产率的变化。

由第2章文献综述内容的相关陈述可知,技术进步偏向理论继承了诱导性技术创新理论对技术有偏变化的内在机制研究。结合阿西莫格鲁的研究看,侧重于从需求侧分析诱导创新因素的综合影响[④]。两种理论相比较,有联系,也有一定区别。如图3-1所示,诱导性技术创新理论分析要素相对稀缺性与市场需求所引致的技术分化。初始需求主体是生产者,同时把研发部门、政府机构和技术品投产企业的交互反馈及引致关系也纳入研究框架。技术进步偏向理论则结合替代弹性取值,分析研发部门在需求侧价格效应与规模效应

---

① 马克思,恩格斯. 马克思恩格斯文集:第5卷[M]. 北京:人民出版社,2009:721.
② HICKS J R. The theory of wages[M]. London: Macmillan, 1932:125-126.
③ 速水佑次郎,拉坦. 农业发展:国际前景[M]. 北京:商务印书馆,2014:68.
④ ACEMOGLU D. Directed technical change[J]. Review of economic studies, 2002a, 69(4):787.

综合作用下，当达到利润最大化的均衡状态时，技术的相对增长方向及由此导致的边际产出变动状况。由于资源禀赋形成要素相对价格的对比，影响技术使用者的获利水平，进而再以价格信号传递给技术供给者；而市场需求则影响新技术的投产规模，关系到规模报酬水平的高低。所以前一理论中要素相对稀缺性与市场需求的影响，实质上同后一理论中价格效应与规模效应的作用是一致的，但后者与前者对比，进行了更完整和系统化的研究。

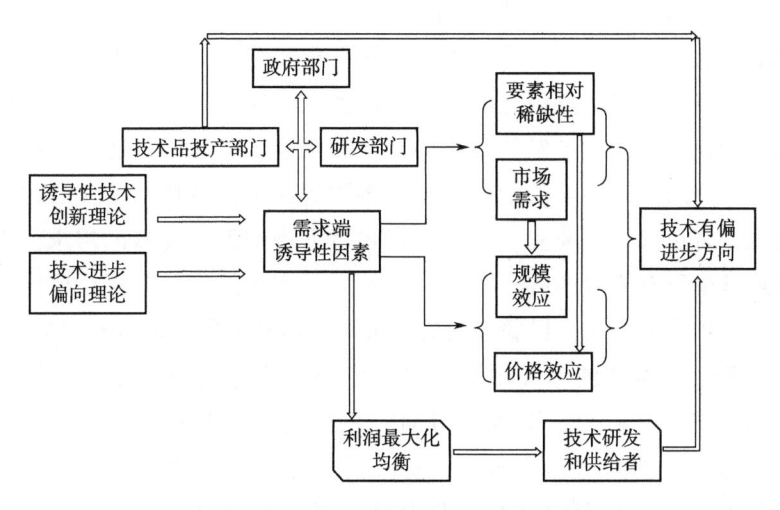

图 3-1 需求端诱导性因素引致技术创新的机理对比

本书由此认为，要素相对稀缺性变动会引起要素相对价格变化，通过价格效应影响农业技术创新，技术相对进步方向与要素数量相对变化方向相反，服务或替代稀缺要素的技术获得优势发展。市场需求反映市场规模扩大对技术应用的作用，通过规模效应影响农业技术扩散，此时技术变革方向与要素数量相对变化方向相同，创新活动将促进更充分地利用相对丰裕的要素，以获得更多规模报酬。根据农业生产中土地劳动之间互补关系的经验认知，假定基本要素的替代弹性大于 0 小于 1，据此初步判断价格效应大于规模效应，并最终主导了农业技术进步的方向。

速水佑次郎和拉坦的诱导发展模式中，也分析了公共部门在农业技术创新中的作用，社会研发机构和政府部门会根据市场需要调整决策及行为，以使技术进步方向更好地适应市场资源配置的新需求，为创造更多新的获利机会提供便利。公共部门参与诱导技术变革既有理论支撑，也是现实层面的客观需求。农业技术革新过程中，政府部门发挥重要作用，为创新活动提供资金和智力支持，能够影响技术供给成本及效率，弥补市场供给不足；对农机和良种购买给以补贴，可以降低技术型产品的购置支出，有利于促进新技术的扩散。所以下文在对农业技术有偏进步的诱导机制进行理论研究时，将拓展分析政府参与创新活动的影响。

3.1.2 农业技术进步的弱均衡偏离特征

3.1.2.1 农业技术进步偏向的内涵界定

现实社会生产中，受资源瓶颈或市场需求影响，某些技术通常比其他技术更快速地发展，更大范围地应用于生产实践，并对要素效率和产出产生不同影响。希克斯认为，虽然新发明会增加总收益，但是不可能在同一时间以相同的比率增加所有要素的边际产出。多数情况下，新技术的发展和应用具有倾向性，将选择特定要素，并在一定程度上增加那些要素的需求。当同比例增加或减少所有要素的投入时，导致不同的产出效应。希克斯假定存在资本和劳动两种生产要素，根据要素效率水平的不同变化，把新发明分为三种：劳动节约型、资本节约型和中性类型。劳动节约型发明增加资本的边际产出超过劳动的边际产出，资本与劳动的相对边际产出的比率将会上升；资本节约型增加劳动的边际产出超过资本的边际产出，两种要素相对边际产出将会降低；中性类型时对两种要素效率水平的影响一样，相对比率则保持不变[①]。

阿西莫格鲁规范了技术进步偏向的内涵界定。设定隐函数 $F(A, L, Z)$，其中，A 代表技术；L 代表劳动；Z 代表某种特定要素，可以是资本，也可以是土地或高技能。如果技术创新是劳动偏向的，则有：

$$\frac{\partial F/\partial L}{\partial F/\partial Z} \Big/ \partial A > 0 \qquad (3-1)$$

即新技术变化将引致劳动边际产出的增长超过另一特定要素的边际产出；反之，当要素 Z 的边际产出有更大增长时，则技术进步是 Z（资本、土地或高技能劳动）偏向型。如果存在两种不同技术 A^Z 与 A^L，分别与生产要素 Z 与 L 结合，则生产函数为 $F(A^Z Z, A^L L)$，A^L 代表劳动增强型技术，可以提高劳动效率水平，相当于多倍劳动发挥作用；A^Z 代表 Z 增强型技术，能够增加要素 Z 的效率单位，相当于投入多倍数量 Z。可见，要素增强型技术主要改变

---

① HICKS J R. The theory of wages [M]. London：Macmillan，1932：121-122.

生产要素的效率水平，偏向型技术强调技术变化对要素相对边际产出的影响。当替代弹性大于1时，要素 L 与 Z 是替代关系，A^Z 和 A^L 相对增长方向与技术偏向方向是一致的；替代弹性大于0小于1时，要素是互补关系，A^Z 和 A^L 相对增长则使技术偏向性发生反向变化。

显然，关于技术进步偏向的界定，阿西莫格鲁对希克斯有一定继承性。两者都从新技术的要素产出效率角度解释技术偏向性，后者与前者不同的是，结合要素替代关系细化了问题分析。希克斯关于要素相对价格变化下的技术偏向研究，隐含前提条件是要素间存在互补关系，从这一点看，两者分析结论大体是一致的。假如两种要素分别是资本与劳动，劳动节约型创新相对更高水平地增加资本产出，因而是资本偏向的，生产中倾向于更多使用资本要素而节约劳动；但是，如果两要素是替代关系，希克斯的结论并不适用，此时规模报酬将会主导技术创新方向，要素相对边际产出变化方向与技术相对进步方向一致。

速水佑次郎和拉坦并未直接界定农业技术进步偏向的内涵，他们结合农业要素关系及作业特点，把技术分为生物化学技术与机械化技术两类，生物化学技术影响土地效率，替代和节约土地投入，可以认为是土地节约型技术；机械化技术改变劳动要素的产出效率，替代和节约劳动投入，被称之为劳动节约型技术。他们研究的诱导性发展模式是不同资源禀赋制约下，农业内生发展路径的理性选择。学术界有些文献把这种技术变化或发展倾向称之为技术偏向，实质上所做分析与前两者的解释有一定差异性。这个学术体系更侧重于农业要素禀赋影响下技术进步方向的研究。本书研究"诱导创新"到"技术偏向"的实现过程，所以采用阿西莫格鲁的内涵界定，但结合了农业领域的生产特点。

农业技术进步偏向是指在诱导性因素引致的技术进步作用下，农业要素相对边际产出的变动，反映了技术有偏进步后要素产出效率的对比性变化状况。基于农业生产实践中的经验事实，推断土地与劳动间存在互补关系。如表3-1所示，生物化学技术增强土地效率，属于土地增强型技术 A^T。当土地与劳动比率 $\frac{T}{L}$ 降低时，生物化学技术更快增长，技术进步将是劳动偏向型，通过节约土地而使用更多劳动，能够充分获取相对价格变化带来的潜在获利。机械化技术增强劳动效率，属于劳动增强型技术 A^L。当土地与劳动比率 $\frac{T}{L}$ 上升时，驱使机械化技术取得更快发展，农业技术进步增加了土地与劳动的相对边际产出，技术进步将是土地偏向型，因为节约劳动和使用更多土地可以降低成本，符合比较收益原则。可见，当土地与劳动间替代弹性大于0小于1时，农业技术进步偏向于相对丰裕的要素，是因为技术创新的弱均衡偏离倾向。机械化技术更快提高了劳动的效率水平，相当于多倍劳动参与农业生产。土地与劳动是互补关系，两者只有保持有效结合，各自效率水平才能充分发挥；与土地数量相比，实际发挥作用的劳动大幅增长将破坏原有的要素配比和组合，一定程度弱化了劳动效率，从而使得土地的相对边际产出有更多增长。

表3-1 农业技术进步类型与偏向方向

替代弹性	技术类型	技术属性	要素结构	技术增长与产出关系	技术偏向
假定弹性值大于0小于1	生物化学技术机械化技术	土地增强型劳动增强型	$T/L \uparrow$	$\dfrac{A^T}{A^L} \downarrow, \dfrac{MP^T}{MP^L} \uparrow$	土地偏向型
			$T/L \downarrow$	$\dfrac{A^T}{A^L} \uparrow, \dfrac{MP^T}{MP^L} \downarrow$	劳动偏向型

3.1.2.2 农业技术进步弱均衡偏离下的产出效应比较分析

为了明确农业技术进步的弱均衡偏离特征，将以图示形式做出进一步解释。基于详细分析有偏技术产出效应的需要，图3-2分别呈现中性及有偏技术进步条件下的产出相对变动状况。(a)(b)两个图中，纵横坐标分别表示土地和劳动要素数量；假定存在技术进步，农业经济是内生发展的。

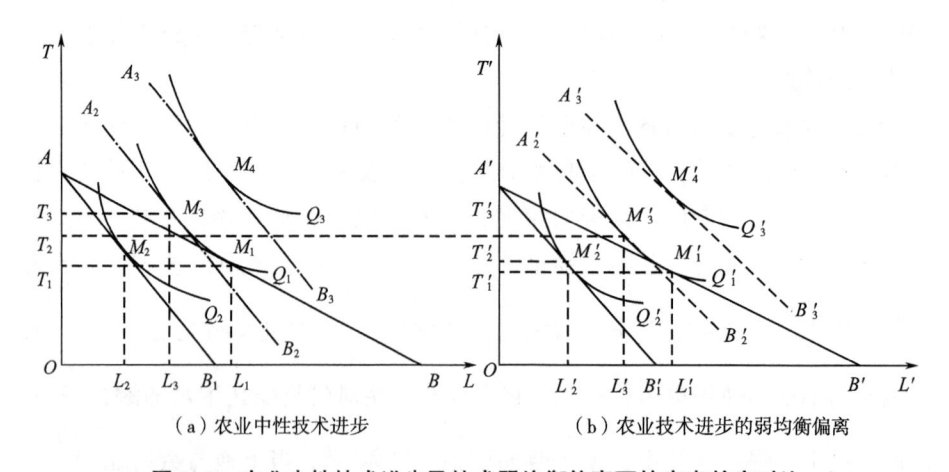

（a）农业中性技术进步　　　　　（b）农业技术进步的弱均衡偏离

图3-2 农业中性技术进步及技术弱均衡偏离下的产出效应对比

3 诱导性因素引致农业技术进步偏向的理论研究

图 3-2（a）描绘中性技术进步条件下产出变化状况。农业经济的初始禀赋特征是土地资源稀缺，劳动力相对过剩，主要经营模式是劳动密集型；农业生产者的最初均衡位置为 M_1 点，在该点等成本线 AB 与等产量线 Q_1 相切，要素组合中土地投入低于劳动投入。农业劳动力大量向第二、第三产业流入后，土地与劳动相对稀缺性发生改变，随着劳动用工价格的上涨，既定成本约束下要素组合发生变化，农业生产者逐步减少劳动使用，土地与劳动比例上升；受到要素价格上升的影响，等成本线位移到 AB_1，与新的等产量线 Q_2 相切于 M_2 点，产出水平由 Q_1 下降到 Q_2。假定存在农业技术创新，并且技术进步是中性的，即生物化学技术与机械化技术增速相同；土地与劳动效率均以同样倍数增长，相当于生产中发挥作用的要素数量增加了，可以认为两种增强型技术推动要素数量同比例扩张。农业要素增强型技术的作用，效力等同于补偿成本后的投资扩张，文中以向右平移的虚拟等成本线表示。如果技术进步所引致的要素效率增长恰恰等于价格上涨所导致的投资减少，补偿成本后的虚拟等成本线 A_2B_2 右移与等产量线 Q_1 再次相切于 M_3 点，产量将会上升回到过去的水平；如果技术进步所引致的要素效率增长高于价格上涨所导致的投资减少，虚拟等成本线会进一步平行右移，与代表较高产出的等产量线 Q_3 相切于 M_4 点。

图 3-2（b）展示了技术有偏进步状态下要素相对边际产出的变化情况。等成本线 $A'B'$ 与等产量线 Q_1' 相切于 M_1' 点，是农业生产者的初始均衡点。农业劳动力流动使要素相对价格和生产成本发生变化，推动农业生产者的等成本线向左旋转到 $A'B_1'$，与较低产出水平的等产量线 Q_2' 相切于 M_2' 点。要素结构性变化诱导技术创新做出调整，以补齐投入短板和提高生产效率。假定此时技术进步是有偏的，要素相对稀缺性变化引致劳动节约型创新；土地与劳动是互补关系，价格效应作用力大于规模效应，并主导技术创新方向，机械化技术增速将快于生物化学技术。机械化技术相对更快增长，使得劳动效率单位的增加超出土地效率单位，相对应劳动边际产量变动小于土地边际产出变化，表现出弱均衡偏离的特点。技术创新的成本补偿作用将使等成本线右移，但与图 3-2（a）不同的是，土地与劳动相对边际产出上升促使虚拟等成本线 $A_2'B_2'$ 向左旋转，坡度较 $A'B_1'$ 变得平缓，斜率绝对值有所减小。如果技术进步所引致的要素效率增长幅度等于价格上涨所导致的投资减少，虚拟等成本线 $A_2'B_2'$ 右移后与原等产量线 Q_1' 相切于 M_3'。

（a）（b）两图对比可见，新均衡点 M_3 与 M_3' 的土地与劳动比例均高于初始均衡点，产出回到技术创新前的水平。与 M_3 点对比，M_3' 点要素组合中土地数量低一些，劳动投入则高一些，即 $T'_3<T_3$，$L'_3>L_3$，这是由于技术进步的弱均衡偏离部分冲抵了要素相对价格变动。同理，如果技术进步所引致的要素效率增长幅度高于价格上涨所导致的投资减少，继续右移后的虚拟等成本线 $A'_3B'_3$ 与新等产量线切于 M'_4 点，均衡产出将高于初始水平。对于农业生产者而言，中性技术进步通常是一种特例；由于资源基础储备及结构性变动中利益驱动的差异性，技术进步大都是有偏的。农业技术的弱均衡偏向体现了基本要素互补条件下，新技术与要素结合过程中的适应和调节机制。

3.2 理论模型构建

3.2.1 基本模型分析

基于上述理论研究及影响机制分析，进一步以诱导性因素引致农业技术进步偏向为主题构建理论模型。

假定存在农业、工业和技术研发三个部门，消费、投资和研发支出分别为 C，I，R，使用来自农业和工业部门的最终产品 Y_A，Y_I，满足预算约束条件 $C+I+R \leq Y_A+Y_I$。由于所研究的主题和重心是农业技术进步偏向问题，所以理论模型分析以农业经济为研究对象，不考虑农业、工业之间的结构性转换及对工业经济的影响，仅进行与农业相关的产品市场、要素市场及研发市场局部均衡的分析。

假定家庭存在代际延续，消费支出的常数风险规避效用函数为：

$$U_t = \int_0^\infty \frac{c(t)^{1-\theta}-1}{1-\theta} e^{-\theta t} dt \tag{3-2}$$

农业部门生产最终产品：

$$Y_t^A = [\lambda_t Y_t^{T\frac{\rho-1}{\rho}} + (1-\lambda_t) Y_t^{L\frac{\rho-1}{\rho}}]^{\frac{\rho}{\rho-1}} \tag{3-3}$$

其中，Y_t^A 由两种中间产品 Y_t^T，Y_t^L 共同生产，λ_t，$1-\lambda_t$ 表示最终产品 Y_t^A 生产中两种中间产品重要程度的分配参数，ρ 为常数，表示两种中间产品替代弹性，$\rho>0$ 且 $\rho \neq 1$。

$$Y_t^T = \frac{1}{1-\alpha}\left(\int_0^{N_t^T} x_t^T(k)^{1-\alpha} dk\right) T_t^\alpha \tag{3-4}$$

$$Y_t^L = \frac{1}{1-\alpha}\left(\int_0^{N_t^L} x_t^L(k)^{1-\alpha} dk\right) L_t^\alpha \tag{3-5}$$

Y_t^T 由土地增强型媒介物与土地要素生产，Y_t^L 由劳动增强型媒介物与劳动要素生产；$\alpha \in (0, 1)$，T_t，L_t 分别表示土地与劳动要素数量；N_t^T，N_t^L 分别表示土地增强型技术与劳动增强型技术区间，k 表示技术投入数量，$x_t^T(k)$，$x_t^L(k)$ 分别表示两种媒介物的数量。

市场出清条件下两种中间品相对价格：

$$P_t \equiv \frac{P_t^T}{P_t^L} = \frac{\lambda_t}{1-\lambda_t}\left(\frac{Y_t^T}{Y_t^L}\right)^{-\frac{1}{\rho}} \tag{3-6}$$

P_t^T，P_t^L 分别表示中间品 Y_t^T，Y_t^L 的价格，以最终产品 Y_t^A 的价格作为计价单位。则有：

$$[\lambda_t^\rho P_t^{T1-\rho} + (1-\lambda_t)^\rho P_t^{L1-\rho}]^{\frac{1}{1-\rho}} = 1 \tag{3-7}$$

假定产品市场是完全竞争的，两类中间产品达到利润最大化水平，需要分别满足：

$$\max \pi_t^T = P_t^T Y_t^T - r_t T_t - \int_0^{N_t^T} \vartheta^T(k) x_t^T(k) dk \tag{3-8}$$

$$\max \pi_t^L = P_t^L Y_t^L - w_t L_t - \int_0^{N_t^L} \vartheta^L(k) x_t^L(k) dk \tag{3-9}$$

将 (3-8) 式和 (3-9) 式分别对 $x_t^T(k)$，$x_t^L(k)$ 求一阶条件，则可以得到：

$$x_t^T(k) = \left(\frac{p_t^T}{\vartheta^T(k)}\right)^{\frac{1}{\alpha}} T_t \tag{3-10}$$

$$x_t^L(k) = \left(\frac{p_t^L}{\vartheta^L(k)}\right)^{\frac{1}{\alpha}} L_t \tag{3-11}$$

$\vartheta^T(k)$，$\vartheta^L(k)$ 分别表示拥有专利权的垄断者向市场供给两种类型技术的价格。

将 (3-8) 式和 (3-9) 式分别对 T_t，L_t 求一阶条件，则可以得到：

$$r_t = \frac{\alpha}{1-\alpha} P_t^T \left(\int_0^{N_t^T} x_t^T(k)^{1-\alpha} dk\right) T_t^{\alpha-1} \tag{3-12}$$

$$w_t = \frac{\alpha}{1-\alpha} P_t^L \left(\int_0^{N_t^L} x_t^L(k)^{1-\alpha} dk\right) L_t^{\alpha-1} \tag{3-13}$$

假定专利技术垄断厂商生产两种类型技术的边际成本是 $\psi^{T,L}$，利润最大化条件下，$\pi_t^{T,L} = (\vartheta^{T,L}(k) - \psi) x_t^{T,L}(k)$。

利润最大化的技术垄断者供给价格

$$\vartheta^{T,L}(k) = \frac{\psi^{T,L}}{1-\alpha}$$

令 $\psi^{T,L}=1-\alpha$，则有 $\vartheta^T(k)=\vartheta^L(k)=1$，$\pi_t^T = \alpha P_t^{\frac{T_1}{a}} T_t$，$\pi_t^L = \alpha P_t^{\frac{L_1}{a}} L_t$。

垄断者净利润现值为：

$$I_t V_t^{T,L} - \dot{V}_t^{T,L} = \pi_t^{T,L} \qquad (3-14)$$

其中，I_t 表示利率，随着时间发生变化；$V_t^{T,L}$ 表示两种媒介物未来利润的现值，$\dot{V}_t^{T,L}$ 表示未来利润的变化，$\pi_t^{T,L}$ 表示利润流量。

当稳态时 $\dot{V}_t^{T,L}=0$，所以有：

$$V_t^T = \frac{\alpha P_t^{\frac{T_1}{a}} T_t}{I_t} \text{ 和 } V_t^L = \frac{\alpha P_t^{\frac{L_1}{a}} L_t}{I_t} \qquad (3-15)$$

将（3-10）式和（3-11）式分别代入（3-4）式和（3-5）式中，可以得到：

$$Y_t^T = \frac{1}{1-\alpha} P_t^{\frac{T_{1-a}}{a}} N_t^T T_t \qquad (3-16)$$

$$Y_t^L = \frac{1}{1-\alpha} P_t^{\frac{L_{1-a}}{a}} N_t^L L_t \qquad (3-17)$$

令 $\sigma \equiv \rho - (\rho-1)(1-\alpha)$，将（3-16）式、（3-17）式代入（3-6）式，则有：

$$P_t \equiv \frac{P_t^T}{P_t^L} = \left(\frac{\lambda_t}{1-\lambda_t}\right)^{\frac{\alpha\rho}{\sigma}} \left(\frac{N_t^T T_t}{N_t^L L_t}\right)^{-\frac{\alpha}{\sigma}} \qquad (3-18)$$

结合（3-15）式和（3-18）式，可以得到：

$$\frac{V_t^T}{V_t^L} = \underbrace{P_t^{\frac{1}{\alpha}}}_{\text{价格效应}} \cdot \underbrace{\frac{T_t}{L_t}}_{\text{规模效应}} = \left(\frac{\lambda_t}{1-\lambda_t}\right)^{\frac{\rho}{\sigma}} \left(\frac{N_t^T}{N_t^L}\right)^{-\frac{1}{\sigma}} \left(\frac{T_t}{L_t}\right)^{\frac{\sigma-1}{\sigma}} \qquad (3-19)$$

当 $0<\sigma<1$ 时，$\left(\frac{N_t^T T_t}{N_t^L L_t}\right)^{-\frac{1}{\sigma}}$ 与 $\frac{T_t}{L_t}$ 对比，对 $\frac{V_t^T}{V_t^L}$ 的影响大于后者，且方向相反，所以农业技术研发受到需求端价格效应与规模效应的双重作用，价格效应最终将主导技术相对变化的方向。

假定研发市场新技术开发满足：

$$\dot{N}_t^T = \psi_t^T R_t^T \text{ 和 } \dot{N}_t^L = \psi_t^L R_t^L \tag{3-20}$$

ψ_t^T，ψ_t^L 分别表示从事土地增强型技术与劳动增强型技术的研究活动时，单位投入带来的技术研发数量；R_t^T，R_t^L 分别表示两种新技术的研发总投入。

研发市场均衡条件：

$$\psi_t^T \pi_t^T = \psi_t^L \pi_t^L \tag{3-21}$$

借助（3-10）式、（3-11）式、（3-12）式、（3-13）式、（3-17）式和（3-21）式，令 $\psi_t = \dfrac{\psi_t^T}{\psi_t^L}$，

则有：

$$\frac{N_t^T}{N_t^L} = \psi_t^\sigma \left(\frac{\lambda_t}{1-\lambda_t}\right)^\rho \left(\frac{T_t}{L_t}\right)^{\sigma-1} \tag{3-22}$$

命题1 假定土地与劳动是互补关系，$0<\sigma<1$。当 T_t 和 L_t 的比率 $\dfrac{T_t}{L_t}\downarrow$ 时，如果其他变量不变，N_t 与 N_L 的比率 $\dfrac{N_t^T}{N_t^L}\uparrow$；相反，当 $\dfrac{T_t}{L_t}\uparrow$ 时，与之对应则有 $\dfrac{N_t^T}{N_t^L}\downarrow$。由此可以推断，价格效应大于规模效应，且主导技术变化方向，当农业土地与劳动相对比率下降时，将会导致土地增强型技术与劳动增强型技术相对增速上升；而当农业土地与劳动相对比率上升时，将会促使土地增强型技术与劳动增强型技术相对增速下降。

在分析农业技术进步诱导机制的基础上，进一步建立反映土地与劳动要素投入产出关系的生产函数：

$$Y_t^A = C\left[\eta_t (N_t^T T_t)^{\frac{\sigma-1}{\sigma}} + (1-\eta_t)(N_t^L L_t)^{\frac{\sigma-1}{\sigma}}\right]^{\frac{\sigma}{\sigma-1}} \tag{3-23}$$

C 为常数，是效率参数；η_t，$1-\eta_t$ 分别表示土地与劳动要素重要程度的分配参数。

分别对（3-23）式求 L，T 的偏导数，则可以得到

$$MP_t^T = \frac{\partial Y_t^A}{\partial T_t} = \frac{\sigma}{\sigma-1} C\eta_t N_t^{T\frac{\sigma-1}{\sigma}} T_t^{-\frac{1}{\sigma}} \left[\eta_t (N_t^T T_t)^{\frac{\sigma-1}{\sigma}} + (1-\eta_t)(N_t^L L_t)^{\frac{\sigma-1}{\sigma}}\right]^{\frac{1}{\sigma-1}} \tag{3-24}$$

$$MP_t^L = \frac{\partial Y_t^A}{\partial L_t} = \frac{\sigma}{\sigma-1} C(1-\eta_t) N_t^{L\frac{\sigma-1}{\sigma}} L_t^{-\frac{1}{\sigma}} \left[\eta_t (N_t^T T_t)^{\frac{\sigma-1}{\sigma}} + (1-\eta_t)(N_t^L L_t)^{\frac{\sigma-1}{\sigma}}\right]^{\frac{1}{\sigma-1}} \tag{3-25}$$

将 (3-25) 式除以 (3-24) 式，可以得到：

$$\frac{MP_t^T}{MP_t^L} = \frac{\eta_t}{1-\eta_t}\left(\frac{N_t^T}{N_t^L}\right)^{\frac{\sigma-1}{\sigma}}\left(\frac{T_t}{L_t}\right)^{-\frac{1}{\sigma}} \quad (3-26)$$

命题 2 如果 $0<\sigma<1$，当 $\frac{N_t^T}{N_t^L}\uparrow$ 时，则有 $\frac{MP_t^T}{MP_t^L}\downarrow$，技术进步偏向于更多使用劳动要素；当 $\frac{N_t^T}{N_t^L}\downarrow$ 时，则有 $\frac{MP_t^T}{MP_t^L}\uparrow$，技术进步偏向于更多使用土地要素。

3.2.2 模型的拓展分析

3.2.2.1 不同种类农作物技术进步的诱导机制研究

假定农业部门内部的作物生产存在三种不同类型，分别是土地密集型、劳动密集型和土地劳动密集型，三种农作物栽培中，劳动增强型技术分别为 N_t^{L1}，N_t^{L2}，N_t^{L3}，各种技术的创新边界和应用水平存在差异性；土地增强型技术可及性是相同的，只存在投入数量上的区别。

设定不同种类农作物的生产函数

$$Y_t^{Ai} = [\lambda_t^i Y_t^{T\frac{\rho^i-1}{\rho^i}} + (1-\lambda_t^i) Y_t^{L\frac{\rho^i-1}{\rho^i}}]^{\frac{\rho^i}{\rho^i-1}} \quad (3-27)$$

$$Y_t^{Ti} = \frac{1}{1-\alpha^i}\left(\int_0^{N_t^T} x_t^{Ti}(j)^{1-\alpha^i}dj\right) T_t^{\alpha^i} \quad (3-28)$$

$i=1, 2, 3$（1 表示土地密集型作物，2 表示劳动密集型作物，3 表示土地劳动密集型作物）。

$$Y_t^{Li} = \frac{1}{1-\alpha^i}\left(\int_0^{N^{Li}} x_t^{Li}(j)^{1-\alpha^i}dj\right)(\bar{L}_t^{Fi}+L_t^{Vi})^{\alpha^i} \quad (3-29)$$

(3-29) 式中，$\bar{L}_t^{Fi}$ 表示机械化技术难以替换的劳动部分，数量相对稳定；L_t^{Vi} 表示机械化技术易于替换的劳动部分，数量趋于减少，$\bar{L}_t^{Fi}+L_t^{Vi}=L_t^i$；其余变量和参数设定与上文相同。

如图 3-3 所示，假定 $\bar{L}_t^{F1}<\bar{L}_t^{F3}\ll\bar{L}_t^{F2}$，由于劳动密集型作物个性化劳动作业多，现有机械化技术难以完成有效替代，因而劳动用工数量较高；土地密集型作物种植面积广，机械装置发展和应用相对成熟，有更高比例劳动可以使用机械替代；土地劳动密集型作物机械对劳动的替代程度大致介于两者之间。

图 3-3 中（N_0^{Li}，N_E^{Li}）表示劳动增强型技术可以实现的创新区间，N_0^{Li} 表示劳动增强型技术的创新起点，N_E^{Li} 表示现有技术水平可以实现的创新终点。

(L_0^{Vi}, L_E^{Vi}) 表示机械可以替代劳动的区间，L_0^{Vi} 表示使用机械替代劳动的起点，L_E^{Vi} 表示技术约束下机械替代劳动的终点。$\bar{L}_t^{Fi}$ 表示受现有技术约束影响，不能用机械化技术替代的劳动部分。

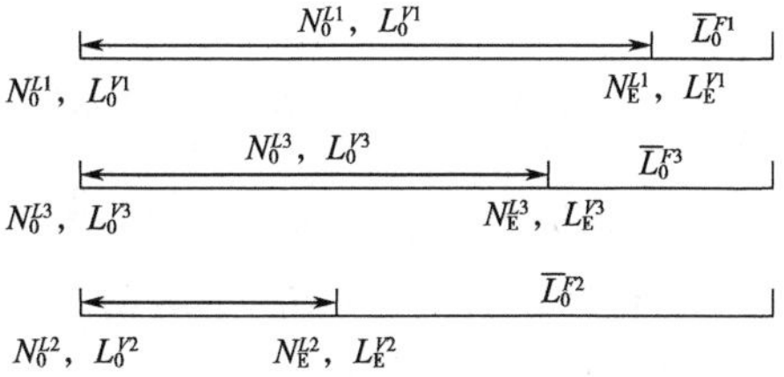

图 3-3　农业内部三种类型作物生产中机械替代劳动的比例结构

研发市场均衡条件为：

$$\psi_t^{Ti} \pi_t^{Ti} = \psi_t^{Li} \pi_t^{Li} \tag{3-30}$$

关于农作物技术进步诱导机制的推导方法，与理论模型（3-2）式至（3-22）式类同，具体推导过程详见附录1，此处略。

最终可得：

$$\frac{N_t^{Ti}}{N_t^{Li}} = \psi_t^{i^{\sigma^i}} \left(\frac{\lambda_t^i}{1-\lambda_t^i}\right)^{\rho^i} \left(\frac{T_t^i}{(\bar{L}^{Fi}+L_t^{Vi})}\right)^{\sigma^i-1} \tag{3-31}$$

因为 $0<\sigma<1$，σ^1，σ^2，σ^3 数值较小，大小差别不明显，此处忽略取值差异性对农业技术相对增长的影响。

讨论：

（1）在土地密集型作物与土地劳动密集型作物生产中，劳动用工成本相对于机械作业费、农药化肥价格更大幅度上涨时，机械取代劳动，$L_t^{V1,3}\downarrow$，$\frac{T_t^{1,3}}{\bar{L}^{F1,3}+L_t^{V1,3}}\uparrow$。当 $0<\sigma<1$ 且 $N_0^{L1,3}+\Delta N_t^{L1,3}\leq N_E^{L1,3}$，则有 $\frac{N_t^{T1,3}}{N_t^{L1,3}}\downarrow$，即劳动增强型技术进步快于土地增强型技术进步。

（2）土地密集型作物所面临的技术约束相对较小，可以使用机械替代劳动的比例大于土地劳动密集型作物。因为 $\Delta L_t^{V1}\downarrow > \Delta L_t^{V3}\downarrow$，则有 $\frac{T_t^1}{\bar{L}^{F1}+L_t^{V1}}\uparrow > \frac{T_t^3}{\bar{L}^{F3}+L_t^{V1}}\uparrow$，所以将有 $\frac{N_t^{T1}}{N_t^{L1}}\downarrow < \frac{N_t^{T3}}{N_t^{L3}}\downarrow$，即土地密集型作物与土地劳动密集型作物

47

对比，劳动增强型技术相对进步的程度更高。

(3) 当 $\bar{L}^{F1}<\bar{L}^{F3}\ll\bar{L}^{F2}$，$\Delta L_t^{V1}\downarrow>\Delta L_t^{V3}\downarrow\gg\Delta L_t^{V2}\downarrow$，并且对于劳动密集型作物生产，当 ΔL_t^{V2} 开始下降时，$\lim\limits_{L_t^{V2}\to L_E^{V2}}+\Delta N_t^{L2}=0$，则 $\dfrac{T_t^1}{\bar{L}^{F1}+L_t^{V1}}\uparrow>\dfrac{T_t^3}{\bar{L}^{F3}+L_t^{V3}}\uparrow\geqslant\dfrac{T_t^2}{\bar{L}^{F2}+L_t^{V2}}\uparrow$，最终将有 $\dfrac{N_t^{T2}}{N_t^{L2}}\uparrow$。所以，劳动密集型作物生产中机械替代劳动的技术约束最大，土地增强型技术进步快于劳动增强型技术进步。

命题3 由于 $\bar{L}^{F1}<\bar{L}^{F3}\ll\bar{L}^{F2}$，$\Delta L_t^{V1}\downarrow>\Delta L_t^{V3}\downarrow\gg\Delta L_t^{V2}\downarrow$，并且当 $\Delta L_t^{V2}\downarrow$ 时，$\lim\limits_{L_t^{V2}\to L_E^{V2}}+\Delta N_t^{L2}=0$；所以有 $\dfrac{N_t^{T1}}{N_t^{L1}}\downarrow>\dfrac{N_t^{T3}}{N_t^{L3}}\downarrow$，$\dfrac{N_t^{T2}}{N_t^{L2}}\uparrow$。这也就是说，在土地密集型作物与土地劳动密集型作物生产中，劳动增强型技术相对于土地增强型技术有更快的增长，两种类型作物对比，前者则相对增幅更大；而劳动密集型作物技术相对变化方向相反，土地增强型技术增速会快于劳动增强型技术。

3.2.2.2 公共部门参与创新活动的影响

考虑到混合经济中政府干预的重要影响，此处基于速水佑次郎与拉坦的公共部门参与诱导创新模式的研究，进一步对农业技术进步的诱导机制做出延伸探讨。公共部门参与诱导创新形式是多样的，可以从供给与需求两端分别发力，对研发活动的支持能激励和强化新技术的供给，对技术型产品的购买补贴则提高了消费水平，有利于创新技术的应用和推广。

(1) 公共部门对技术供给的影响。此前分析中，并未考虑研发效率参数 ψ_t 的改变及对技术进步的影响；现实社会经济运行中，多种力量会作用于新技术研发活动，从而促使效率水平发生变动。建立反映技术研发效率的隐函数 $\psi_t=f(g, h, k, o\cdots)$，政府研发支持、人力资本积累、初始技术水平和企业创新模式等因素均会影响研发效率。其中，g, h, k, o 分别表示政府研发支持、人力资本积累、社会知识存量和企业创新模式。

虽然影响研发效率的因素是多重的，但公共机构对创新活动的支持，无疑对技术研发效率的提升至关重要。科技研发存在着较高的外溢效应，公共部门参与创新体系的构建和实施，可以弥补市场失灵引起的供给短缺和低效率。公共部门通常是指各级政府及其附属机构。政府部门对农业经济发展和市场技术需求做出反馈，构建激励创新的支持体系，有利于强化基础研究和促进应用技术转化，提高研发部门的效率水平。因为本书侧重于分析政府支持体系对研发效率的影响，所以未考虑其他因素变化，在函数中作为常数处理。简化后的效率函数为：$\psi_t = f_t(g)$。

将 $\psi_t = \dfrac{\psi_t^T}{\psi_t^L}$ 代入到（3-31）式，可以得到：

$$\frac{N_t^{Ti}}{N_t^{Li}} = \left(\frac{\psi_t^T}{\psi_t^L}\right)^{\sigma} \left(\frac{\lambda_t^i}{1-\lambda_t^i}\right)^{\rho} \left(\frac{T_t^i}{\bar{L}^{Fi}+L_t^{Vi}}\right)^{\sigma-1} = \left(\frac{f_t^{iT}(g)}{f_t^{iL}(g)}\right)^{\sigma} \left(\frac{\lambda_t^i}{1-\lambda_t^i}\right)^{\rho} \left(\frac{T_t^i}{\bar{L}^{Fi}+L_t^{Vi}}\right)^{\sigma-1} \tag{3-32}$$

（2）公共部门对技术需求的影响。政府对技术型产品生产企业和农业生产者进行财政补贴，可以直接或间接调节技术型产品的相对价格，加速创新技术的应用和推广。

假定财政补贴是中间品价格的函数，满足：

$$s = \phi^{T,L} P_t^{T,L} \tag{3-33}$$

则享受财政补贴后的实际中间品价格为：

$$p_t = (1-\phi_t^{T,L}) P_t^{T,L} \tag{3-34}$$

s 表示财政补贴，ϕ 表示对价格补贴的比率，$0 \leq \phi < 1$。

结合（3-19）式、（3-20）式、（3-21）式、（3-22）式、（3-31）式和（3-32）式，可以得到：

$$\frac{N_t^{Ti}}{N_t^{Li}} = \left(\frac{1-\phi_t^T}{1-\phi_t^L}\right)^{\frac{\sigma}{\alpha}} \left(\frac{f_t^{iT}(g)}{f_t^{iL}(g)}\right)^{\sigma} \left(\frac{\lambda_t^i}{1-\lambda_t^i}\right)^{\rho} \left(\frac{T_t^i}{\bar{L}^{Fi}+L_t^{Vi}}\right)^{\sigma-1} \tag{3-35}$$

$(1-\phi_t^T)^{\frac{\sigma}{\alpha}} [f_t^{iT}(g)]^{\sigma}$，$(1-\phi_t^L)^{\frac{\sigma}{\alpha}} [f_t^{iL}(g)]^{\sigma}$ 分别反映政府部门对土地增强型技术与劳动增强型技术的整体支持状况。

命题 4 假定其他变量未发生变化，当 $(1-\phi_t^T)^{\frac{\sigma}{\alpha}} [f_t^{iT}(g)]^{\sigma} > (1-\phi_t^L)^{\frac{\sigma}{\alpha}} [f_t^{iL}(g)]^{\sigma}$ 时，政府部门对土地增强型技术的综合支持力度大于劳动增强型技术，将有 $\dfrac{N_t^{Ti}}{N_t^{Li}} \uparrow$，即土地增强型技术与劳动增强型技术相比，保持更高的增长速度；相反，则将更有利于劳动增强型技术进步。

3.2.2.3 技术进步偏向的作物异质性研究

建立不同类型农作物的 CES 生产函数：

$$Y_t^{Ai} = C_t^i \left[\eta_t^i (N_t^{Ti} T_t^i)^{\frac{\sigma-1}{\sigma}} + (1-\eta_t^i)(N_t^{Li} L_t^i)^{\frac{\sigma-1}{\sigma}} \right]^{\frac{\sigma}{\sigma-1}} \tag{3-36}$$

分别对（3-36）式求 T，L 的偏导数，把得到的结果相除，具体推导过程类同于（3-24）式、（3-25）式，则可以得到：

$$\frac{MP_t^{Ti}}{MP_t^{Li}} = \frac{\eta_t^i}{1-\eta_t^i}\left(\frac{N_t^{Ti}}{N_t^{Li}}\right)^{\frac{\sigma-1}{\sigma}}\left(\frac{T_t^i}{L_t^i}\right)^{-\frac{1}{\sigma}} \quad (3\text{-}37)$$

命题 5 当 $\frac{N_t^{T1}}{N_t^{L1}}\downarrow > \frac{N_t^{T3}}{N_t^{L3}}\downarrow$ 时，$\frac{MP_t^{T1}}{MP_t^{L1}}\uparrow > \frac{MP_t^{T3}}{MP_t^{L3}}\uparrow$；而当 $\frac{N_t^{T2}}{N_t^{L2}}\uparrow$，$\frac{MP_t^{T2}}{MP_t^{L2}}\downarrow$ 时，即在土地密集型作物与土地劳动密集型作物生产中，当土地增强型技术与劳动增强型技术相对增速下降时，将使土地边际产出增长超过劳动边际产出增长，技术进步偏向于土地要素，但土地密集型作物边际产出相对增长幅度大于土地劳动密集型作物；在劳动密集型作物生产中，当土地增强型技术与劳动增强型技术相对增速上升时，土地边际产出增长将低于劳动边际产出增长，技术进步偏向于劳动要素。

基于农业技术进步偏向理论模型的研究可知，在利润最大化的均衡条件下，需求端诱导性创新因素对农业技术进步方向产生重要影响。从整体农业部门看，生物化学技术与机械化技术相对增长方向，取决于价格效应和规模效应的对比。假定基本要素土地与劳动间存在互补关系，价格效应会大于替代效应，提高稀缺要素效率的农业技术将取得更快进步。

农业技术研发具有正外溢效应，公共部门参与创新活动，可以弥补市场组织资源出现的数量短缺问题。当政府部门对土地增强型技术的综合支持力度大于劳动增强型技术时，土地增强型技术与劳动增强型技术相比，将保持更高的增长速度；相反，则更有利于劳动增强型技术进步。农业技术结构性变化条件下，两种技术相对增长对要素的边际产出影响不同，当生物化学技术与机械化技术相比有更快增长时，土地要素的边际产出变化小于劳动要素，技术进步偏向于劳动要素，相反将是偏向于土地要素。

农业内部不同种类作物的生产工序及要素替代关系不同，技术进步偏向具有异质性。把农产品生产分为土地密集型、劳动密集型及土地劳动密集型三种类型，土地密集型作物与土地劳动密集型作物对比，劳动增强型技术相对于土地增强型技术有更快的增长；劳动密集型作物的种植，个性化劳动比例高，作物栽培工艺复杂，机械装备应用程度较低，土地增强型技术增长快于劳动增强型技术。由于农作物间技术进步方向的差异性，要素的相对边际产出变化方向也有所不同。土地密集型作物与土地劳动密集型作物的生产，技术进步偏向于土地要素；而对于劳动密集型作物，则偏向于劳动要素。

4
农业技术有偏进步与诱导性因素变化的特征事实

本章描述中国农业技术进步与诱导性因素变化的经验特征。由前文理论研究可知，要素相对稀缺性与市场需求变化是农业技术创新的两个诱导性因素。改革开放后，中国农业技术创新和应用水平显著提升，但不同时期技术进步的方向和速度并不一致。与此同时，农业要素结构发生较大变化；伴随着社会经济发展和人口数量增长，市场需求和规模也在不断扩张。本章先分析农业技术进步状况，从现象层面呈现其有偏变化路径；再分析诱导创新因素变动趋势，对其进行客观赋权和综合评价。根据农业技术进步与诱导性因素变化的轨迹，初步形成关于两者间关系的经验认知，对两者之间因果关系及影响状况进行实证检验。

4.1 农业技术进步状况及比较

速水佑次郎和拉坦研究资源禀赋相对稀缺性诱导的技术创新时，根据技术与要素的替代关系、技术进步方向及效率影响的差异性，把农业技术分为机械化技术与生物化学技术两类。机械化技术的开发可以提高劳动效率，替代劳动用工，多为节约劳动型；生物化学技术的创新能够增强土地产出水平，节约土地投入，一般归属于节约土地型。本书以他们的研究为基础，对可供选择的技术划分也遵从这一标准。虽然在具体农业生产中，两种技术与土地和劳动的关系并不必然都是明确的，有时也会存在共性特征，如机械化灌溉设备，节约了劳动消耗，同时有效的灌溉也提高了土地产出水平。生物化学技术有些具有劳动节约的特点，防倒伏、耐干旱和抗病虫害的特定新品种，也在一定程度上节约了劳动投入。但考虑到多数应用中，机械化技术与生物化学技术分别更倾向于服务不同的要素，对效率的影响也有侧重点，这一分类是符合现实情况的。

4.1.1 生物化学技术进步状况

4.1.1.1 种质资源研发和新品种应用水平大幅提升

（1）种质资源和新品种研发不断增强。在国家涉农政策和法规的推动下，相关各方积极开展良种联合攻关，引导"产学研"紧密衔接，有效激发了育种创新活力，优质小麦、水稻、玉米、大豆等品种选育取得新突破。

如表4-1所示，主要粮食、油料和棉料作物种质资源数量丰富，性状较为优良；现已培育和开发的新品种数量繁多，具有较高适应性和稳定性。小麦资源库现有33个优异种质资源，另有50个新品种，具有不同的性状特点，可用于作物育种遗传或直接种植推广。稻米有68个种质资源，90个新品种，不同性状适应了南北产区种植条件。玉米种质资源有8个，新品种有69个。另外，大豆、油菜籽、花生和棉花等其他种类作物在育种方面也取得重要进展，大量优良种质培育成功，许多新品种已投入应用。

表 4-1 主要粮食、油料和棉料作物新品种与种质数量及性状

作物种类	新品种（个）	代表品种	优异种质（个）	代表品种	代表种质	优异性状
小麦	50	豫麦58号	33	96-143	高代品系	抗寒、抗旱、抗病，成穗率高，早熟，落黄好
		安农92484		龙辐90-81399	育成品种	大穗、大粒，抗秆锈、抗根腐病、中抗赤霉病
		扬麦12号		西鉴81	高代品系	兼抗条锈和叶枯病，丰产
		高优503		陕麦611	高代品系	高产，抗倒伏，耐高温
		渝麦7号		鲁资0863169	高代品系	早熟，半矮秆，大穗，丰产
稻米	90	两优培九	68	148糯	育成品种	籼型，抗叶瘟，耐旱
		II优725		91499	品代品系	穗大粒多，产量高，米质优
		II优明86		94D-22	高代品系	耐铁毒、耐淹，抗病性较强，结穗率高，米质好
		扬稻6号		白竹粳	育成品种	抗病虫性强，产量较高
		K优77		4913	高代品系	耐寒性强，实现稻田免耕
玉米	69	濮单3号	8	大黑2号	育成品种	高产，抗旱、抗倒伏、抗大小斑病及丝黑穗病，籽粒黑色，食口性好
		登海11号		吉资5号	高代品系	高抗丝黑穗病和黑粉病，抗基腐病，产量较高
		铁单16号		京糯2号	高代品系	食口性好，抗病高产
		农大108		中741	高代品系	抗病性好，抗小斑病、丝黑穗病和矮花叶病，抗倒伏，适应性强
		户单2000		品综2号	育成品种	高产抗病，抗小斑病、矮花叶病、丝黑穗病、中抗大斑病

续表

作物种类	新品种(个)	代表品种	优异种质(个)	代表品种	代表种质	优异性状
大豆	34	冀豆12号	32	冀豆12号	育成品种	结荚多，鼓粒快，抗花叶病毒和孢囊线虫病
		豫豆19号		黑农39号	育成品种	高抗种粒斑驳，高产
		淮豆6号		齐黄27号	育成品种	抗倒伏，不裂荚，抗花叶病毒病
		黑河26号		龙94-705	高代品系	农艺性状良好，有药用价值
		中豆31		郑9013	高代品系	综合性状好，抗花叶病毒病
油菜籽	26	H165	2	新油4号	育成品种	耐肥，抗倒伏，产量高，适应性广
		川油15				
		秦优7号		中双2号	育成品种	适应性广，高抗寒
		皖油18号				
		中双8号				
花生	27	花育19号	3	鄂花4号	育成品种	子品质优良，含油量高
		泰花3号				
		豫花14号		粤油200	育成品种	早熟，高抗青枯病
		远杂9102				
		中花8号		黄岩二粒种	地方品种	早熟、优质
棉花	35	SGK321	6	早探系	高代品系	抗灾能力强，抗枯萎病，耐黄萎病；纤维品质优良，丰产型
		新研96-48		兰布莱特GL-5	美国引进	铃较大，产量高
		中2553		PD2164	美国引进	质量好，产量高
		中棉所41		棕絮1号	高代品系	抗枯萎病，耐黄萎病，为彩色棉，棕色纤维
		中棉所27		绿絮1号	高代品系	抗枯萎病，耐黄萎病；为彩色棉，绿色纤维

数据来源：中国作物种质信息网。

目前，国家保存作物资源超过51万份，第三次全国农作物种质资源普查与收集行动，新收集资源达到5.2万多份。主要农作物良种基本实现全覆盖，自主选育品种面积占比由2010年的90%，提高到2018年的95%以上。第三代杂交水稻亩产突破1 000公斤，继续保持国际领先优势，玉米良种选育一批可与国外抗衡的新品种，抗虫棉实现了国产化①。近年来，随着我国生物育种技术的进步，优异农作物种质资源研发和新品种应用能力的显著增强，农业生产绩效不断提高，迎来连续增产增效的好局面。

（2）农业生产中良种应用水平逐年提升。种质研发和新品种培育能力的提高，推动了农业生产中良种应用的发展。用农业种子费表示种子技术的应用状况，由于缺乏全国总量种子使用费数据，用代表性农作物种子投入总费用替代；选取小麦、玉米、稻米、大豆、花生、油菜籽和棉花七种作物，用其在各地区的播种面积乘以每亩种子费，累计之和再除以农业生产资料价格指数得到实际值②。

由图4-1可以看到，全国种子费大体呈现连续上升态势，1990年总费用支出约为65.59亿元，2009年时增至98.98亿元，随后年份增速明显加快，2016年时达到最高水平159.21亿元，接下来两年增速有所回落，但变化幅度不大。全国种子费投入的大幅增加，既有种植规模扩张的影响因素存在，也与新品种更替及投入生产实践有关，表明当前农业生产中种子技术应用水平在不断提升。

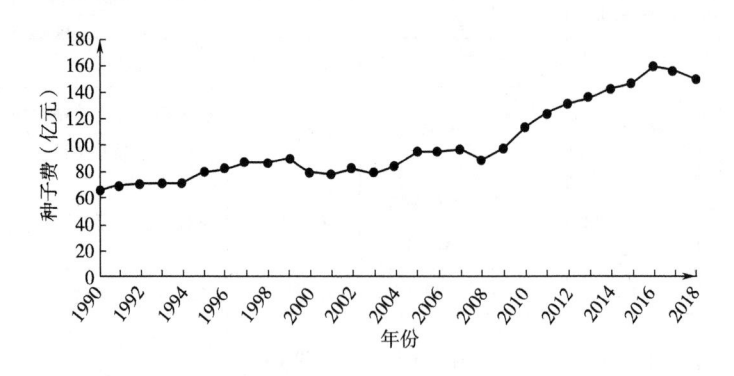

图4-1 全国农业种子使用费变化趋势

资料来源：《中国农业年鉴》。

---

① 《人民日报》海外版，2019年12月17日。
② 此处及下文实证分析限于中国内地，不包括中国香港、澳门和台湾地区。

4.1.1.2 农作物病虫害及自然灾害防治水平显著提高

农作物种植中的主要损害通常源于各种病虫害及自然灾害。小麦病害有条锈病、赤霉病、颖枯病和白粉病等40余种；虫害有麦秆蝇、玉米蚜和小麦管蓟马等30余种。稻米有恶苗病、条斑病、苗疫病和霜霉病等30多种，虫害有三化螟、黑尾叶蝉、大螟和田蚜虫等50多种。玉米病害有茎腐病、圆斑病、穗腐病和条纹病等50余种，虫害有铁甲、玉米螟和棉铃虫等20余种。病虫害使作物减产甚至严重歉收，干旱、冰雹、暴雨、异常降温和大风等天气变化也会影响农业产出。我国不断强化病虫害防治，政府部门规范病虫害防治管理体系，发布《农作物病虫害防治条例》。农药的研发及投入使用，一定程度上防控和抑制了病虫害衍生及扩散。从农药使用量看，全国总投入量呈连续上升之势，1991年全国总用量为76.53万吨，到2014年增长为180.69万吨（见图4-2）。近年来，由于农药残留的安全隐患问题日益引起关注，总体使用量有所下降。

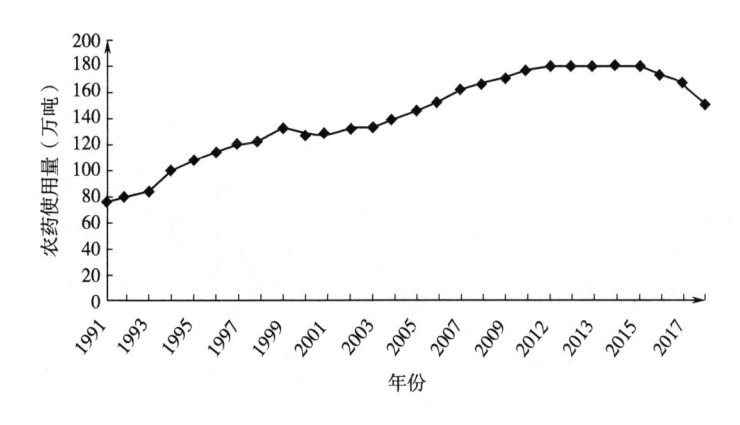

图4-2 全国农药使用量变化趋势

数据来源：《中国农村统计年鉴》。

政府各部门还积极制定和落实极端天气应对方案，大幅提高自然灾害应对能力。鼓励和支持开展高抗病性及灾害适应性的科技创新，积极推动成果转化和依法推广应用；普及应用信息技术、生物技术，推进农作物防治过程智能化、专业化、绿色化。通过作物育种技术，研究和培育高抗病性、抗旱、抗寒和抗倒伏等性状的优良种质，较大程度减少生长期患病率和作物损害。如上文所述，目前已经开发的主要作物品种，基因构成方面多具有较好的抵抗多种高发病害及环境适应能力。近年来，我国不断深化对高危和多发作物疾病及虫害的研究，加强了防范和管控的能力，逐步构建起相对完善的病虫害防治体系；积极建立更有效地抵御极端天气的耕作模式，如引入温室大棚培育方式、播种制度的调整等。由于作物病虫害防治及抗风险能力增强，我国已经连续多年没有发生重大农业病虫灾害，天气变化的负面影响也逐步弱化，不断完善的防控体系极大程度地降低了农业减产损失。

4.1.1.3 施肥水平显著上升，新型高效环保肥料应用量提高

多数农业优质品种具有喜肥特点，在中等以上程度水肥条件下才能充分发挥稳产增产的作物性状。工业化的兴起和化肥工业的快速发展，使多种人造肥料在农业生产中得到广泛应用，成为提高农业产量的重要手段之一。改革开放以来，我国农作物化肥施用量逐年增加。如图4-3所示，1978年全国农用化肥施用量为884万吨，随后波动中逐年增长，2015年达到最高水平6 022.6万吨；接下来几年有小幅度降低，2018年化肥施用量为5 653.42万吨。

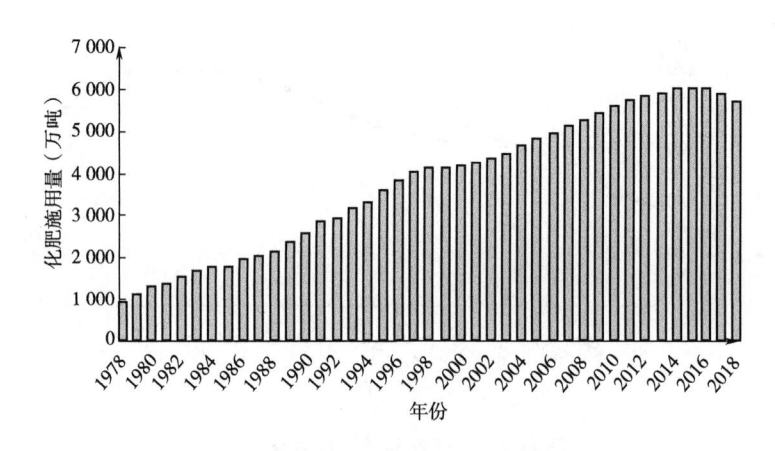

图4-3　全国农业化肥施用量变化情况

资料来源：《中国统计年鉴》。

从区域农业化肥施用量变化看，东中西部地区变化态势与全国较为接近，均在1978年后波动中上升，近期有所下降。中部地区改革开放初期总水平略低于东部地区，但之后增长率高于东部，经历多年连续增长，2008年后已经超过东部；西部地区最初水平较低，之后呈现震荡中上升态势，近期与东部差距缩小。全国省际的化肥施用量变化情况有一定差异性，但多数都在连续增长后呈现降低特征。近年来，农作物化肥施用水平有所下降，一方面原因

是化肥价格的上涨,另一方面原因是部分农业有机肥的替代施用。传统化学肥料补充农作物生长需要的特定营养物质,因而能发挥增产功效,但化学肥料的过度使用也带来土壤板结、地下水资源污染等问题。所以,清洁高效的新型肥料的研发、生产和应用,是农业施肥发展的新方向。新型缓控释肥能够降低释放速度,减少肥力浪费和环境污染;微生物肥料则可以补充土壤养料,改善土壤结构,促进作物增产增收。为了使农业部门尽快确立绿色可持续发展模式,未来应进一步加快新型高效清洁施肥技术的研发和应用。

4.1.2 机械化技术进步状况

4.1.2.1 农业机械化技术的供给体系逐步成熟

经过多年发展,我国农业装备技术的研发及推广体系逐步成长和完善起来。目前基本实验和研发领域,形成了以企业为主体、产学研深度融合的技术创新模式;在农机流通和推广方面,推动传统机械流通方式向综合服务模式转型,不断壮大农机服务组织和专业户,降低运行成本和服务成本,以适应市场发展变化和更好满足消费者需求。在政府调控和市场力量双重作用下,农机技术供给体系呈现结构性优化特征。

由表4-2可知,第一,财政支持农业机械化发展力度不断加大。2010年,财政用于农机科研、推广方面的支出分别为0.44亿元和5.85亿元,2018年则增长为原有水平的6.09倍和4.65倍。2010年,财政对农机购置补贴187.06亿元,2018年上升为663.49亿元,增长了2.55倍。第二,农机管理服务、农机研究、农技教育和培训机构有所精简。90年代后,政府行政管理体制改革逐步推进,农机管理服务、农机研究、农机技术教育及培训等机构有兼并合立的趋势,以降低运行成本及提高科研绩效。2000年,全国有农机管理服务科技人员92 111人,随后逐年减少,2016年时降为50 276人;农机研究机构和科技人员数量也有所降低,至2016年时依次降为71个、1 948人。第三,农机推广和专业服务体系取得了较快发展。1995年,全国共有农机推广机构1 962个,2016年增长为2 535个。1995年,全国农机户1 869.76万个,此后20余年增长了1.18倍,2018年总量达到4 080.36万个。同时农机服务组织也逐步成长起来,总量已经由2010年的17.15万个增长为2018年的19.15万个。第四,农机生产企业数目出现一定程度波动。1995年全国农机工业企业为2 122家,2010年增长为2 670家;近些年由于资金成本、环保成本增加及行业间的无序竞争,一些企业亏损后退出市场,2018年时企业总量降为2 236家。

表4-2 农机技术供给体系的结构性变化情况

年份	财政农机科研支出（亿元）	财政技术推广支出（亿元）	财政购置支出（亿元）	农机研究机构（个）	教育、培训机构（个）	农机技术推广机构（个）	农机科技管理服务人员（个）	农机科技研究人员（人）
1995	—	—	—	204	2 353	1 962	—	4 270
2000				152	2 280	2 358	92 111	3 199
2005	—			102	2 121	2 436	69 371	2 489
2010	0.44	5.85	187.06	77	1 857		58 801	2 071
2015	—			75	1 704	2 569	52 164	1 863
2016	—	—		71	1 634	2 535	50 276	1 948
2018	2.68	27.22	663.49					

年份	农机实验科技鉴定人员（个）	农机科技推广人员（个）	教育、培训科技人员（个）	农机户（万个）	农机服务作业组织（万个）	农机工业企业数（家）	农机产值（亿元）
1995	954	8 927	20 521	1 869.76	—	2 122	802.03
2000	929	12 412	19 776	2 714.73			897.02
2005	911	13 116	15 804	3 358.94			
2010	—	—	13 659	4 058.90	17.15	2 670	2 862.60
2015	903	13 713	11 763	4 336.93	18.25	2 510	4 496.92
2016	865	13 418	11 245	4 229.75	18.73	2 496	4 711.53
2018				4 080.36	19.15	2 236	

数据来源：《中国农业机械工业年鉴》。

整体看，由于政府部门的大力支持，农机研究及应用推广方面的资源配置逐步优化，技术供给体系不断完善，增强了研发能力，提高了服务水平，也降低了农民使用农机的成本。

4.1.2.2 农机产品拥有量不断增长，种类和功能日益丰富完备

由表4-3可见，我国主要农机装置拥有量逐年增长，农机设备基本实现全产业链投入，涉及基础运输、耕整地、种植施肥、农用排灌、作物收获及收获后处理等生产环节，设施的专业分工、精细度及技术含量显著提高。第一，基本运输设施存量有大幅增长。拖拉机是主要的农用运输及牵引工具，

1991年全国拖拉机拥有量730.25万台，2018年增长为2 240.26万台，是1991年的3.07倍。第二，耕整地机械专业化和规模化水平均有所提升。多种功能的耕整机、旋耕机和微耕机等整地机械投入使用，以满足耕地对作业形式的不同需求。经济类作物种植中的地膜覆盖机使用量也不断增长，2018年时总数量是58.09万台，与1991年时数量相比，增长倍数甚至略超出耕整机。第三，种植、施肥机械投入量增长显著。播种机拥有量有较大幅度增长，2016年为650.18万台，与1991年相比，增长了6.72倍；特殊作业的化肥深施机及水稻插秧机增幅更为明显，2016年数量分别是1991年的17.84倍、37.61倍。第四，各种高效和节水灌溉设施也大量投入使用。2016年排灌动力机械共有2 326.40万台，2018年节水灌溉类机械共有240.19万台。第五，主要收获机械拥有量增长迅速，施用农作物种类明显增加。稻麦和玉米联合收割机生产应用有较快发展，其他作物类型如大豆、油菜籽、马铃薯和花生等收获机械的使用量也有所增加。值得一提的是，秸秆粉碎还田机拥有量有较大幅度增长，体现了绿色、环保、节能、清洁和健康等特点的现代农业发展方向。第六，各种收获后处理机械数量也在增加。机动脱粒机、烘干机等设备生产投入量不断增长，2018年全国拥有量分别1 039.52万台和21.62万台。显然，当前农业机械化装备的总量规模已明显扩大，作业功能范围进一步拓宽，瓶颈领域的设施配置也有一定程度发展。

表4-3 主要农业机械设施拥有量变化状况

年份	拖拉机（万台）	耕整地机械（万台）			种植施肥机械（万台）			农用排灌机械（万台）	
		耕整机	旋耕机	地膜覆盖机	播种机	化肥深施机	水稻插秧机	排灌动力机械	节水灌溉类机械
1991	730.25	31.61	156.78	3.45	84.20	4.65	2.05	893.52	—
1995	930.33	44.19	153.62	—	110.61	16.42	2.45	1 028.6	—
2000	1 373.74	101.10	223.72	14.86	243.92	51.39	4.45	—	—
2004	1 579.59	—	—	—	—	—	6.71	1 675.40	—
2005	1 679.37	—	—	—	—	—	7.96	1 752.06	—
2010	2 177.96	420.78	463.34	40.98	538.14	70.64	33.30	2 159.25	154.15
2015	2 310.41	—	—	—	—	—	—	2 315.81	222.85
2016	2 317.02	998.35	632.91	59.87	650.18	82.96	77.10	2 326.40	226.04
2018	2 240.26	521.11	642.03	58.09	—	—	85.65	—	240.19

续表

年份	收获机械（万台）									收获后处理机械（万台）	
	联合收割机	大豆收获机	油菜籽收获机	马铃薯收获机	花生收获机	棉花收获机	蔬菜收获机	秸秆粉碎还田机	机动脱粒机	烘干机械
1991	4.35	—	—	—	—	—	—	5.40	536.58	0.32
1995	7.54	—	—	—	—	—	—	—	625.92	0.37
2000	26.52	0.85	—	0.12	—	—	—	27.36	874.63	0.88
2004	40.66	—	—	—	—	—	—	—	—	—
2005	47.71	—	—	—	—	—	—	—	—	—
2010	99.21	2.6	0.82	2.22	7.49	0.12	0.22	55.87	1 016.8	3.76
2015	173.9	1.96	2.09	5.96	14.25	0.37	0.86	81.09	1 061.8	6.87
2016	190.2	2.00	2.09	6.46	15.07	0.38	0.93	85.59	1 063.79	9.32
2018	205.92	2.15	2.27	7.92	17.82	0.49	1.35	92.63	1 039.52	21.62

数据来源：《中国农业机械工业年鉴》。

4.1.2.3 农业机械化总动力逐年上升

（1）全国农业机械总动力呈现连续增长态势。随着农机技术供给体系的不断完善，我国农机产品的研发和供给能力大幅提升；从需求角度看，二元社会转型期农业人口发生结构性变化，大量青壮年劳力进城务工，农产品生产用工费用显著增加，促使农业部门着力控制成本和提高生产效率，加大机械替代劳动力度；同时，传统农业经济正在向现代农业转型，积极推动规模化经营，以应对国内外市场竞争，促进农业持续发展。所以，农业生产中农机设施购置和投入快速增长，应用范围进一步扩大，整体作业动力不断提升。由图4-4可见，1978年全国农业机械总动力11 663.86万千瓦，水平相对较低，经历十余年相对稳定的低速增长后，2003年总水平为60 385.69万千瓦；之后进入持续高增长期，2015年达到最高水平111 983.05万千瓦。近年来，受农产品价格波动影响，国内农作物种植结构有所变动，部分粮食类作物播种比例出现一定幅度下降，如小麦、稻米和大豆，经济类作物种植规模则持续扩大，如蔬菜和果园；由于经济类作物劳动密集型经营特点，整体机械化应用水平偏低，导致农业机械总动力稍有下降，2018年总水平为101 487.37

万千瓦,但仍然显著高于改革开放初期水平,是1978年动力值的8.7倍。显然,改革开放40余年,我国农业机械作业规模和水平显著提升,推动农产品生产效率不断增强。

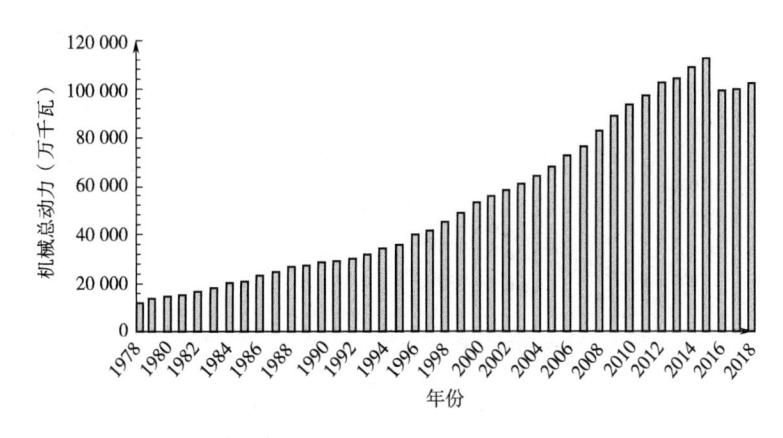

图4-4 全国农业机械化总动力变动状况

数据来源:《中国统计年鉴》。

(2) 东中西部农业机械化总动力大体逐年增长,区域间水平有一定差异性。如图4-5所示,1978年以来,东中西部地区农业机械动力变化态势与全国运动轨迹接近,三个区域均在改革开放后的最初20余年中经历了一个中低水平增长期,进入新千年后逐次迎来高增长阶段,近两年又相继一定幅度跳水下沉。东部地区初始水平最高,1978年农业机械总动力5 186.23万千瓦,90年代中期后增速加快,2003年总水平增长为26 753.92万千瓦,之后增速略有提高,2015年达到最高值40 094.48万千瓦,是初始水平的7.73倍;2016年后有所降落,2018年总水平为32 275万千瓦。中部地区机械化总动力水平的初始位置居于中间状态,1978年为4 466.84万千瓦,随后保持稳定增长态势,2003年后增长幅度明显加大,并于2007年超出东部地区,目前排序居于首位,2018年时总水平达到44 542.95万千瓦,相当于1978年水平的9.97倍。西部地区最初机械总动力水平较低,1978年为2 010.79万千瓦,在持续多年缓慢增长后,2003年以来增长趋势显著上扬,2018年总水平为24 669.43万千瓦,与东部地区差距有所缩小。可见,改革开放以来,东中西部地区农业机械化水平都表现为持续增长特征,城镇化发展战略实施后上升趋势更为显著。中部地区增速最快,近期水平最高；近十多年西部地区与东部地区增长路径接近，当前整体水平依然低于前者，但差距已逐步缩小。

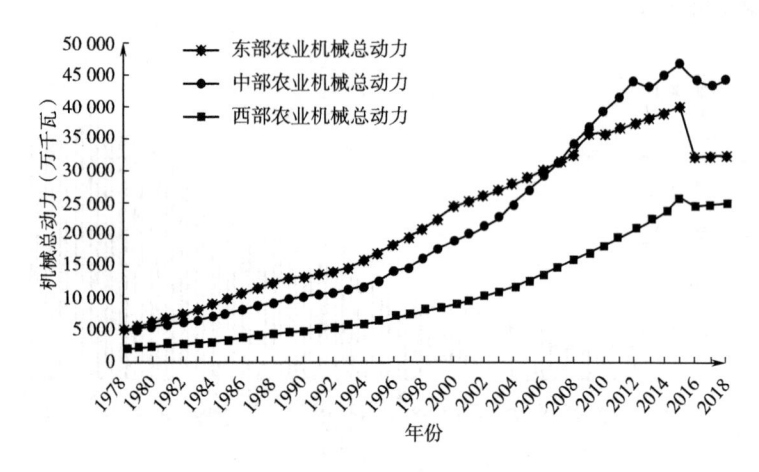

图 4-5　东中西部地区农业机械化总动力变动趋势
数据来源：各地区统计年鉴。

4.1.3　生物化学技术与机械化技术相对进步状况

农业生物化学技术与机械化技术代表不同的技术类型。对于机械化技术和生物化学技术的衡量，由于缺乏直接的系统性指标，本书对这些指标的衡量参考当前相关研究的习惯做法（周晓时等，2015；吴丽丽等，2015；林善浪等，2017；孔祥智等，2018），采用间接的表示方法。机械化技术能够改变劳动效率单位，替代和节约劳动使用，此处使用农业机械化总动力衡量机械化技术的采用状况。生物化学技术具有多样性，包括良种培育、肥料施用及病虫害防治等技术，具有优化作物性状、改善土壤肥力及保护作物的作用，有助于节约土地投入和增强土地产出。当前农业生产中生物化学技术主要体现为种子、农药和肥料的应用水平，所以选用种子费、农药使用量和化肥施用量三个指标衡量，并通过恰当方法进行综合评价。

4.1.3.1　综合评价方法选择

学术研究常用的评价方法一般分为主观评价和客观评价两类，主观评价法基于专家对影响因素的评定生成权重，如打分法、层次分析法（AHP）等；客观评价法则根据数据信息形成对目标的评价，代表性方法有熵权法、主成分分析法和因子分析法等。主观评价容易受到认识偏差的影响，也常缺乏数量充足的权威专家参与评定,因而很难保证结果的有效性。客观评价法中主成分分析法及因子分析法在学术研究中也有一定应用。主成分分析是将多个相关性较强的指标进行线性组合,组成数量相对较少的新综合变量,以达到降维的目的。因子分析法是根据原有样本数据空间,提取若干个公共因子,再基于因子对变量进行分解。本书研究目标是通过数据信息判定指标的相对重要性,并对其影响进行综合评定,所以结合研究需要选取更为适宜的熵权法进行评价和集合。

熵权法是利用模糊数学理论,根据指标数据的有效信息量,用熵值对权重赋值的评价方法。由于通过客观赋值生成权重,相对较为科学和合理,近年来在自然科学和社会科学的评价决策中均有广泛应用。一项评价决策的精度和可靠性,取决于可以获取有效信息的程度。熵值可以用来度量有效信息量,熵越大,能够提供的信息量越小,指标权重越小;反之,则权重越大。

设有 m 个评价指标, n 个评价对象, t 个时间观测点,将评价矩阵设定为 $K_t = (k_{ij})_{m \times n}$;其中, k_{ij} 表示时点 t 第 j 个对象的第 i 个指标。对熵权赋值具体包括四个步骤:

(1) 对数据进行标准化处理,以便不同量纲指标可以比较。采用的归一化核算方法为:

如果变量是正向影响,计算公式为:

$$r_{ij} = \frac{k_{ij} - \min_j (k_{ij})}{\max_j (k_{ij}) - \min_j (k_{ij})} \quad (4-1)$$

如果变量是反向影响,计算公式为:

$$r_{ij} = \frac{\max_j (k_{ij}) - k_{ij}}{\max_j (k_{ij}) - \min_j (k_{ij})} \quad (4-2)$$

(2) 定义信息熵。第 i 个指标的熵值为:

$G_i = -\frac{1}{\ln n} \times \sum_{j=1}^{n} g_{ij} \ln g_{ij}$,其中, $g_{ij} = r_{ij} / \sum_{j=1}^{n} r_{ij}$;当 $r_{ij} = 0$ 时,以 $r_{ij} = 0.00001$ 替代。

$$(4-3)$$

(3) 对熵权赋值。第 i 个指标的熵权为:

$$w_i = \frac{1 - G_i}{\sum_{i=1}^{m} (1 - G_i)}, \text{ 其中, } 0 < w_i < 1, \sum_{i=1}^{m} w_i = 1 \text{。} \quad (4-4)$$

(4) 核算综合得分。将权重 w_i 乘以第 j 个评价对象在第 i 个指标的 r_{ij} 值，则为：

$$S_t = \sum_{i=1}^{m} w_i \times r_{ij} \tag{4-5}$$

4.1.3.2 两种技术相对进步趋势

通过上述熵权法的赋权和评价，得到生物化学技术的综合分值，为节省空间及保持本书逻辑的连贯性，此处省略了结果，详细的种子、农药和化肥三方面技术的赋权及综合评分数据参看附录 2。为与生物化学技术进行直接对比，使用相同的归一化方法对机械化技术做无量纲处理。最后，将生物化学技术与机械化技术相除，以反映两种技术不同的进步方向及扩散程度。根据所得比率的省际均值 mean_bio_mech，做图描绘出其变化轨迹。

由图 4-6 所示，以 2002 年为分水岭，生物化学技术与机械化技术的相对增长呈现相反变化路径。1991—2001 年变量保持低幅上升态势，2002 年后与前一阶段对比，两种技术的相对比率则于高位逆转后大幅下降。从变量变迁轨迹大致可以判断，农业技术进步方向发生了结构性转变。两类技术各自都在增长的背景下，2002 年前该比率的小幅上升，说明生物化学技术增长快于机械化技术，但两者差别不大；2002 年后该比率的大幅下降，则意味着机械化技术增长已经显著超出生物化学技术。从现象层面农业技术结构性变化轨迹看，大体呈现出有偏进步的特征。

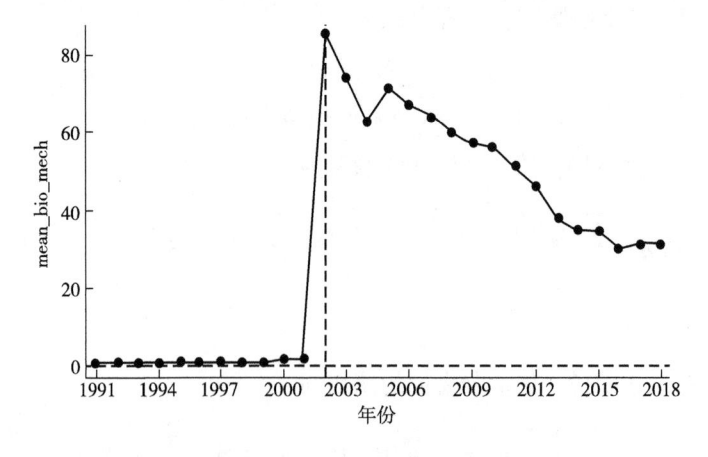

图 4-6 生物化学技术与机械化技术相对进步状况

4.2 诱导创新因素的结构性变化及对比

由诱导性技术创新理论与技术进步偏向理论可知,要素相对稀缺性与市场需求是诱导技术变化的两个重要因素,分别以价格效应与规模效应形式对技术进步方向产生影响。本节从现象层面分析诱导创新因素变化的特征,为进一步揭示农业技术有偏进步的内在原因提供现实依据。

4.2.1 要素结构及相对稀缺性变化状况

农业要素结构是主要投入人力、物资和土地等要素数量与质量的构成状况,体现了要素的相对稀缺性及质量结构。农业资源储备和丰裕度既与社会初始禀赋条件密切关联,也会受到后期要素增量变化和积累状况的影响。土地和劳动是农业基本生产要素,在农作物种植中发挥着重要作用。农业土地与劳动数量储备是要素禀赋的一个重要方面,耕地和劳动力质量也是要素禀赋的重要体现。土地质量可通过自然属性和社会属性衡量,自然属性通常涉及肥沃程度、地理特征及水源条件等方面,社会属性则一般与社会化发展程度关联,如距离市场远近、交通设施便利与否等。劳动力质量则取决于社会人力资本积累状况。本书基于主要研究方向和目标考量,又受数据可得性影响,关于要素质量方面只讨论土地自然地理禀赋,不涉及其他相关投入的质量属性评价。从总量看,土地作为自然资源,是供给缺乏弹性的要素;但一国在现有国土边界下进行开发和改良活动,可以提高农用地的利用程度和产出效率。劳动要素具有生命属性和再生产特征,又由于劳动的社会属性,易于受社会经济发展和政策实施影响,其投入的可变性相对较高。显然,土地和劳动各自变动会引起要素结构的变化,并最终形成要素比率的对比关系。

4.2.1.1 农业土地使用数量的变动状况

(1) 全国农作物播种面积先下降后波动中上升。土地是农业基本生产要素,其投入变化会影响要素结构。由于缺乏较长时间跨度各地区实际农用地使用数据,以农作物播种面积给以替代。考虑到现实中部分农地的闲置、撂荒及农作物复种制度,这个指标更能反映土地利用情况。改革开放后,随着中国农业生产发展及耕地保护政策力度的加强,农业土地利用水平大幅提升。从图4-7可见,全国农作物总播种面积先下降再上升,由1978年的147 228.74千公顷上升为2018年的168 183.89千公顷,增长率为0.33%。

农作物播种面积在波动中上升，呈现显著的阶段性变化特征。1978年后改革重心逐步由农村转入城市，城市工业经济迅速恢复和发展起来；商品经济的发展和工业经济的初步扩张，一定程度占用了土地资源；农作物播种面积接连几年减少，1985年降至139 878.32千公顷。20世纪80年代中期后国家着力增加农业投入，改革农产品统购统销制度，调整工农城乡关系，总播种面积有所回升，于1991年达到145 329.58千公顷。进入新世纪，伴随工业化和城镇化进程的推进，城镇外围和工业边界进一步向农村延伸；又由于流动人口在城市就业的高回报，部分农用地被闲置甚至抛荒，之后几年的播种面积呈现震荡变动特征。2008年后国家统筹城乡一体化发展战略，增加对农业基础设施投入，强化生产经营活动的财政金融支持，积极推动承包地确权，以落实和保障农民土地权益；尤其是近年来全面贯彻和推行农业农村优先发展的方针，坚持科技兴农战略，调整和优化农业产业结构，积极促进农业现代化，迎来了农业增产和农民增收的好形势。由于多措并举共同发力，农作物播种面积大幅攀升至当前较高水平。

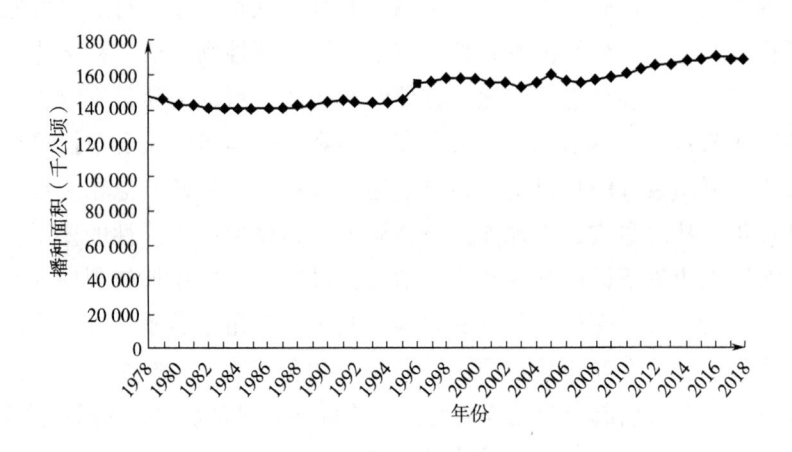

图4-7 全国农作物播种总面积变化趋势

数据来源：《中国统计年鉴》。

（2）区域农作物播种面积多数呈上升态势，但地区间水平有所不同。

第一，地域结构角度下农作物播种面积变化状况的分析。本书把全国划分为东中西部三个经济区域，对比分析不同自然资源条件、经济发展水平及农业生产经营影响下，农用地耕种利用状况。本书对于东中西部的区域划分，在传统界定基础上做出了局部微调。内蒙古一般会被划入西部地区，但由于地理分布较为特殊，形成横跨东中西部的狭长结构，且境内高原地貌平坦完整，地形坡度和起伏度较低，所以将其划入中部地区。由图4-8可见，1978年以来东部地区与中部、西部对比，农作物播种面积变动趋势有所不同，中部、西部地区播种面积基本呈现上升趋势，在西部大开发与中部崛起战略积极推进的影响下，2003年以来两个地区上涨速度逐步加快，整体上中部水平要显著高于西部。东部地区是中国经济改革的前沿阵地，依托地理优势和先发优势，城市经济及工业经济率先发展起来，一些地区的农业规划及功能定位有所转变，总播种面积变化方向与中西部相反，出现了低幅下降，2001年后降低幅度进一步增大，至2008年时已经低于西部地区的播种水平。

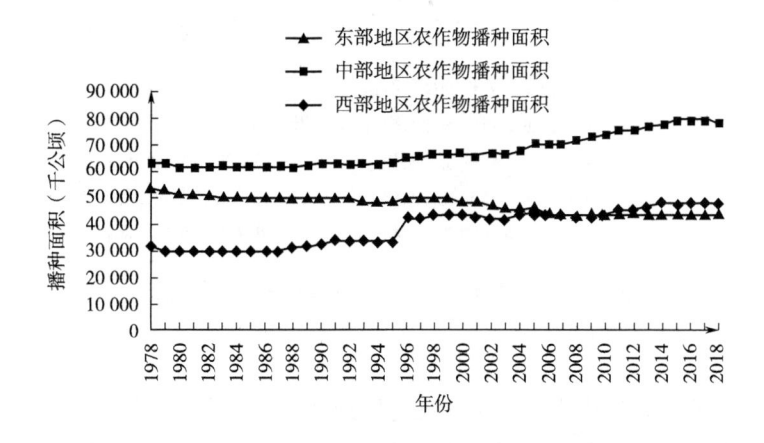

图4-8 东中西部农作物播种面积变化趋势

数据来源：各地区统计年鉴。

第二，省际角度下总播种面积变化趋势的分析。全国31个省、自治区和直辖市，多数提高了农作物种植面积，主要粮食产区增幅较大。与改革开放初期对比，14个省市播种面积出现了下降，分别为北京、天津、河北、山西、上海、江苏、浙江、湖南、广东等。这些地区由于特殊区位或发展定位，农业要素投入和产业相对贡献有所降低，但多数地区下降幅度较小，河北、湖南、江苏和广东目前播种水平依然较高；其余17个地区变动轨迹有一定差异性，但近年来基本呈现上升之势。图4-9呈现了10个代表性农业产区播种面积变化轨迹，除了新疆水平稍低外（2018年为6 253.04千公顷），另外9地近期已经接近或超出8 000千公顷。上述10个产地多数播种面积波动中上扬，河南和黑龙江增幅显著，总播种水平较高，尤其是河南省2018年时已经高达

14 769.06 千公顷，处于全国首位；内蒙古和新疆两地与改革开放初期水平相比，也出现大幅增长，内蒙古增幅更为突出，近期水平甚至超过了安徽省，总面积一度增至 9 014.41 千公顷，位居全国第四位。

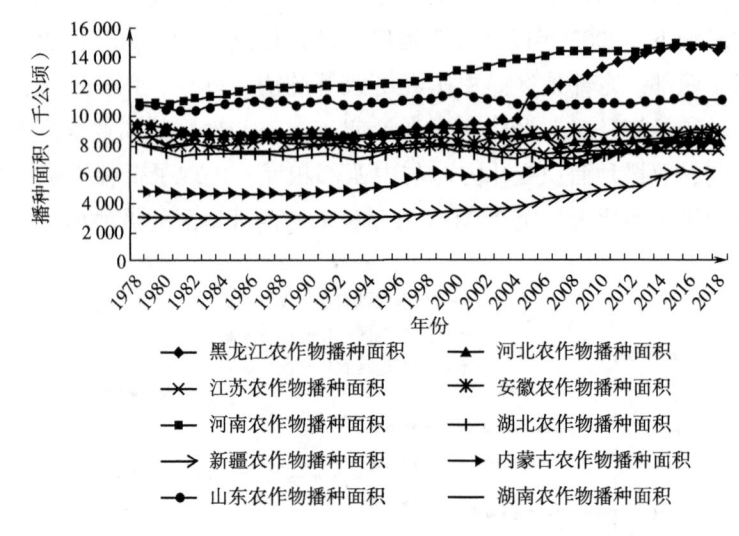

图 4-9 主要粮食产区农作物播种面积变化趋势

数据来源：各地区统计年鉴。

通过各地区和省份农作物播种面积的比较分析可知，虽然存在个体的差异性，但多数地区及主要产地总播种面积呈现上升态势，与全国总变化趋势一致，说明农业生产的土地要素投入大体上在逐年增长。

（3）不同种类农作物播种面积变化存在结构性差异。由图 4-10 可见，改革开放以来，八种农作物播种面积发生了对比性变化，作物间存在结构性差异。小麦、玉米和稻米作为主要粮食作物，播种面积始终居于前列。1978 年三种作物播种面积分别为 29 182.67 千公顷、19 961.33 千公顷和 34 420.67 千公顷。随后小麦和稻米种植面积在波动中下降，2004 年后有一定幅度回升，至 2018 年时分别达到 24 266.19 千公顷和 30 189.45 千公顷，仍然低于改革开放初期的水平；玉米种植量变化则有所不同，基本保持连续增长态势，2002 年播种水平 24 633.71 千公顷，首次超过小麦，2007 年增长为 30 023.71 千公顷，再次超过稻米而居于首位，并在以后几年中连续攀升至 44 968.39 千公顷的高位水平，近期有小幅度回落，2018 年为 42 130.05 千公顷。豆类作物 1991 年种植量 9 163 千公顷，2005 年增长到 12 901.48 千公顷，随后有所波

4 农业技术有偏进步与诱导性因素变化的特征事实

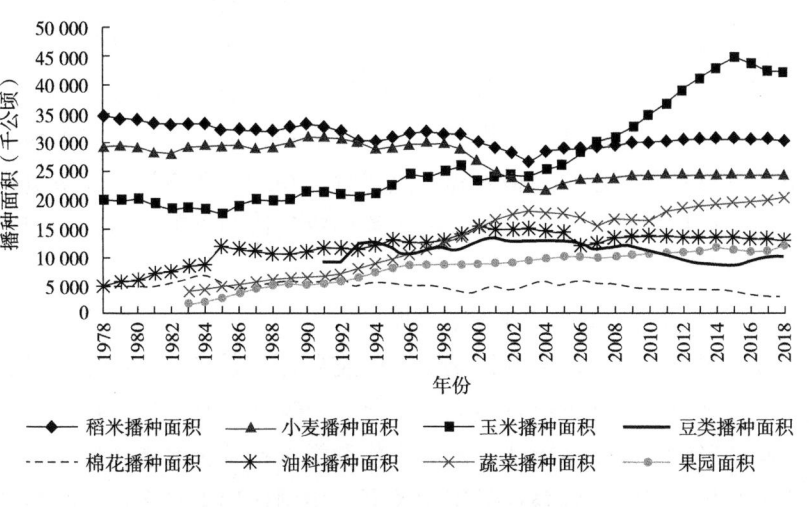

动,至2018年时种植面积为10 186千公顷。

图4-10 主要农作物播种面积变化趋势

数据来源:《中国农业年鉴》。

粮食类作物中,小麦和稻米是主要口粮,随着国家粮食收购政策的调整,市场调节比例上升,供给量增多使商品粮价格大幅下降,同时种子、农药、化肥和人工等生产成本投入不断增长;由于比较收益降低,农民口粮种植积极性受挫,农作物播种面积也随之下降。玉米是主要工业粮,被广泛应用于食品、酿酒、制药和黏合剂等工业生产中;玉米还是主要饲料作物,被称为"饲料之王",多种饲料以玉米籽为原料,玉米秸秆则可以制作成青贮饲料。工业化及畜牧产业发展所产生的引致需求,促使玉米价格连续上涨,种植量也由此逐年增多。国内豆类作物种植中,多半以上是大豆,国产大豆一般是劳动密集式经营,与美国、巴西等国家机械化和规模化作业相比,没有成本优势。由于受到进口大豆的挤压,国内种植面积连续减少,近几年在国家产业政策支持下,种植量有所反弹,但依然低于历史最高种植水平。

经济类作物中,油料和棉花生产面积震荡中上升后,近年来增幅有所降低。油料作物主要包括花生和油菜籽,1978年总播种面积6 222.33千公顷,2000年增长到15 400.31千公顷,之后有所降低,2018年为12 872.43千公顷。棉花1978年种植面积4 866.4千公顷,种植量波动中下降,2018年播种面积为3 354.41千公顷。蔬菜在改革开放初期种植面积较低,1983年播种量仅为4 102千公顷,略高于果园面积。社会经济快速发展使得居民收入和消费水平不断提升，引致消费结构和层次发生重要变化，城乡居民对蔬菜水果的需求量显著增加，市场调节下两种作物种植量也随之大幅增长；2018年蔬菜和水果种植量分别为20 438.94千公顷和11 874.93千公顷，相当于1983年水平的5倍，在各种作物种植量排序中分别居于第4位和第6位。

可见，当前农作物种植结构仍然以粮食类作物为主，但除玉米种植量保持较高幅度增长外，小麦、稻米和大豆播种面积均有所下滑；经济类作物中蔬菜水果总面积增幅显著，油料、棉花等作物的播种水平则出现不同程度的下降。

4.2.1.2 农业用地的地形结构状况

农业地理环境是土地资源禀赋状况的重要评价因素，土地基础表征相对稳定，正常情况下短期不会发生大的变化。地貌格局及地形结构会对农业发展产生重要影响，基本地形地貌制约作物种类选择及技术装备应用水平，从而与农产品生产成本和收益高低密切关联。中国地形丰富多样，结构较为复杂，山地、高原、丘陵、盆地、平原均有分布。地势格局是西高东低，起伏显著，依次呈三级阶梯状排列，西部多是山地、高原和盆地，中部多为低山和丘陵，东部以丘陵和平原为主。地表形态高亢，山地面积多，平原比例低；山地、高原和丘陵占地比例69.27%，盆地占比18.75%，平原占比仅为11.98%，近70%县区分布于山区；地高1 000米以上的地区占总面积比重为57.89%，500米以下的地区占比25.18%，500~1 000米的地区比例为16.93%。多种多样的地形，为种植多样化的农作物提供了便利。河流依照阶梯状地势自西向东流向，形成各种水系，产生了巨大的水能，对农业灌溉发挥了重要作用。西高东低的地势构造，有利于湿润空气流入内地带来降水。

然而，由于我国山区面积分布广泛，地形起伏度大，限制了基底面积，导致耕地比重相对较低；国土以林地和牧草地为主，耕地总面积134.9万平方公里，在总面积中占比14.05%。地形条件的制约，使得农作物种属和生产方式具有一定的地理依从特点。农业主要分布于平原、盆地及丘陵低缓地带，东北平原、华北平原、长江中下游平原及西部内陆盆地等是国内主要商品粮供应基地，农业技术应用水平相对较高。东北平原、华北平原和长江中下游平原地势平坦开阔，主要作物为小麦、玉米和稻米等。塔里木盆地、准噶尔盆地分布于西北地区，分别是中国第一和第二大内陆盆地，地形相对缓和，域内日照时间长，热量充分，是优质棉花及蔬菜水果类作物的重要产区。四川盆地地势低矮，面积约16万平方公里，降雨量充沛，气温适宜，稻米、油菜籽和柑橘等农作物生产水平较高。内蒙古虽属高原地貌，但自治区地域辽阔，地势高而平坦，是国内五个粮食净调出省份之一，盛产玉米、大豆、杂豆杂粮、马铃薯和向日葵等作物；近年来农业发展较快，由于新型农业技术逐步投入应用，规模化经营水平不断提升。

结合地理表征的量化，进一步分析农业优势产区的地理特征。地形坡度与起伏度是描述地貌形态及对土地进行分级的常用指标。地形坡度指地表切平面与水平面夹角的角度。地形起伏度是一定区域范围内高点和低点的高程差。这两个指标在地形地貌评价中均有一定应用。

地貌坡度常用百分比法、度数法等评价指标变量求得，此处使用后一种方法。借助坡面的铅直高度和水平宽度比值的反正切值，可以求得坡度数据。国际地理学会地貌调查与制图委员会将坡度分为7级，第Ⅰ级，0°~2°，为平原至微倾斜平原；第Ⅱ级，2°~5°，为缓斜坡；第Ⅲ级，5°~15°，为斜坡；第Ⅳ级，15°~25°，为陡坡；第Ⅴ级，25°~35°，为急坡；第Ⅵ级，35°~55°，为急陡坡；第Ⅶ级，>55°，为垂直坡。尹昂（Young，1972）的划分与上述分级差别不大，只是对坡度第一级和最后一级做了亚级细分[①]。我国低坡度地形集中分布于中东部区域、东北和西北部分地区，这些区域是我国商品粮主要供应基地；上海、江苏和天津的坡度均值小于或略高于1°，整体面积以平原和微坡为主；山东、内蒙古、黑龙江、河南和安徽，坡度均值不超过5°，这些地方区内平原和低缓坡比例较高。东南、西南及西北边陲地区坡度较高，浙江、福建、广西和陕西坡度均值超过了10°，有一定倾斜度的斜坡分布居多，地形以丘陵和中低山脉为主；重庆、四川、贵州和云南坡度均值接近甚至超过15°，境内多高山。

地形起伏度的指标评价，测度方法主要有高差法、标准差法及RDLS法等。本书参考游珍等（2018）对起伏度的界定及核算。该方法在传统RDLS法基础上加入了平均海拔和切割程度的影响。我国中东部地区起伏度相对较低，与该区域以平原和丘陵为主的地形分布是对应的，江苏、广东、山东、河南、安徽、辽宁和黑龙江等地起伏度小于0.5；河北、湖南、江西和广西等地起伏度要高一些，大约在0.5~1。这些地区是我国主要农业分布区，农作物种植面积广泛、品种丰富。西部地区多高山和高原，由于青藏高原、云贵高原、横断山、昆仑山、祁连山和秦岭山脉等高表征地貌结构，地形起伏非

---

① YOUNG A. Slopes [M]. Edinburgh：Oliver and Boyd，1972：288.

常显著，新疆、云南、四川、甘肃、青海和西藏的起伏度在2~3，农作物种植种类和面积低于东中部地区。显然，中国农业主产区分布与地貌结构有很大关联，低地理表征区域由于得天独厚的地形条件，种植业投入比重及对产出贡献相对更高一些。

4.2.1.3 农业劳动投入变动趋势

(1) 全国农业劳动投入呈阔口倒"V"形变化特征。农业劳动是生产中人的要素，其投入量变化会对要素比率产生重要影响。由于缺乏狭义口径的农业就业数据，用间接方法核算又没有科学依据，此处使用第一产业就业量替代。改革开放40多年来，农业劳动投入经历了一个缓慢上升又下降的过程；中国农业劳动力的变化，既受人口发展模式影响，也受产业演进规律支配。

如图4-11所示，1978年农业就业人数28 520.07万人，随后逐年增长，至1991年达到35 046.43万人的高位水平；接下来的几年有小幅波动，2003年后持续下降，到2018年已经降为25 549.37万人，与最高就业人数相比，降低幅度27.1%。1978—1995年农业人口与全国总人口的增长趋势近似，尤其是与农村人口增长方向几乎趋同。这一阶段农村向城市的人口流动虽然已经启动，在限制性转移政策下，人口转移主要特点是近距离、分散化和小规模，农业劳动力增长在很大程度上源于总人口增长的影响。中国人口共经历了三次出生高峰，前两次出生高潮期分别为1950—1957年、1962—1969年，使总人口增加约2.5亿人。这两次高峰人口在改革开放初期先后进入育龄期，迎来第三次出生高峰，由于计划生育政策开始初步实施，此时出生水平稍低于前两次。与此相反的是人口死亡率大幅下降，1949年死亡率是20‰，1978年已经下降到6.25‰；此后30年大体保持在这个水平，近几年由于人口老龄化的影响略有上升[①]，在高出生率与低死亡率的双重作用下，1980—1990年总人口增长了1.4亿人左右；新生人口逐次成长为青壮年，进一步壮大了农村劳动力队伍。

2003年后，随着出生率的下降，全国总人口增速有所减缓，但仍然保持上扬态势。此时农业劳动与农村人口变化路径大体一致，而与总人口增长方向已经完全相反。这两个指标在人口增长的背景下双双下滑，主要原因是劳

---

① 改革开放前数据见国家统计局综合统计司. 新中国六十年统计资料汇编[M]. 北京：统计出版社，2010.

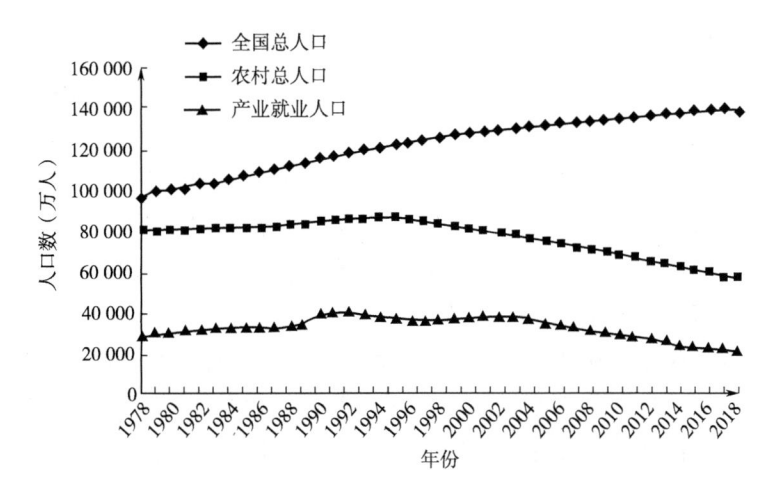

图 4-11　全国总人口、农村总人口和第一产就业人口变化趋势

数据来源：《中国统计年鉴》。

动力跨区域和行业转移的规模在不断扩大。新千年后，国家着力解决系列三农问题，积极推动户籍制度改革，逐步取消了对农民工进城务工的限制。城镇化和工业化的快速发展，增加了对农业劳动的吸引力和吸纳量。相对宽松的政策和日益扩张的市场，促使进城务工人数逐年增多，对农业就业的逆向冲击超过了人口增量的影响。可见，城镇化进程加快推进后，城市产业发展对劳动力的客观需求，引致跨区域和产业的人口流动，并最终决定了农业劳动人数的变化方向。

（2）区域农业就业人数变动路径与全国大体一致。东中西部地区第一产业就业变动趋势基本呈现倒"V"形，与全国农业人口演进轨迹近似，均是波动中上升后再逐年下降，但总水平及峰值点有一定差异性。如图4-12所示，1978年东部地区第一产业就业10 940.37万人，高于中部、西部的就业人数，随后几年有所下降，1996年前在三个地区中大致居于中间位置；2001年后总水平降至中部、西部之下。中部地区就业人数在改革开放后小幅上升，1985年增至10 749.82万人，随后在劳动投入波动中达到高位，此后年份呈下降之势。西部地区改革开放初期农业人口最低，1978年第一产业就业7 649.33万人，总人数连续上升后超出东部水平，之后有一定幅度的降低，2018年农业劳动人数为8 687.23万人。

显然，1978—2018年，东中西部地区的农业劳动投入出现了对比性分化。东部地区第一产业就业初始水平较高，由于最早开始实施改革开放政策，并

75

充分把握先机，商品生产和交易不断活跃，带动市场日益成长和兴旺发展起来，促使东部农村人口率先向城市转移。在后来的社会经济发展中，东部地区在诸多领域一直处于领先地位，创造出更多商机和就业岗位，进一步提升了城镇化水平，促使农业人口以较快的速度下降。中部地区与东部相比，发展起步晚，城镇化速度要慢一些；由于所处区位的地理优势，几个产粮大省聚集于此，农业在区域发展和产业定位中有重要战略意义；虽然近些年农业劳动投入有所降低，但仍然高于东部、西部地区。西部地区相对落后，部分省份人口密度较小；随着西部大开发战略的实施，西部农业快速发展起来，一些地区已经成为国内重要的农业产区；西部城镇化水平要低于中东部，新千年后农业人口规模显著降低，目前第一产业就业水平高于东部。

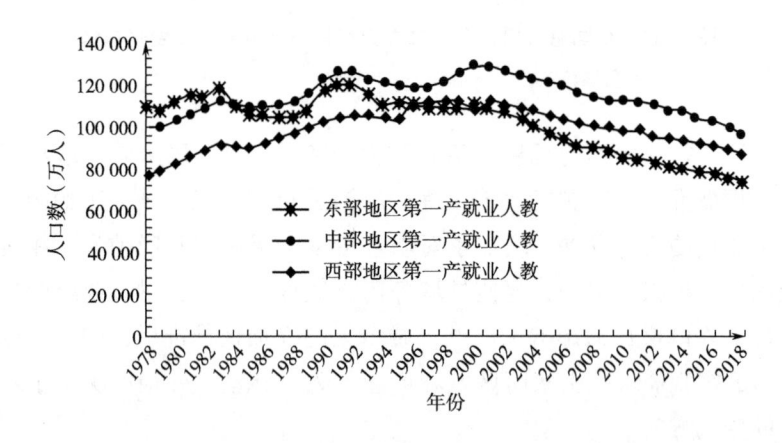

图 4-12 我国东中西地区第一产业就业人口变化趋势

数据来源：各地区统计年鉴。

4.2.1.4 农业基本要素数量结构变动规律

（1）全国农业基本要素数量结构变化轨迹接近"V"形。本书将农业要素数量结构界定为土地与劳动投入数量的相对比率，用农作物播种面积除以第一产业就业人数表示。如图 4-13 所示，1978 年单位农业劳动占有播种面积 7.74 亩，随后震荡中下降，低位水平时该比例降为 6.22 亩；2003 年后持续上扬，至 2018 年已经增至 9.87 亩，与最低水平相比增长了 3.65 亩，亦明显高于改革开放初期水平，与其对比增长了 27.52%。一般认为，2003 年是城镇化发展战略启动元年。以 2003 年为分水岭，两个不同阶段农业基本要素结构发生了对比性变化。要素比率变动主要源于土地与劳动投入相对丰裕度的改变。从上文分析可知，虽然前一阶段农业播种总面积在改革开放初期下降后

4 农业技术有偏进步与诱导性因素变化的特征事实

又有所反弹,但第一产业就业人口增幅较大,所以两者比率大体是在下降;后一阶段种植面积在波动中显著上升,而同时农业就业人数连续减少,一正一反变化必然使得相除以后的要素比率出现明显增长。

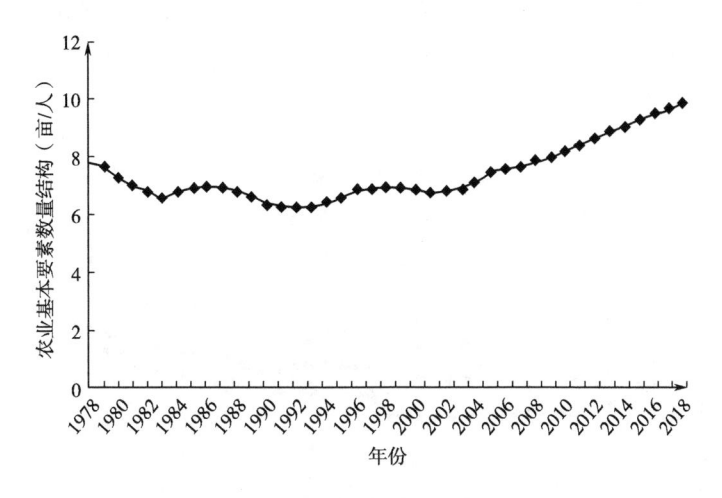

图 4-13 全国农业基本要素数量结构变化趋势

数据来源:《中国统计年鉴》。

(2) 区域农业要素结构亦以"V"形变化,且纵向依次排开。如图 4-14 所示,东中西部地区农业土地与劳动比率变动路径与全国趋势基本一致,均是先下降后再逐次上升。中部地区要素比率整体水平最高,运动轨迹较为陡峭,说明变化率很显著。1978 年单位农业劳动占有播种面积 9.46 亩,随后波动中下降,最低水平为 7.47 亩;2001 年后连续大幅攀升,2018 年时达到 12.25 亩,与最低水平相比,增长了 4.78 亩,与 1978 年相比,增长了 29.49%。东部水平次之,1978 年单位农业劳动占有播种面积 7.29 亩,然后震荡中有小幅下降,1992 年最低水平为 6.22 亩;2003 年后有一定幅度上升,至 2018 年增长为 8.77 亩,比最低水平增长了 2.55 亩,比 1978 年增长了 20.3%。西部地区水平最低,1978 年单位农业劳动占有播种面积 6.17 亩,之后有所下降,于 1991 年降至最低水平 4.67 亩,1994—2002 年该比率上升后出现低幅下降,2003 年后大体保持了稳定的上扬态势,2018 年增至 8.19 亩,是最低水平的 1.75 倍。

显然,全国三个区域中,2003 年前后中部地区两个阶段变化的对比最为显著;东部地区在 2003 年后要素比例也有所增长,但整体幅度低于中部;20 世纪 90 年代中期,西部地区要素结构开启了波动上扬模式,2003 年后进入相对稳定上升期，并且在 2011 年后增速进一步提升，与东部相比差距逐年缩小。由上文分析可知，东中西部地区农业要素数量结构演进路径及差异形成，是各自土地与劳动投入相对变化的结果。城镇化发展战略加快推进后，三个地区要素结构均呈现连续上升之势，显然中部地区的近期水平最高；虽然西部地区要素比率目前依然最低，但在近两年高速增长的影响下，已非常接近东部地区的整体水平。

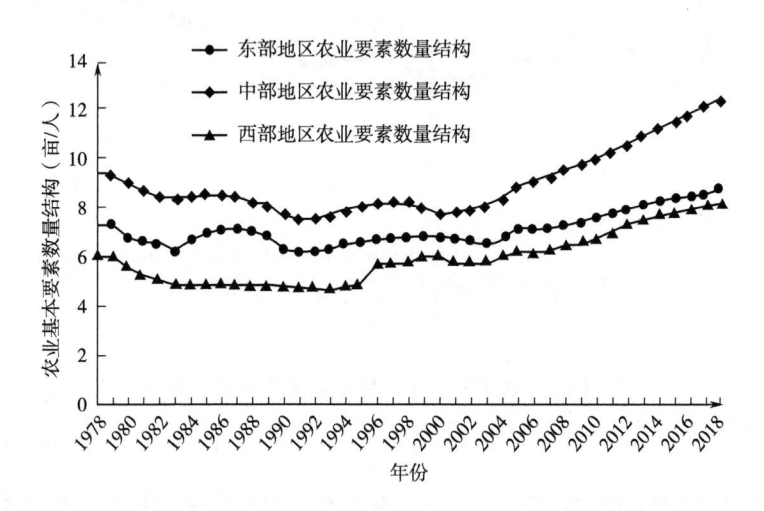

图 4-14 东中西部农业基本要素数量结构变化趋势
数据来源：各地区统计年鉴。

4.2.2 市场需求变化状况

市场需求诱导技术创新理论认为，市场规模和密度是技术进步的重要引致力量。市场需求水平提升促使农业经营者扩大规模，以获取规模报酬，从而强化了新技术推广和应用。生产规模扩张过程中，主要通过规模效应影响技术变化方向，服务于相对廉价生产要素的技术将会获得优势发展，即有利于提高丰裕要素效率水平的技术增长更快。然而，立足于中国国情，从市场需求角度分析农业技术进步方向的文献并不丰富。林毅夫（1992）以杂交水稻技术采用率为例，检验市场需求诱导技术创新理论，认为与经验现象相契合，水稻种植规模是重要影响因素。张在一等（2018）基于十种农作物，借助超越对数成本函数，通过产出水平对劳动份额变化的影响，指出市场需求诱导了劳动节约型技术创新。农作物种植量的增长，意味着对新技术需求水平的提升。现实中诸多经验现象也表明，随着农业生产规模的扩大，涉农技术创新和应用速度不断加快。本书借鉴林毅夫的研究，以农作物播种面积衡量技术的需求规模，以此反映规模效应。

4.2.1小节已经对农作物种植面积变化进行了比较细致的分析，此处不再加以展开，仅对相关研究给予归纳和概述。从研究结果看，1978年以来全国农作物播种面积大体呈持续上升态势，2018年总水平与改革开放初期对比增幅显著，增长量为20 955.15千公顷；区域间播种量有一定差异性，中西部地区基本上是连续增长，中部地区总播种量最高，东部地区水平近年来有所下降，目前已经低于西部地区；多数省份播种面积波动中上升，河南、黑龙江、山东、安徽和内蒙古等地增幅显著。农作物播种面积的扩大，有利于良种、肥料及病虫害防治技术的采用，也有利于现代化农业装备的推广。

4.2.3 要素相对稀缺性与市场需求综合变化状况

从理论层面看，虽然要素相对稀缺性与市场需求对农业技术进步的作用机制不同，但最终影响状况却取决于共同发力的综合效应。为对比两者的影响程度，并反映诱导力量的混合引致作用，本书借助熵权法赋权和生成综合指数。

对于需求端诱导力量的综合评价，应包括要素相对稀缺性与市场需求两方面因素。本书通过农业要素数量结构反映要素相对稀缺性，用土地劳动比率变化表示，以此衡量价格效应。农作物播种面积一定程度反映了市场规模和需求状况，用其衡量规模效应。按照4.1.3小节熵权法核算步骤，获取诱导创新因素的指标权重和评价得分。使用1978—2018年省级面板数据，可以核算得到每年各地区的综合得分，为节省陈述和呈现空间，表4-4给出了各指标的权重值及综合评价分值的均值，各地区诱导性因素综合评价分值的具体数据见附录3。从表中数据看，要素相对稀缺性的权重大致在（0.747，0.867）范围变化，市场需求的权重变化区间为（0.133，0.253），前者数值远大于后者；表明需求端引致力量中，与规模效应相比，价格效应是主要影响因素。要素相对稀缺性与市场需求的综合得分均值，大体反映了诱导性因素的时序变化状况。该项数据在改革开放初期水平较高，随后有一定幅度下降，20世纪80年代末期开始上升达到高位，大约于2000年后出现较为明显的连续降低特征。由此可以粗略推断，诱导力量整体作用方向是阶段性变化的，2000年前经历了由负向转为正向的过程，之后则是多年负向影响，近年来虽然数值有所增加，但变化幅度不大。

表 4-4 诱导创新因素影响权重及综合评价得分均值

年份	要素相对稀缺性权重	市场需求权重	综合得分均值	年份	要素相对稀缺性权重	市场需求权重	综合得分均值
1978	0.812	0.188	46.596	1999	0.771	0.229	46.210
1979	0.831	0.169	46.399	2000	0.796	0.204	44.498
1980	0.843	0.157	45.996	2001	0.811	0.189	43.954
1981	0.853	0.147	44.894	2002	0.798	0.202	43.686
1982	0.860	0.140	44.384	2003	0.798	0.202	42.709
1983	0.862	0.138	43.384	2004	0.799	0.201	42.650
1984	0.859	0.141	43.054	2005	0.841	0.159	42.150
1985	0.864	0.136	41.993	2006	0.838	0.162	41.713
1986	0.862	0.138	41.675	2007	0.850	0.150	40.257
1987	0.863	0.137	41.533	2008	0.840	0.160	40.750
1988	0.860	0.140	41.631	2009	0.840	0.160	41.246
1989	0.859	0.141	41.760	2010	0.843	0.157	41.486
1990	0.857	0.143	42.615	2011	0.848	0.152	41.753
1991	0.859	0.141	42.559	2012	0.861	0.139	41.589
1992	0.857	0.143	42.686	2013	0.867	0.133	41.344
1993	0.851	0.149	42.033	2014	0.856	0.144	41.879
1994	0.858	0.142	41.969	2015	0.854	0.146	41.903
1995	0.850	0.150	42.241	2016	0.851	0.149	42.268
1996	0.862	0.138	45.181	2017	0.848	0.152	42.506
1997	0.855	0.145	45.629	2018	0.841	0.159	42.343
1998	0.747	0.253	46.910	—	—	—	—

由上文相关分析可知，农业技术结构性变化方向与要素数量结构演进轨迹恰恰相反，也大体与诱导创新因素的综合作用方向反向变化。由此可以初步推测，中国农业技术的有偏进步与诱导性因素的作用紧密关联，价格效应是导致农业技术变化的关键力量。经验事实分析粗略呈现了变量运动的外部轮廓及相互关系，并一定层面反映了农业技术变化的诱导特点，严谨的影响机制分析将通过下章更为规范的实证计量检验实现。

5 诱导性因素对农业技术有偏进步的影响机制检验

本书理论模型的构建，按照逻辑递进的两个层次展开，先分析诱导创新因素对农业技术进步的作用机制，再分析技术进步的要素偏向性。本书的实证检验也大体按照这个逻辑顺序进行。本章在前述章节理论模型与经验现象研究的基础上，使用中国农业经验数据，实证分析诱导性因素对农业技术有偏进步的影响机制，以揭示农业技术有偏变化的内在原因。

5.1　问题的提出

关于中国农业技术进步方向及内在机制的研究，国内有丰富的学术成果积累。由第2章可知，这些文献使用多重方法，从资源禀赋、城镇化和产权改革等角度入手，通过对要素生产率、替代弹性及变量相关系数等方面的分析，对中国农业技术有偏变化及内生发展路径进行研究，得出了许多有价值的研究结论。结合经验现象的相关实证分析，既开阔了学术视野，提供多元方法的对比和选择；也揭示了农业技术结构性变迁的动力机制，深化了理论认知。

然而，基于诱导性技术创新假说，对农业技术有偏进步内在机制的检验，在学术研究视角、内容、方法和结论等方面，仍存在进一步讨论和拓展的空间。第一，根据诱导性技术创新理论与技术进步偏向理论，要素相对稀缺性（价格效应）与市场需求（规模效应）是农业技术进步的重要引致因素。目前，国内对农业技术变化诱导机制的检验，多从要素相对稀缺性角度展开分析，也有少量文献分析市场需求诱导的技术创新，但没有对比两者不同的作用机制，也未对两者的异质混合影响状况进行实证研究。第二，一些文献得出的结论是基于十余年前的经验数据，城镇化发展战略实施以来，农业要素相对稀缺性与市场需求已经发生变化，样本覆盖要能与时俱进地呈现经济发展的当前状态，由此形成的研究结论才更为客观和真实。第三，政府部门参与诱导创新活动，会对农业技术进步方向产生重要影响，目前围绕该主题较为全面的经验研究相对不足。第四，重要制度外生调整，如城镇化发展战略启动，会影响农业技术创新和应用，甚至引致技术进步方向发生逆转，其内在机理及政策效应如何，有待实证检验给以确认。第五，缺乏自然环境方面影响的分析，个别文献虽对地理因素约束与机械化技术应用之间关系进行研究，但没有对比生物化学技术的相对增长状况；另外，气候条件也会对农业技术应用产生影响，该方面经验研究也较为稀缺。

本章使用中国农业经验数据，重新对技术有偏进步的诱导机制进行实证检验；综合分析需求端诱导力量的综合影响，验证价格效应与规模效应不同的作用机理。随着城镇化进程的推进，大量农村人口进入城市，农业要素相对稀缺性发生改变，本章分析城镇化水平上升对综合诱导性因素乃至农业技术结构性变化的影响机制。考虑到农业土地与劳动比率的变化出现拐点，时间点约为2003年。本章引入制度调整的外生冲击，分析城镇化发展战略实施的政策效应。此外，本章立足中国农业生产现实，分析政府参与诱导创新、地理环境和气候条件等方面的影响状况。

学术界对诱导性技术创新方向和农业发展路径进行实证研究，常用的方法有单要素生产率法、超越对数模型回归法及代理变量计量模型法。单要素生产率法将劳动生产率分解为人均耕地面积和土地生产率，粗略地判断农业要素替代和技术变化状况。超越对数模型回归法建立反映要素投入的超越对数模型，计量回归后可获取时间序列上的要素替代弹性数值。与单要素生产率法对比，该方法可以求得多个要素间的替代弹性，通过时间上要素替代程度的变化，相对直观地衡量技术进步的大致方向，但是缺少影响机制的分析，同时也不能对技术相对进步状况进行直接对比。代理变量法引入反映技术变化的代理变量，通过实证计量过程，分析要素投入、市场需求、政策支持和制度调整等因素的影响状况。该方法由于直接建立反映变量间关系的计量模型，能够更加直观地解析诱导力量对技术进步的作用机理。本章基于诱导创新机制检验的研究目的，采用代理变量法进行实证分析。

5.2 计量模型设定、变量选择及数据说明

5.2.1 变量选择及实证模型设定

此处先检验诱导性因素对农业技术进步的作用机理，同时控制政府参与创新活动、地理气候环境等方面的影响；结合研究目的和数据可得性，将计量模型基本形式设立如下：

$$\ln bio\_mech_{it} = \alpha_0 + \alpha_1 \ln pri\_sca_{it} + \alpha_2 control_{it} + u_i + \tau_t + \varepsilon_{it} \quad (5-1)$$

在上述计量模型中，所有解释变量和被解释变量均被取自然对数，$\ln bio\_mech$ 为被解释变量，$\ln pri\_sca$ 为核心解释变量，$control$ 为控制变量，u_i 表示不随时间变化的个体效应，τ_t 表示不随个体变化的时间效应，ε_{it} 表示随机

扰动项；变量下标 $i = 1, 2, \cdots, 31$，表示省、自治区和直辖市；$t = 1991$，$1992, \cdots, 2018$，表示年份。按照计划进行的实证检验，对变量选取和指标界定做出如下安排。

5.2.1.1 被解释变量

把生物化学技术与机械化技术相对增长作为被解释变量，用两种技术相除的比率衡量，以变量 ln *bio_mech* 表示，反映结构层面农业技术有偏进步状况。生物化学技术通过种子、农药和化肥使用情况衡量，借助熵权法核算得到综合技术指标；机械化技术用农业机械化总动力表示，选取与生物化学技术相同的无量纲处理方法，将指标数据做归一化处理，具体核算方法见 4.1.3 小节。两种技术都在进步的条件下，该比值上升，说明生物化学技术相对于机械化技术有更快的应用；如果下降，则说明机械化技术进步更快速一些。

5.2.1.2 核心解释变量

要素相对稀缺性与市场需求是诱导农业技术进步的重要力量，以价格效应与规模效应形式同时对技术进步方向产生影响。为分析两个因素对农业技术有偏进步的综合作用，使用熵权法对反映要素相对稀缺性与市场需求变化的指标进行评价，得到需求端诱导创新因素的综合得分，具体核算结果参考 4.2.3 小节，将其作为核心解释变量，用变量 ln *pri_sca* 表示。

5.2.1.3 控制变量

政府直接或间接参与创新活动，会影响技术研发方向、效率和采纳成本，地理、气候、电力和灌溉等因素也会制约农业技术应用水平，所以作为控制变量被引入模型，以变量 *control* 表示。

（1）政府参与诱导创新方面。政府参与诱导创新会对技术进步方向及效率产生重要影响。第一，一定科技体制背景下，政府与市场间边界及权责划分，将影响不同主体的创新选择及出资份额；政府更多考虑公共利益，会倾向关系国计民生的研发项目，市场主体主要基于个体利益实施创新，倾向于偏好能够商业化的高回报产品。第二，政府部门根据需求端信息反馈，以财政补贴或金融信贷形式提供资助，能对技术供给和需求产生双向影响，对研发部门的导向和支持，能够弱化甚至破除研发部门技术创新的成本约束，而对技术采纳者给以资助，则有利于降低应用者成本，加速新型技术扩散。第三，政府部门设置公共研发机构，配置专业技能型人才，以教育、培训和示范等形式向社会化服务组织或农民传授作物栽培、病虫害防治等知识，既可以加快技艺推广，又能起到对接市场和互通信息的作用，有利于促进精准创新，提高科技转化率。

基于政府对农业技术创新作用的基本认识，计划从政府与市场之间责任分工、科技资源配置及技术研发导向三个方面进行实证检验。政府与市场主体研发出资大体体现两者间的职责分工，用 R&D 经费中政府与企业资金比率衡量，以变量 $\ln govern\_enterp$ 表示。政府对科技资源的配置从资金和人力两个方面衡量，由于缺乏全国范围较详细的农业技术创新领域的财政金融支出数据，使用财政支农、信贷支农指标替代，反映政府对农业技术创新的资金支持，分别以变量 $\ln A\_fina$ 与 $\ln A\_loan$ 表示；用公有经济企事业单位农业技术人员数量反映政府对农业的智力支持，以变量 $\ln A\_techni$ 表示。另外，用 R&D 经费中基础研究与应用研究比率反映政府对研发项目的导向状况，以变量 $\ln basic\_appli$ 表示。

（2）地理环境方面。地理属性评价方面，常用指标有地形坡度和起伏度参数。两个指标均可用来衡量地貌指征，但在地理信息反馈及适用方面有一定差异性。地形坡度描绘地表平缓或倾斜程度。起伏度亦呈现地面基础特征，主要体现了区域海拔高度和地表切割程度。作为高差指标，地区海拔水平通常又与本区域经济发展有所关联。有学者认为，在地形控制因素分析中，地形坡度应用受到重视；而起伏度则在区域性空间预测研究方面有更多体现[①]。本书同时使用了坡度和起伏度指标，用前者反映地形结构对技术相对增长的影响，以变量 $\ln T\_slope$ 表示；用后者衡量区域经济的地理分布对技术有偏变化的作用，以变量 $\ln T\_relief$ 表示。

（3）气候条件方面。农业是依靠作物发育、生长及成熟获得产出的物质生产部门，农作物生产要历经生物体成长周期，自然力在其中发挥着重要作用。农业生产中所栽培品种的性能发挥及生命延续，对温度、日照及降水等气候条件都有要求；强降水、恶寒、沙尘暴、飓风等极端气象活动也会影响农业生产。考虑到数据的可得性，本书仅研究一般性气象变化对农业技术进步方向的作用，异常天气影响不在分析范围。所以，综合使用温度、降雨量及日照指标，分析气候环境对农业技术实施的影响状况，分别用变量 $\ln temp$，$\ln rainfall$ 和 $\ln sunshine$ 表示。

（4）灌溉、电力等方面。电力和灌溉是农业生产的基础条件，也会对农业技术应用产生影响。灌溉改善了土壤含水量，有利于形成良种偏好的水肥

---

① 郭芳芳，张岳桥. 地形起伏度和坡度分析在区域滑坡灾害评价中的应用 [J]. 中国地质，2008（2）：132.

条件，促进作物发育和生长；电力为现代化灌溉、信息化和智能化等设施提供了动力，改变灌溉设施及机械装置的运行效率。农业灌溉和用电量也将被作为控制变量，农业灌溉用农作物灌溉面积表示，用电量以农村用电量衡量，分别通过变量 ln $irri$ 与 ln $electri$ 表示。

5.2.2 数据选取说明

上述变量数据来源：农业贷款原始数据来自《中国金融年鉴》，由于可以获取的农业贷款余额是存量数据，信贷支农最终用相邻两年贷款余额的算数平均数表示；财政支农数据来自各地区统计年鉴。信贷与财政支农数据均除以地区农业生产资料价格指数，以剔除物价影响，得到变量实际值。地形坡度数据来自数据禾网站，起伏度数据参考《全球变化数据学报》。农业科技人员数量、R&D 经费政府与企业支出、R&D 经费基础研究与应用研究支出等方面的数据来自《中国科技年鉴》；气温、降雨量和日照数据来自《中国气象年鉴》。其余变量数据来自中国和地方统计年鉴，部分来自《全国农产品成本收益资料汇编》《新中国六十年统计资料汇编》《新中国五十年农业统计资料》《1949—2004 年中国农业统计资料汇编》《中国财政年鉴》《中国物价年鉴》《中国农业年鉴》《中国农村统计年鉴》。主体解释变量数据覆盖区间为 1978—2018 年，被解释变量由 1991—2018 年省级面板数据核算得到，部分控制变量可得数据区间缩短，农业科技人员数量的数据区间为 1998—2017 年，R&D 经费中政府与企业支出比率，R&D 经费中基础研究与应用研究支出比率的核算仅能获得 2009 年后的数据。

5.3 实证计量过程及结果分析

5.3.1 农业技术有偏进步诱导机制的基础计量检验

本小节主要是针对 3.2 节命题 1 和命题 4 的检验。此处及下文内容均借助 Stata 软件进行实证计量检验。先使用混合最小二乘法进行基础计量回归，初步检验和判断农业技术有偏变化与需求端诱导力量间的因果关系，结果如表 5-1 所示。与表第（1）列相比，第（2）列除控制财政金融支农、地理环境及电力投入因素外，还控制了降雨与日照两个气候指标的影响；从回归结果看，ln bio_mech 与主要解释变量 ln pri_sca 显著负相关，两列系数稍有差别，分别为-0.246 6和-0.301 6，但差距不大。两种技术相对增长与需求端诱导性因素反向变化，说明价格效应与规模效应综合作用引致机械化技术取得更快增长。由第4章4.2节可知，1978—2018年，土地劳动比率以2003年为分水岭，经历了一个下降又上升的过程；而作物播种面积在整体时间区间基本呈现上升态势。由于价格效应激励替代稀缺性要素的技术增长，规模效应支持提升丰裕要素效率的技术进步，近十余年来，人地关系改善及市场需求保持增长背景下，机械化技术更快增长，表明价格效应大于规模效应，并主导农业技术有偏进步方向。表第（3）列控制了个体效应及时间效应，表第（4）列更全面地控制了政府参与诱导创新、地理环境、气候条件等因素，两列结果中诱导因素均对技术相对增长产生负向影响，但t检验并不显著，推断原因可能是过多引入变量降低了自由度，及其使用部分窄时间区间数据缩小了样本容量。

表5-1还呈现了控制变量的回归结果，大部分参数值经济意义合理，且具有较高统计显著性。在政府参与诱导创新方面，两种技术相对增长与财政金融支农变量$\ln A\_fina$与$\ln A\_loan$负相关，说明公共部门对农业资金支持改善了融资条件，尤其是近年来财政加大对农机具购置补贴力度，金融部门针对农业规模化经营实施宽松信贷政策，加速了机械化技术的应用及推广。农技人员配置$\ln A\_techni$对被解释变量产生正向影响，说明智力支农有利于生物化学技术发展；政府农技推广部门、研究院所及大中专院校技术型人才，通过规范教育、职业培训及技艺示范等形式，向基层单位及农户传授良种培育、作物栽培及病虫害防治技术，促进了生物化学技术扩散，较大程度提升了土地产出效率。变量$\ln govern\_enterp$与$\ln basic\_appli$的系数为正值，表明R&D经费中政府与企业支出比率、基础研究与应用研究支出比率上升均更快促进生物化学技术进步。机械化技术创新收益易于内部化，物化形式商品化特征较强，市场通常是出资主体；良种培育、基因工程及病虫害防治等生物化学技术的研发工作具有外溢效应，其公共属性要求政府供给以弥补"搭便车"引起的市场失灵。农业基础研究与应用研究所涉及的领域和范围各有侧重点，但都直接或间接对创新活动产生重要推动作用。生物化学技术所覆盖的生物和化学专业领域，与基础研究有密切关系；除了前沿技术种类外，一般性机械化装备更倾向于是应用技术不断实践的产物。两种技术创新所依赖的知识体系驱动方面的差异性，大体可以解释为何提高基础研究支出比例能够更大促进生物化学技术增长。

表5-1 农业技术进步诱导机制的计量检验结果

解释变量	(1)	(2)	(3)	(4)
	混合最小二乘法			
	ln bio_mech（被解释变量，农业技术有偏进步）			
ln pri_sca	-0.2466***	-0.3016***	-0.2922	-0.6817
	(-2.77)	(-3.39)	(-1.20)	(-1.62)
ln A_fina	-0.1488***	-0.1337**	-1.0132***	-1.6000***
	(-2.78)	(-2.51)	(-7.24)	(-6.57)
ln A_loan	-0.1480**	-0.1330*	-0.2819***	0.5905***
	(-2.06)	(-1.86)	(-4.30)	(3.83)
ln A_techni	—	—	—	0.9756***
	—	—	—	(3.50)
ln govern_enterp	—	—	—	0.1733
	—	—	—	(1.40)
ln basic_appli	—	—	—	0.6319***
	—	—	—	(3.25)
ln R_electri	0.4552***	0.4177***	-0.1402	0.4857***
	(7.83)	(7.46)	(-1.04)	(4.43)
ln A_irri	—	—	—	-0.1289
	—	—	—	(-0.47)
ln T_slope	0.2620**			
	(2.24)			
ln T_relief	-0.2992***	-0.1645***	—	-0.3218***
	(-4.09)	(-4.72)	—	(-4.44)
ln rainfall	—	0.1518*	—	0.2041
	—	(1.87)	—	(1.36)
ln sunshine	—	-0.5381***	—	-0.3831*
	—	(-3.53)	—	(-1.69)
ln temp	—	—	—	0.0244
	—	—	—	(0.11)
个体效应	—	—	控制	—

续表

解释变量	(1)	(2)	(3)	(4)
	混合最小二乘法			
	ln bio_mech （被解释变量，农业技术有偏进步）			
时间效应	—	—	控制	
_cons	-0.607 5*	3.309 1**	2.087 2***	-6.459 5**
	(-1.83)	(2.18)	(2.68)	(-2.18)
样本量	834.000 0	834.000 0	834.000 0	256.000 0
校正可决系数	0.247 6	0.268 0	0.649 7	0.464 6

注：括号中为 t 统计量；***，**，*分别表示在1%，5%，10%的统计水平上显著。

此外，表5-1中其余控制变量信息表明，电力、地理及气候等因素也显著影响两种技术的结构性增长。电力为农业灌溉、机械化装置及设施农业提供动力，有利于提高灌溉水平及机械作业效率，也有益于温度、湿度及采光等智能化控制设备的应用，对生物化学技术和机械化技术进步均有促进作用。该表中电力变量 ln $R\_electri$ 参数值多数回归列结果大于0，且具有较高统计显著性，意味着增加电力使用促进了技术进步，但似乎对生物化学技术影响相对更大一些。由于当前学术文献对农业技术有偏进步影响机制的研究相对缺乏，难以通过同类研究进行直接比较，但从近期一些学术文献的相关研究看，多表明电力投入与农业技术进步正相关（Bravo et al.，2004；Chen et al.，2008；邓晓兰和鄢伟波，2018）。被解释变量 ln bio_mech 与地形坡度变量 ln T_slope 正相关，而与起伏度变量 ln T_relief 负相关，说明技术实施水平与地表平整程度相关联，坡度值越低，越有利于机械化技术应用。高起伏度通常代表显著的海拔和高差，在现实地理分布中，高海拔区域一般多为气候寒冷、人口稀少的地区，不利于作物生长及生物化学技术发展。气候因素中降雨 ln $rainfall$ 和气温 ln $temp$ 对被解释变量影响是正向的，这一实证方向与适宜的降雨量和温度促进作物生长的经验事实相一致。日照时间影响作物的光周期反应，通常小麦、大麦、甜菜等作物需要一段长日照时间，以促进生物体开花和结实；稻米、玉米、棉花、大豆等作物则相反，要求一定时间短日照、长黑夜。日照时间变量 ln $sunshine$ 系数为负值，或是源于种植作物结构中短日照种类的上升。

5.3.2 城镇化进程影响下农业技术进步方向的调节效应分析

本小节主要是对 3.2 节命题 1 进行拓展检验。中国农业基本要素传统特征是土地资源稀缺、劳动力相对过剩。随着城镇化进程加速推进，大量农村人口进入城市务工，农业传统要素禀赋结构发生变化，劳动相对稀缺性逐步凸显。第 4 章 4.2.1 节关于总人口与农业人口增长轨迹变化的对比分析可见，2003 年后农业人口增长已逐步回落，并明显低于总人口增速。总人口增长背景下农业就业比例下降，显然与结构层面人口转移有关。由于城乡间人口存量的结构性变动，会引起农业要素相对稀缺性的改变，所以推测诱导创新因素对农业技术有偏进步的影响，可能会受到城镇化水平变动的干扰。为验证该关系的可靠性，引入城镇化率指标，以城市人口在总人口中占比表示，把其作为调节变量，分析该变量作用下诱导性因素对农业技术进步方向的综合影响状况。

基于调节效应检验目的，将基础模型（5-1）调整如下：

$$\ln bio\_mech_{it} = \beta_0 + \beta_1 \ln pri\_sca_{it} + \beta_2 \ln ur_{it} + \\ \beta_3 control_{it} + u_i + \tau_t + \varepsilon_{it} \tag{5-2-1}$$

$$\ln bio\_mech_{it} = \chi_0 + \chi_1 \ln pri\_sca_{it} + \chi_2 \ln ur_{it} + \chi_3 \ln pri\_sca_{it} \times \\ \ln ur_{it} + \chi_4 control_{it} + u_i + \tau_t + \varepsilon_{it} \tag{5-2-2}$$

为进行有效的对比分析，式（5-2-1）仅引入城镇化率指标，（5-2-2）式则引入城镇化率与核心解释变量的交互项。在两式中，$\ln ur$ 表示城镇化率，将其作为调节变量，其余变量经济含义与模型（5-1）设定一致。

由于测量误差、遗漏重要解释变量或者解释变量与被解释变量间交互因果关系等原因，计量回归时常会出现内生性问题。一个可行的解决途径是引入工具变量，如果工具变量与解释变量高度相关，与扰动项不相关，就可以解决内生性问题。为规避模型设定中可能存在的内生性问题，本书选用两阶段最小二乘法、广义矩法进行计量回归；对于工具变量的选取，借鉴一些学术文献的做法，以内生变量的一阶滞后项替代。对交乘项中的解释变量和调节变量进行中心化处理，以控制多重共线性，"C_"表示对交乘项进行中心化处理，"c."表示将变量数据连续列出，具体实证结果如表 5-2 所示。

表 5-2 城镇化水平上升对农业技术有偏进步的调节效应计量检验结果

解释变量	(1) 两阶段最小二乘法	(2) 两阶段最小二乘法	(3) 广义矩法	(4) 两阶段最小二乘法
	\multicolumn{4}{c|}{ln bio_mech（被解释变量，农业技术有偏进步）}			
ln pri_sca	0.181 6	0.493 7 ***	0.617 5 ***	-0.383 7
	(1.54)	(3.75)	(3.10)	(-1.31)
c.C_ln pri_sca#c.C_ln ur	—	-0.893 7 ***	-0.902 6 ***	-0.183 0
	—	(-5.01)	(-3.28)	(-1.02)
ln ur	1.096 5 ***	1.119 3 ***	1.122 9 ***	0.046 0
	(6.21)	(6.47)	(4.74)	(0.23)
ln A_fina	-0.330 1 ***	-0.265 6 ***	-0.272 7 **	-1.019 8 ***
	(-5.52)	(-4.42)	(-2.17)	(-7.31)
ln A_loan	-0.124 8 *	-0.184 7 **	-0.169 6	-0.245 4 ***
	(-1.70)	(-2.54)	(-1.29)	(-3.80)
ln R_electri	0.355 6 ***	0.325 0 ***	0.336 5 ***	-0.224 9
	(5.84)	(5.42)	(5.76)	(-1.54)
ln A_irri	—	—	-0.100 8	—
	—	—	(-0.98)	—
ln T_slope	0.350 5 ***	0.326 4 ***	0.275 1 ***	-3.055 4
	(2.94)	(2.79)	(3.19)	(-1.59)
ln T_relief	-0.305 3 ***	-0.246 8 ***	-0.231 5 ***	0.155 1
	(-4.13)	(-3.36)	(-3.55)	(0.36)
个体效应	—	—	—	控制
时间效应	—	—	—	控制
_cons	-5.589 6 ***	-6.594 1 ***	-6.311 9 ***	13.848 8 ***
	(-6.31)	(-7.38)	(-4.73)	(3.07)
样本量	796.000 0	796.000 0	793.000 0	796.000 0
校正可决系数	0.288 1	0.314 9	0.318 0	0.693 3

注：括号中为 z 统计量；***，**，* 分别表示在1%、5%、10%的统计水平上显著。

由表 5-2 可见，引入交互项的第（2）列与未引入该项的第（1）列结果相比，主要解释变量统计显著性水平明显上升。交互项系数为 -0.893 7，说

5 诱导性因素对农业技术有偏进步的影响机制检验

明在调节变量 ln ur 作用下，解释变量 ln pri_sca 对被解释变量 ln bio_mech 影响是反向的；即在城镇化水平不断上升的条件下，价格效应与规模效应综合作用促使机械化技术增长更快，与表 5-1 计量回归结果一致，也与中国农村人口结构性转移对农业技术进步潜在影响的经验事实相符。表 5-2 第（3）列为广义矩回归结果，变量统计参数稍有变化；第（4）列控制了时间效应及个体效应，过多使用变量后自由度下降，部分参数统计显著性水平降低。

基于表 5-2 第（2）列回归结果，进行调节变量 C_ln ur 作用下解释变量 C_ln pri_sca 对被解释变量 ln bio_mech 影响的边际效应分析，以更细致和清晰地呈现变量间关系。如图 5-1（b）所示，横轴反映调节变量变化，纵轴反映边际效应变化。随着 C_ln ur 数值增加，C_ln pri_sca 对 ln bio_mech 影响方向发生转变，当 C_ln ur < 0 时，城镇化水平较低，C_ln pri_sca 对 ln bio_mech 的边际效应大于 0，生物化学技术快于机械化技术增长，但该效应逐步弱化；当 C_ln ur > 0 时，城镇化水平较高，C_ln pri_sca 对 ln bio_mech 的边际效应小于 0，两种技术相对增速不断降低，显然机械化技术取得优势增长。以 0.1 单位进行变量增量变化分析，当 C_ln ur 由 0 增长为 0.1 时，C_ln pri_sca 对 ln bio_mech 的边际效应初次转变为负值。

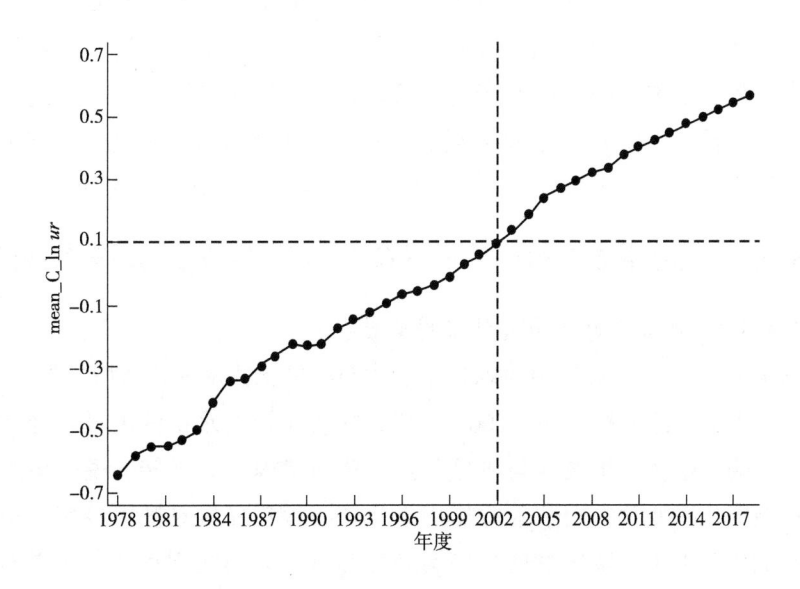

(a) 城镇化率变化趋势

(b) 95%置信水平下C_ln *pri_sca*的平均边际效应

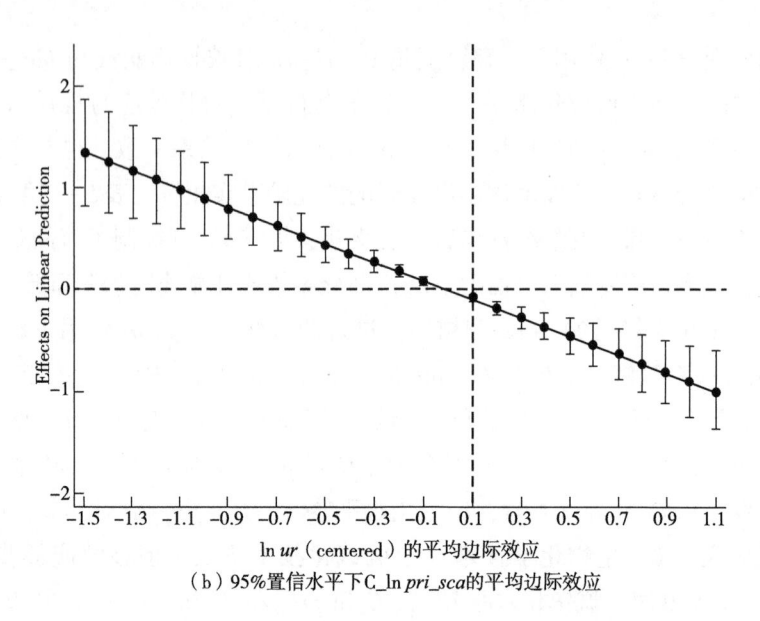

图 5-1　城镇化率变化趋势及其作用下诱导因素的动态边际影响

这里需要重点提及的是，图 5-1（a）描绘了 1978—2018 年变量 C_ln *ur* 均值的变化趋势，当 C_ln *ur* = 0.1 时，相对应的年份大致在 2002 年。因而可以初步推断，2002 年后伴随着城镇化水平的提升，需求端诱导性因素引致农业技术进步发生重要的结构性变化，机械化技术增速开始加快，超过了生物化学技术增长。为何大约 2002 年后，随着城镇化率增长，价格效应与规模效应综合作用引致技术进步方向发生逆转？很值得进一步思考和分析。

5.3.3　城镇化发展战略冲击下农业技术有偏进步的政策效应分析

5.3.3.1　实证方法选取及计量模型设定

图 4-6 显示，2002 年后生物化学技术与机械化技术的相对增长发生反转。从 5.3.2 小节实证分析可知，2002 年后，随着城镇化水平的上升，受诱导创新因素影响，生物化学技术与机械化技术相对增速开始逆转；说明该时间点后，在城镇化率变量的调节效应作用下，核心解释变量对被解释变量影响发生反向变化。由于城镇化发展战略实施恰与这个时间线索重合，所以本书推测技术进步方向的特殊变化与制度层面外生影响相关，认为极有可能是由于该战略的启动改变了城镇化进程，从而导致农业技术结构性变化方向的逆转。

制度安排在农业经济发展中发挥至关重要作用。一些重大制度调整会影响要素结构和市场需求，进而改变技术进步的速度和方向；为提高制度运行的绩效，政府层面通常对配套政策实施的方向和力度做出调整，也会影响到技术革新和应用。中国传统二元社会结构下，农村积聚了大量剩余劳动力，城乡劳动产出效率悬殊。为促进农村经济繁荣发展，增加农民收入，全面建设小康社会，党中央和国务院全面部署和启动实施城镇化发展战略。

2002年，党的十六大首次把城镇化发展写入报告，明确指出要"全面繁荣农村经济，加快城镇化进程"。2003年十六届三中全会正式提出要"统筹城乡社会发展……加快城镇化进程，逐步统一城乡劳动力市场，形成城乡劳动者平等的就业制度"。同年，中央政府颁布国办发〔2003〕1号文件《国务院办公厅关于做好农民进城务工就业管理和服务工作的通知》，围绕进城农民工就业做出重要制度调整，清理农民工进城务工的烦琐手续，逐步实施暂住证一证管理；取消企业使用农民工行政审批，破除就业工种限制；坚决取缔针对农民的乱收费，切实解决拖欠和克扣工资问题；同时积极改善农民工生产生活条件，做好教育培训工作，多渠道安排好农民工子女就学。该文件的实施在中国城镇化进程中具有重要里程碑意义，许多歧视和限制农民工乃至外来人口就业的历史问题基本得到解决。

城镇化发展战略的实施，加速了农业人口向城市转移的步伐。一方面，农村人口的流出改变了农业生产中土地劳动的数量对比；另一方面，农业劳动减少也促进土地集中及规模化经营，扩大了整体市场需求。由此初步认为，城镇化发展战略的实施是农业技术进步方向发生结构性转变的重要外因，但现实中其是否为关键影响因素，还有待实证检验加以证实。本书通过双重差分法分析城镇化发展战略的政策效应，以确认该战略启动与农业技术结构性变化间的重要关联。双重差分法（DID）基于随机实验、自然实验或准实验条件，研究变量x是否导致y及其因果关系的强弱。因为实验遵循随机分组原则，所以"处理水平"变量与遗漏的扰动项不相关，可以较好地避免遗漏变量偏差。城镇化发展战略的启动被看作是外部事件，政策组间的影响可以认为是随机的。

由于中央文件的明确指示及政策部署，学术界一般认为，2003年是城镇化发展战略启动的元年。虽然该战略当时在全国范围统一推行，但结合中国城镇衍生的驱动力及内在机制看，政策的作用程度及实际效力，在区域间存在较大差异性。中西部地区经济落后，城乡间割裂程度高，城镇化发展战略启动有利于破除传统体制束缚，促进要素跨区域和产业流动；与中西部地区明显不同的是，东部地区城镇发展主要由市场自然秩序促生，该战略实施之前东部区域已经保持较高经济发展水平，有基本成型的市场化体系及相对完备的工业体系，要素流动面临的阻滞较少；一些村落依托乡镇企业发展，逐步成长为小城镇，村民以"亲缘""地缘""宗族"关系为纽带参与就业，从而游离于户籍制度、用工排他等传统体制约束之外。所以，从打破要素流动制约看，与东部相比较而言，城镇化发展战略的实施对于中西部地区更具有实质意义。

为了进一步判断城镇化发展战略的推行对地区城镇化进程的不同影响，下面将比较分析不同地区该战略实施前后城镇化率相对变化状况，如果城镇化率增长的幅度越大，可以认为该战略的影响力越突出。用变量 $dirln\ ur\_2year$，$dirln\ ur\_3year$，$dirln\ ur\_4year$，$dirln\ ur\_5year$，$dirln\ ur\_6year$，依次表示城镇化发展战略实施后两年、三年、四年、五年及六年城镇化增长率与实施前相比的相对增长水平。两年期的用该战略实施后两期城镇化增长率分别减去实施前两期增长率的均值，再对其差额取均值表示；三年期、四年期、五年期及六年期，则分别以该战略实施后逐年城镇化增长率减去实施前三期增长率均值，同理也对其差额取均值表示，详细数据统计结果如表5-3所示。由五年的核算数据可见，西部地区的变量均值水平最高，中部地区基本居于中间状态，东部地区水平最低。说明在城镇化发展战略冲击下，西部地区相对于该战略实施前，城镇化率有更快增长。东部地区该战略实施前城镇化建设已经有一定基础，虽然城镇化发展的一般规律显示，当城镇化水平较高时，城镇化进程会减速，然而从2001年东部地区城镇化率44.52%的平均水平看，尚未达到城镇化"S"形曲线峰值水平后的转折阶段，所以关于东部地区的负增长，或许有市场的因素，但大致可以认为城镇化战略对该区域城镇化进程的影响相对较小。中部地区变量均值介于东部、西部之间，可以理解为该战略的影响处于中间水平。

表5-3 城镇化发展战略实施后城镇化率相对变化状况

城镇化发展战略实施后的时间间隔	地区	观测值	均值	标准差
$dirln\ ur\_2year$	东部	22	-0.014 6	0.056 4
	中部	18	-0.004 8	0.008 3
	西部	22	0.013 4	0.058 6
	中西部	40	0.005 2	0.044 3

续表

城镇化发展战略实施后的时间间隔	地区	观测值	均值	标准差
*dir*ln *ur*_3year	东部	33	-0.005 0	0.043 3
	中部	27	-0.004 3	0.007 5
	西部	33	0.011 5	0.039 4
	中西部	60	0.004 4	0.030 5
*dir*ln *ur*_4year	东部	44	-0.002 8	0.043 3
	中部	36	-0.004 2	0.007 4
	西部	44	0.011 6	0.039 2
	中西部	80	0.004 5	0.030 4
*dir*ln *ur*_5year	东部	55	-0.005 7	0.041 1
	中部	45	-0.004 4	0.007 3
	西部	55	0.011 0	0.039 1
	中西部	100	0.004 0	0.030 3
*dir*ln *ur*_6year	东部	66	-0.007 6	0.039 7
	中部	54	-0.004 7	0.007 3
	西部	66	0.010 7	0.039 2
	中西部	120	0.003 8	0.030 3

传统双重差分法（DID）分析条件存在明确的政策未覆盖区域，并由此区分实验组与控制组。一些文献使用广义传统双重差分法，根据政策对个体影响程度的不同划分组别，拓宽了其应用范围。基于上述区域间城镇衍生机制及城镇化水平变化的分析，可以粗略判断，城镇化发展战略的启动，对地区城镇化进程及要素流动的影响并不相同；因此本书参考相关学者（Bai and Jia，2016；钱雪松和方胜，2017）的研究，使用广义传统双重差分法实证研究该战略实施对农业技术结构性变化的影响。将计量模型设置如下：

$$\ln bio\_mech_{it} = \kappa_0 + \kappa_1 \text{intensity}_i \times post_t + \kappa_2 control_{it} + u_i + \tau_t + \varepsilon_{it}$$

(5-3-1)

$$\ln bio\_mech_{it} = \delta_0 + \sum_{q=1}^{m} \delta_{-q} D_{i,t-q} + \delta D_{it} + \sum_{q=1}^{n} \delta_{+q} D_{i,t+q} + v control_{it} + u_i + \tau_t + \varepsilon_{it}$$

(5-3-2)

上述计量模型 5-3-1 式反映处理后整体的平均处理效应，intensity 表示处理组虚拟变量，post 表示处理期虚拟变量。把东部地区设置为控制组，赋值为 0，西部（west）与中西部（midwest）地区分别作为实验组，取值为 1。将 2003 年作为分水岭，以区分政策实施前后两个不同时期，时间区间 1991—2002 年赋值为 0，区间 2003—2018 年取值为 1。

模型 5-3-2 式基于事件研究法设立，为包括处理前后各期效应的多期传统双重差分法模型，反映政策影响的动态效应及时间异质性，$D_{i,t-q}$、D_{it}、$D_{i,t+q}$ 分别表示个体 i 在 $t-q$，t，$t+q$ 期接受处理的虚拟变量，δ_{-q} 表示处理之前 q 期产生的影响，δ 表示处理当期产生的影响，δ_{+q} 表示处理之后 q 期产生的影响。设定 2003 年为政策处理当期，1991—2002 年分别对应政策实施前的 -12，-11，…，-1 期，即 $m \geqslant -12$；2004—2018 年分别对应政策实施后的 1，2，…，15 期，即 $n \leqslant 15$。

5.3.3.2　平行趋势检验

双重差分法使用前提是满足平行趋势假定，要求政策冲击前实验组与控制组的变化趋势是平行的。本书先以时序图描绘实验组与控制组变量变化轨迹，进行平行趋势检验；在政策处理的动态效应分析时选用事件研究法，进一步探讨政策实施的时间异质性。

通过被解释变量 ln bio_mech 均值变化的时序图评估组间差异性，如图 5-2 所示，(a)(b) 两图呈现了变量不同组间变化趋势。在图 5-2 (a) 中，东部是控制组，西部是处理组；在图 5-2 (b) 中，东部是控制组，中西部是处理组。两图中圆点实线均表示处理组变量变化状况，方格虚线则表示控制组变化状况；垂直于横轴的虚线交点为 2003 年，表示城镇化发展战略正式启动的年份。由图清晰可见，1991—2001 年处理组与控制组变量演进轨迹非常接近，进入 2002 年后，两者的发展路径出现较大差异，处理组大幅下落，并连续多年呈下降之势，而控制组则明显上扬，之后处于高位水平。虽然学术界一般认为 2003 年是城镇化发展战略实施元年，本书由此也把该年份作为政策处理当期；但在 2002 年党的十六大就明确提出要提高城镇化水平，考虑预期因素的存在，政策影响出现前置效应，所以 2002 年变量变化方向开始发生转折。图 5-1 一个细节是 2002 年起在城镇化水平提升作用下，诱导因素对被解释变量的边际影响转为负向，而这里的分析结论则与之完全契合。显然，两图变量变化特征符合平行趋势假设。此外，该图示也表明，大致于城镇化发展战略启动后，地区间生物化学技术与机械化技术相对增长显著分化，处理组机械化技术增长更快，而控制组则生物化学技术增速更高。将图 5-2

（a）与 5-2（b）比较可见，图（a）到 2002 年处理组下跳幅度更大，变量水平相对更低，说明西部地区与综合起来考察的中西部区域相比，两种技术相对增长呈现更显著的反向变化特征。

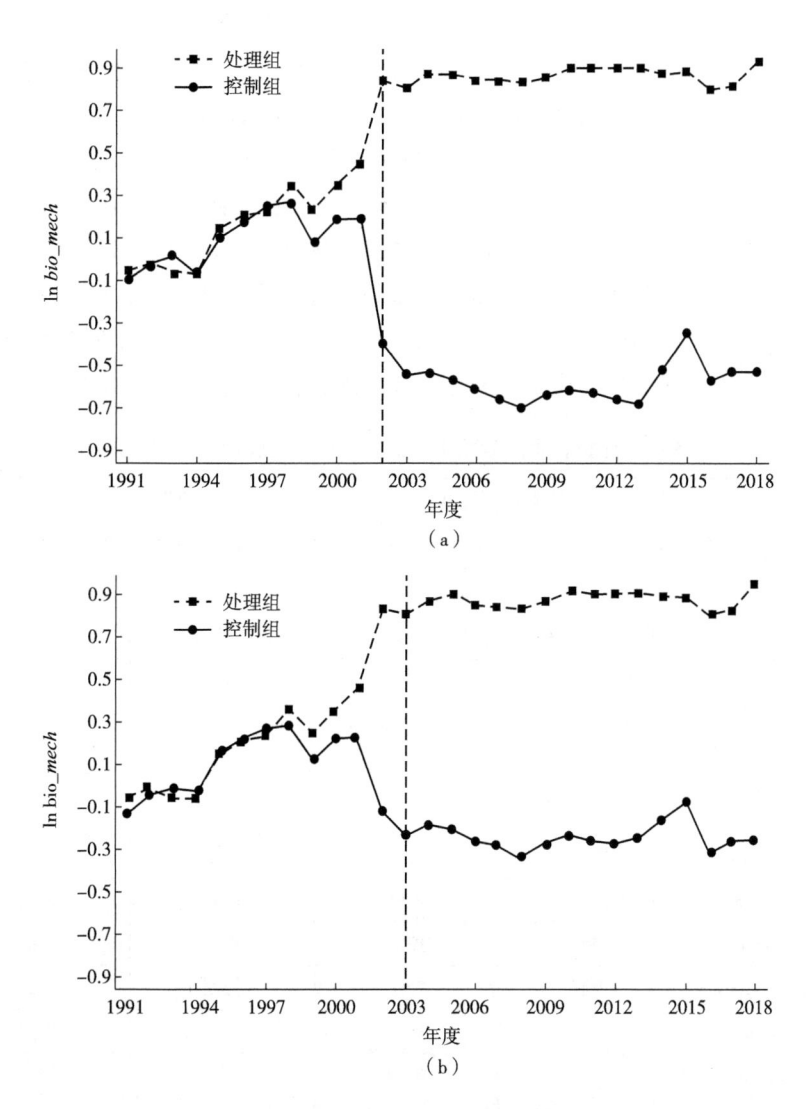

图 5-2　被解释变量 ln *bio_mech* 均值组间时序变化状况

5.3.3.3　城镇化发展战略实施的处理效应检验

（1）整体平均的处理效应检验。以计量模型 5-3-1 为基础，选取混合最小二乘法及多维固定效应模型进行计量回归，对政策实施的整体效应进行检

99

验，结果如表5-4所示，表5-4第（1）（2）列为东部与西部地区组间回归结果，东部为控制组，西部为实验组；第（3）（4）列为东部与中西部组间回归结果，东部为控制组，中西部为实验组；第（2）（4）列控制了个体效应与时间效应，因上文相关回归检验已显示控制变量对被解释变量的影响状况，此处不再做汇报。处理组与处理期虚拟变量交互项系数为平均处理效应，由表5-4中数据可见，数值显著为负值，表明受城镇化发展战略影响，实验组被解释变量增速下降，机械化技术与生物化学技术相比增长更快。第（3）（4）列交互项系数绝对值小于（1）（2）列，说明把中西部地区作为处理组时，政策对技术变化的影响力弱于西部。城镇化发展战略启动前中部区域市场化程度低于东部，但高于西部，因而市场调节资源能力也强于西部，政策实际影响要小于西部；并且国内农业大省多分布于中东部，生物化学技术创新及应用水平较高，所以也使得生物化学技术与机械化技术增长比例的降幅减小。

表5-4 城镇化发展战略实施的平均处理效应计量回归结果

解释变量	东部与西部组间		东部与中西部组间	
	混合最小二乘法	多维固定效应模型	混合最小二乘法	多维固定效应模型
	ln bio_mech（被解释变量，农业技术有偏进步）		ln bio_mech（被解释变量，农业技术有偏进步）	
c. post#c. west	-0.622 8***	-1.182 3***	—	—
	(-2.97)	(-6.46)	—	—
c. post#c. midwest	—	—	-0.378 2**	-0.933 9***
	—	—	(-2.22)	(-6.34)
ln R_electri	控制	控制	控制	控制
ln A_fina	控制	控制	控制	控制
ln A_loan	控制	控制	控制	控制
ln T_relief	控制	控制	控制	控制
ln rainfall	—	控制	—	控制
ln sunshine	—	控制	—	控制
个体效应		控制		控制
时间效应		控制		控制
样本量	582	582	834	834
校正可决系数	0.335 0	0.672 1	0.295 6	0.669 3

注：括号中为 t 统计量；***，**，*分别表示在1%，5%，10%的统计水平上显著。

5 诱导性因素对农业技术有偏进步的影响机制检验

（2）动态处理效应检验。以计量模型 5-3-2 为基础，对政策实施的动态效应进行验证，回归方法的选取与 5-3-1 式相同，计量检验结果见表 5-5 所示。表 5-5 第（1）（2）列为东部与西部组间回归结果，第（3）（4）列为东部与中西部组间回归结果，变量组间划分状况与表 5-4 相同，不再赘述。为了节省空间，略去处理前 1992—1996 年及处理后 2009—2018 年回归结果。选择政策处理前的 2001 年作为基期，在计量回归时做删减处理。

表 5-5 第（3）（4）列与（1）（2）列变量系数变化特征相似，数值的绝对值多数略低一些，与表 5-4 中平均处理效应分析结论相一致。随时间看表中参数变化，城镇化战略实施前，处理组政策变量系数均不显著，表明这一阶段并未产生政策影响。由于预期因素导致的政策前置效应，2002 年政策变量参数值转为负数，t 检验具有 10% 统计显著性水平，随后连续多年，政策变量对被解释变量影响均为负向，且保持较高统计显著性水平，说明城镇化发展战略产生了明显政策效应，由于该战略启动的冲击，中西部农业技术进步方向发生逆转。此外，政策动态效应分析结论也再次确认了该战略实施前变量组间的平行变化趋势，即只存在时间效应，未有处理效应。

表 5-5 城镇化发展战略实施的动态处理效应计量回归结果

解释变量	东部与西部组间 多维固定效应模型 ln bio_mech （被解释变量，农业技术有偏进步）		东部与中西部组间 多维固定效应模型 ln bio_mech （被解释变量，农业技术有偏进步）	
pre_1991	0.224 3 (0.32)	0.696 6 (1.16)	0.146 0 (0.28)	0.511 6 (1.11)
pre_1992-pre_1996	省略	省略	省略	省略
pre_1997	0.291 5 (0.44)	0.257 0 (0.44)	0.282 0 (0.56)	0.288 5 (0.65)
pre_1998	0.182 4 (0.29)	0.102 5 (0.18)	0.167 4 (0.36)	0.216 0 (0.55)
pre_1999	0.092 9 (0.15)	−0.007 9 (−0.01)	0.108 5 (0.24)	0.107 6 (0.27)
pre_2000	0.106 6 (0.18)	−0.112 9 (−0.20)	0.108 2 (0.26)	0.039 9 (0.11)

续表

解释变量	东部与西部组间 多维固定效应模型 ln bio_mech (被解释变量，农业技术有偏进步)		东部与中西部组间 多维固定效应模型 ln bio_mech (被解释变量，农业技术有偏进步)	
pre_2002	−0.960 9* (−1.86)	−1.013 7* (−1.85)	−0.724 7* (−1.81)	−0.738 4* (−1.77)
policy	−1.080 4* (−1.96)	−1.391 5** (−2.34)	−0.804 1** (−1.98)	−1.018 8** (−2.38)
post_2004	−1.134 1** (−2.07)	−1.041 5* (−1.73)	−0.828 4** (−2.11)	−0.786 3* (−1.89)
post_2005	−1.194 5** (−2.09)	−1.335 4** (−2.22)	−0.877 5** (−2.15)	−1.001 1** (−2.39)
post_2006	−1.186 5** (−2.11)	−1.274 8** (−2.18)	−0.880 6** (−2.19)	−0.967 0** (−2.39)
post_2007	−1.229 6** (−2.09)	−1.293 6** (−2.34)	−0.890 9** (−2.16)	−0.952 3** (−2.44)
post_2008	−1.274 2** (−2.17)	−1.275 8** (−2.39)	−0.945 3** (−2.31)	−0.987 7*** (−2.63)
post_2009−post_2018	省略	省略	省略	省略
ln $R\_electri$	—	控制	—	控制
ln A_fina	—	控制	—	控制
ln A_loan	—	控制	—	控制
个体效应	控制	控制	控制	控制
时间效应	控制	控制	控制	控制
样本量	616	582	868	834
校正可决系数	0.662 5	0.670 7	0.666 0	0.668 0

注：括号中为 t 统计量；***，**，*分别表示在1%，5%，10%的统计水平上显著。

为更清晰地反映实施城镇化发展战略对农业技术进步方向的时序影响，进一步给出政策变量的动态效应图。结合表5-5计量回归结果，将政策影响的置信水平设置为90%。图5-3分别呈现了东西部组间、东部与中西部组间政策影响的演进路径，从参数变化轨迹可见，2002年前曲线大体呈下行走向，但置信区间均经过0，表明政策变量对被解释变量影响不显著。2002—2003

年曲线大幅下降，2004年后运动轨迹为波动中小幅上升。这之间连续多期变量的影响呈负向，且具有较高统计显著性，说明城镇化发展战略的冲击，促使农业技术进步方向发生逆转，但随着时间推移，政策效应逐步弱化。图5-3（b）与图5-3（a）参数运动特征非常接近，但置信区间在坐标平面的位置要高于前者，说明中西部综合起来的政策效应要小于西部。关于政策动态效应的研究结果再次证实，正是在城镇化发展战略推进的外部作用下，需求端诱导因素发生变化，从而引致农业技术进步方向的结构性转变。

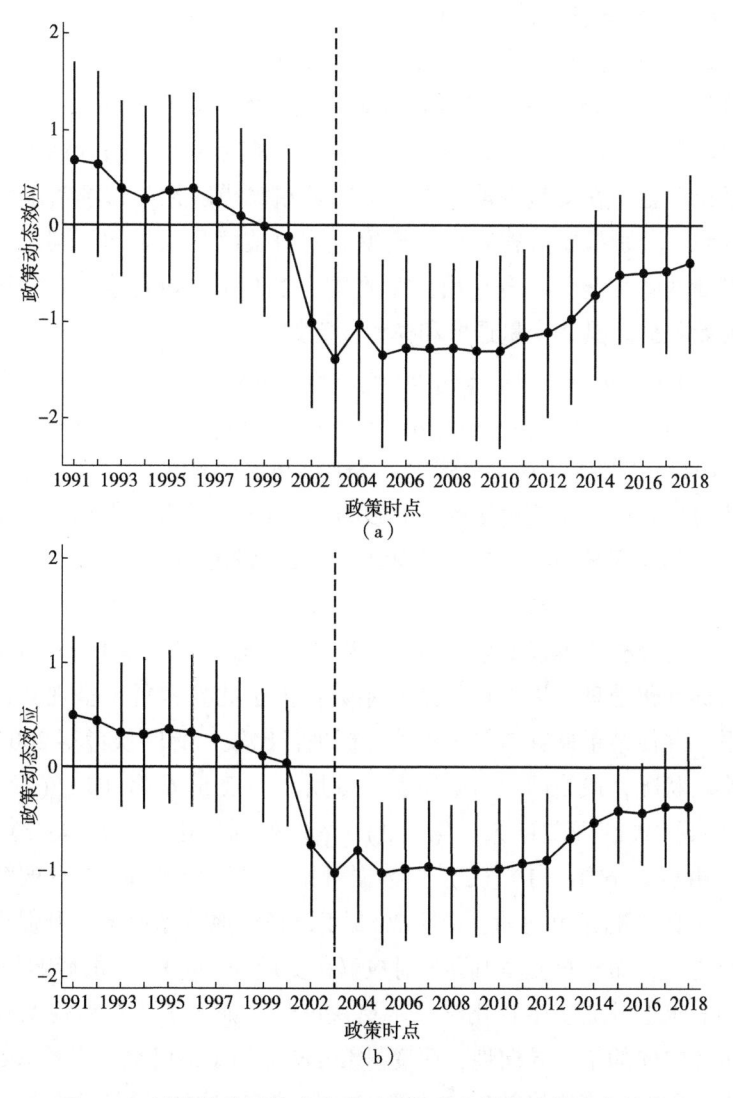

图5-3 城镇化发展战略实施对被解释变量作用的动态效应

5.3.4 稳健性检验

为验证上述研究方法和结论的可靠性,进行稳健性检验。本书在基本计量检验、调节效应分析、平行趋势检验、平均及动态政策效应分析的基础上,继续使用变量和数据替换法、安慰剂检验、对样本数据分时段、改变样本区间及对样本分组相结合的方法细化问题研究,以保障上述结论能够提供比较稳定和一致的解释。

5.3.4.1 变量和数据替换法

上文通过熵权法对价格效应与规模效应进行综合评价,把评价得分作为核心解释变量,以分析诱导创新因素对农业技术有偏变化的异质混合影响;为规避核心解释变量和评价数据的主观选择可能会导致的估计结果偏误,这里对其做出调整。在变量选取方面,把要素相对稀缺性与市场需求均作为核心解释变量,分别检验价格效应与规模效应对被解释变量的不同影响,进而再间接判断两者可能的综合作用;在数据使用方面,则调整为未经过熵权法处理的初始数据。具体变量选取和模型设定如下:

$$\ln bio\_mech_{it} = \phi_0 + \phi_1 \ln pri_{it} + \phi_2 control_{it} + u_i + \tau_t + \varepsilon_{it} \quad (5-4-1)$$

$$\ln bio\_mech_{it} = \phi_0 + \phi_1 \ln sca_{it} + \phi_2 control_{it} + u_i + \tau_t + \varepsilon_{it} \quad (5-4-2)$$

(5-4-1) 式与 (5-4-2) 式中 $\ln pri$ 和 $\ln sca$ 是核心解释变量,$\ln pri$ 表示要素相对稀缺性,反映价格效应的影响;$\ln sca$ 表示市场需求,反映规模效应的影响;其余变量的经济含义与模型 (5-1) 设定一致。

本书采用多维固定效应模型,对 (5-4-1) 式和 (5-4-2) 式分别进行计量回归,为使核心解释变量的回归参数可以比较,对变量 $\ln pri$ 和 $\ln sca$ 的数据进行标准化处理,以获取标准化系数;由于此处侧重于呈现变量近期的影响关系,并使结果能够与前文相关分析进行比较,所以仅考察 2003 年以来变量的影响状况,最终回归结果如表 5-6 所示。表 5-6 第 (1)(3) 列给出了 (5-4-1) 式的回归结果,第 (2)(4) 列则给出了 (5-4-2) 式的回归结果。由表 5-6 第 (1)(2) 列数据可见,解释变量 $\ln pri$ 对被解释变量 $\ln bio\_mech$ 的影响是负向的,说明 2003 年以来土地劳动比率上升促进机械化技术更快进步;而解释变量 $\ln sca$ 对被解释变量 $\ln bio\_mech$ 的影响是正向的,说明市场需求上升促使生物化学技术更快增长,证明了价格效应与规模效应对技术进步方向的不同导向性;而变量 $\ln pri$ 与 $\ln sca$ 相比,前者参数值显著大于后者,则意味着价格效应与规模效应的综合作用仍然是负向的,且由价格效应主导了技术进步方向，分析结论与 5.3.2 小节调节效应一致。第（3）（4）列与第（1）（2）列相比，进一步控制了地理和气象因素的影响，横向对比可以看到，主要变量的参数值非常接近。显然，该实证研究结果表明，基于熵权法的评价数据进行实证研究具有合理性。

表 5-6 价格效应与规模效应对农业技术有偏变化作用的检验结果

解释变量	（1）	（2）	（3）	（4）
	多维固定效应模型		多维固定效应模型	
	ln *bio_mech*		ln *bio_mech*	
	（被解释变量，农业技术有偏进步）		（被解释变量，农业技术有偏进步）	
ln *pri*	-0.570 0***	—	-0.571 3***	—
	(-5.41)	—	(-5.41)	—
ln *sca*	—	0.262 5**	—	0.233 7*
	—	(2.19)	—	(1.96)
ln *A_fina*	控制	控制	控制	控制
ln *A_loan*	控制	控制	控制	控制
ln *R_electri*	控制	控制	控制	控制
ln *T_slope*	控制	控制	—	—
ln *T_relief*	—	控制	控制	控制
ln *rainfall*	—	—	控制	控制
ln *sunshine*	—	—	控制	控制
个体效应	控制	—	控制	—
时间效应	控制	控制	控制	控制
样本量	474	474	474	474
校正可决系数	0.965 8	0.340 8	0.965 6	0.348 6

注：括号中为 t 统计量；***，**，* 分别表示在 1%，5%，10% 的统计水平上显著。

5.3.4.2 安慰剂检验

上文使用双重差分法分析城镇化发展战略的政策效应，为验证研究结果的可靠性，此处进行安慰剂检验。本书选择随机生成实验组法进行验证，先生成随机数，通过随机抽样确定虚假处理组，将相同实验重复 500 次，再把此回归参数与真实值比较，详细结果见图 5-4 所示。图 5-4（a）与表 5-4 第（2）（4）列计量方法及控制变量选择相同，图 5-4（b）则与表 5-4 第（1）

（3）列计量方法及控制变量选择保持一致。两图分别给出随机化系数的核密度和 P 值分布，同时标示了东西部组间、东部与中西部组间回归系数真实值。图 5-4（a）为使用多维固定效应模型的回归结果，随机化系数估计值远偏离东西部组间、东部与中西部组间真实值-1.182 3 和-0.933 9，系数均值接近于 0，多数 P 值位于 0.1 水平线以上，说明系数不显著。图 5-4（b）使用了混合最小二乘法进行虚构检验，虽然与图 5-4（a）比，系数核密度和 P 值分布相对分散，但只有个别异常值落在真实值-0.622 8 和-0.378 2 区域，绝大多数点则分布于其右侧，且系数基本均匀分布于 0 刻度值两侧，多数在 10%水平以上不显著。由此可以判断真实系数由随机因素引致的概率非常低，政策实施的处理效应具有较高可靠性。

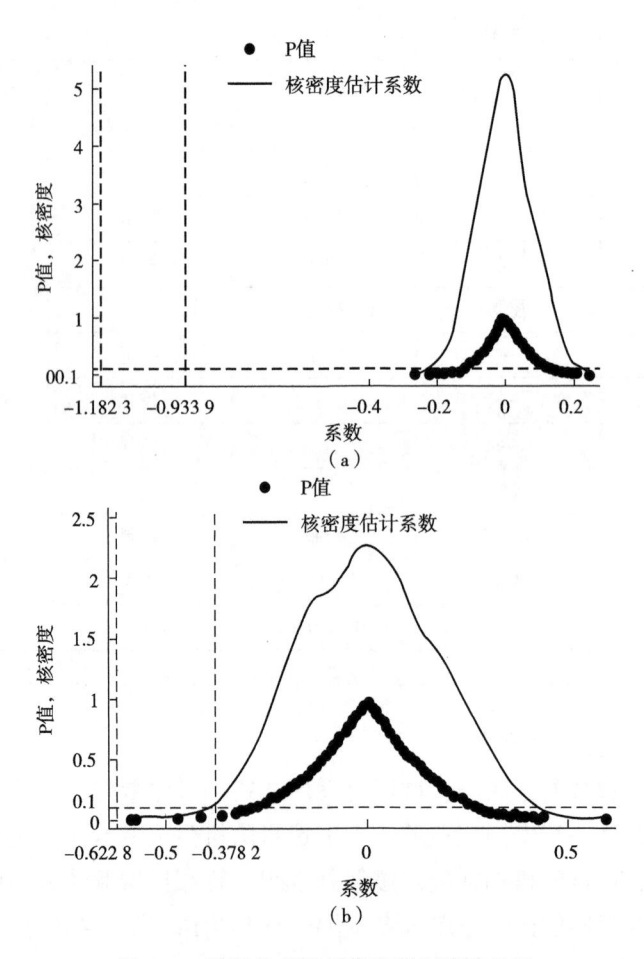

图 5-4 随机化处理组法安慰剂检验结果

5 诱导性因素对农业技术有偏进步的影响机制检验

5.3.4.3 样本分时段比较分析法

5.3.1 小节分析了诱导创新因素对农业技术有偏进步的整体影响状况，为进一步确认城镇化发展战略实施后，农业技术有偏进步方向发生了逆转。下文基于计量模型（5-1）式，把样本数据分为两个不同时段，使用混合最小二乘法依次分组检验，并进行比较分析。相关计量检验结果如表 5-7 所示，第（1）（2）列分别为 2002 年以前及 2003 年以后回归结果，第（3）（4）列则在第（1）（2）列分析基础上，控制了时间效应。由第（1）（2）列结果可见，主要变量系数有较高的统计显著性；把上述两列参数值加以比较，发现以 2003 年为分水岭，核心解释变量 $\ln pri\_sca$ 对被解释变量 $\ln bio\_mech$ 的影响方向相反，前期阶段是正向作用，后期阶段则为负向作用。这是由于要素相对稀缺性发生变化，从而使价格效应的导向作用出现逆转。第（3）（4）列与第（1）（2）列相比，参数值稍有变化，但变量作用方向不变。从对结论的分析看，再次证实城镇化发展战略启动后，在诱导创新因素综合作用下，农业技术有偏进步方向发生了反转。

表 5-7 诱导创新因素对农业技术有偏进步方向影响的分阶段检验结果

解释变量	2002 年以前	2003 年以后	2002 年以前	2003 年以后
	混合最小二乘法		混合最小二乘法	
	$\ln bio\_mech$（被解释变量，农业技术有偏进步）		$\ln bio\_mech$（被解释变量，农业技术有偏进步）	
$\ln pri\_sca$	0.100 7*	-0.492 2***	0.132 5**	-0.334 6*
	(1.69)	(-3.23)	(2.34)	(-1.73)
$\ln R\_electri$	控制	控制	控制	控制
$\ln A\_fina$	—	控制	—	控制
$\ln A\_loan$	—	控制	—	控制
$\ln T\_slope$	控制	控制	控制	控制
$\ln T\_relief$	控制	控制	控制	控制
时间效应	—	—	控制	控制
样本量	330	474	330	474
校正可决系数	0.191 1	0.353 2	0.272 8	0.336 1

注：括号中为 t 统计量；***，**，* 分别表示在 1%，5%，10%的统计水平上显著。

5.3.4.4 改变样本区间和对样本分组相结合法

从以上分析可知，城镇化发展战略的实施加快了城镇化进程，农村人口大规模流出促使农业要素相对稀缺性发生变化，价格效应主导了技术增长方向，使得劳动节约型技术取得优势发展。由于东西部地区小城镇具有不同的衍生机制，从打破传统体制对要素流动限制看，城镇化发展战略的实施对中西部更具有实质意义，基于双重差分法的研究结果大致与此分析相契合。为进一步确定估计结果的真实性，排除可能存在的主观认识所导致的模型设定偏误，通过改变样本区间和对样本分组相结合的方法，分析城镇化水平变化对不同区域影响的异质性。依托（5-2-2）式的调节效应模型，使用多维固定效应模型，分别对 2003 年以来东部、西部和中西部变量间因果关系加以检验。结果如表 5-8 所示，第（1）至（3）列交互项系数均为负值，说明 2003年后随着城镇化水平的提升，生物化学技术与机械化技术相对增速下降，但是参数值东西部地区间有较大差异性，东部反向影响力明显低于西部。由于核心解释变量 $\ln pri\_sca$ 在熵权法生成过程中进行了归一化处理，$\ln ur$ 也为无量纲变量，所以模型间交互项参数值可以比较大小。结合调节变量均值范围，还可以分析核心解释变量 $\ln pri\_sca$ 对被解释变量 $\ln bio\_mech$ 的综合作用。东部、西部及中西部地区城镇化水平变量 $\ln ur$ 中心化后，取值区间范围分别为（-0.262 9, 1.003 7）（-0.188 4, 0.646 8）（-0.485 5, 0.690 4），通过简单计算后可以看到，东部地区城镇化水平变量做任何取值，均有 $\partial \ln bio\_mech/\partial \ln pri\_sca > 0$；西部和中西部地区变量取值在一定临界点后，则会使得 $\partial \ln bio\_mech/\partial \ln pri\_sca < 0$。由此可见，虽然城镇化发展战略启动后，在城镇化水平变化作用下，诱导创新因素对两种技术相对增长产生了反向作用，但西部地区作用力显然更大；东部地区诱导创新因素的综合作用应当是正向的，西部及整体中西部地区则会逆转为负向影响。

表 5-8 区域城镇化水平上升的调节效应检验结果

解释变量	东部	西部	中西部
	多维固定效应模型		
	$\ln bio\_mech$（被解释变量，农业技术有偏进步）		
c. C_$\ln pri\_sca$#c. C_$\ln ur$	-0.564 8[*] (-1.92)	-2.721 4[***] (-3.83)	-1.855 7[***] (-3.59)
$\ln pri\_sca$	1.980 1[**] (2.38)	0.910 7[*] (1.70)	0.882 9[*] (1.94)

续表

解释变量	东部	西部	中西部
	多维固定效应模型		
	ln *bio_mech*（被解释变量，农业技术有偏进步）		
ln *ur*	−0.692 3**	1.074 7	1.260 0**
	(−2.42)	(1.42)	(2.40)
ln *R_electri*	控制	控制	控制
ln *A_fina*	控制	控制	控制
ln *A_loan*	控制	控制	控制
ln *T_relief*	控制	控制	控制
ln *rainfall*	控制	控制	控制
ln *sunshine*	控制	控制	控制
个体效应	控制	控制	控制
时间效应	控制	控制	控制
样本量	170	160	304
校正可决系数	0.982 6	0.964 3	0.954 9

注：括号中为 *t* 统计量；***，**，* 分别表示在1%，5%，10%的统计水平上显著。

5.4 结论

5.4.1 诱导性因素作用下农业技术进步方向发生转变

基于上述实证研究，本书认为，中国农业技术进步符合诱导性假说，要素相对稀缺性与市场需求变化是农业技术进步的两个重要引致力量。关于中国农业资源禀赋特征的传统认识是人多地少，在这一背景下优先发展生物化学技术符合比较优势。然而，使用延伸到近期的面板数据的实证结论表明，需求端诱导机制对生物化学技术与机械化技术相对增长产生负向影响。从城镇化指标作为调节变量的实证计量结果看，动态效应清晰呈现了变量间的因果关系。1978—2002年当城镇化水平尚处于低位时，被解释变量与解释变量间是正向变化，证实了生物化学技术更快发展的传统观点；之后年份随着城镇化水平提升，动态边际效应转为负值，显然是机械化技术增速超过了生物化学技术。

这一变化实质上体现了价格效应与规模效应的不同作用机制。改革开放后的最初20年中，农业土地相对于劳动更为稀缺，与机械化技术相比，生物化学技术更快发展，说明此时价格效应大于规模效应。家庭联产承包责任制实施初期，生产作业主要是劳动密集型，农业再生产的持续，势必会出现"内卷""过密化"问题（黄宗智，2000）。当农业劳动相对于土地明显过剩，又没有更高收益的其他领域就业机会时，为缓解或避免劳动"过密化"所产生的"无发展增长"，加快发展生物化学技术和提高土地的生产效率，显然符合比较收益原则。2003年以来近10余年中，随着人口外流显著加快，农业基本要素比率发生变化，劳动稀缺性逐步凸显，导致农业用工成本大幅增加，促使机械化技术增长超过了生物化学技术增长，表明价格效应仍然大于规模效应。但是其对农业技术进步的导向发生转变，由激励土地节约型技术增长转变为促进劳动节约型技术更快进步。这与命题1的推论结果相一致。

5.4.2 政府参与诱导创新强化了农业技术的创新和扩散

上文从政府市场间出资责任划分、农技人员配置、研发导向及财政金融支农等方面，检验政府对农业技术结构性变化的影响。农技人员配置与被解释变量正相关，说明提升了生物化学技术应用程度。政府部门设置研发机构，通过农技人员教育和培训形式传播农业生产知识，有益于育种、栽培及病虫害防治技术的推广，同时也说明机械化技术人员配置更多是市场化行为。政府与市场出资比、基础研究与应用研究比也与被解释变量正相关，表明政府倾向于导向公共属性较强的生物化学技术，市场主体则偏好商业化程度更高的机械化技术研发活动。提高基础研究有利于生物化学技术发展，则意味着与机械化技术相比，前者对基础研究依赖程度更高，而后者的应用研究属性更强。

财政和信贷支农均与两种技术相对增长反向变化，表明财政金融政策的实施促进了机械化技术更快增长。改革开放以来，为解决农业发展落后和农产品短缺问题，政府部门逐步调整依靠农业剩余促进工业积累的传统理念和做法，加大惠农政策力度，增加对农机企业和农户的各种补贴，并在《农业法》中明确要求，财政对农业投入要快于财政经常性收入的增长幅度。这些举措不仅强化了涉农科技创新能力，而且大幅降低了农机具购置成本，激励了机械化技术的应用和推广。金融信贷方面面向农业也推出诸多优惠政策，加大放款额度、降低信贷门槛和简化信贷程序等措施促进了农业规模化经营,有利于现代化机械装置的购置和使用。

5.4.3　城镇化发展战略影响下诱导创新因素的作用方向发生逆转

在城镇化水平提升作用下,诱导性因素对两种农业技术相对增长的影响由正向转为负向,该转折点大致发生于2003年,进而使用双重差分法检验其是否源于城镇化发展战略启动的外生影响。基于平行趋势检验、平均处理效应、动态处理效应及安慰剂检验等实证研究,证实了实施政策城镇化发展战略效应的存在;正是由于该战略的启动,显著加快了人口流动步伐,促使农业技术进步方向发生逆转。

值得一提的是,该战略实施前东西部地区在城镇衍生机制方面存在较大差异性,西部城镇化发展更多是在政府主导下进行的,而东部地区市场体系已有充分发育和成长,城镇化进程主要依靠市场自然秩序推动,要素流动相对通畅,一些城镇由乡村成长而来,资源配置一定程度游离于传统体制约束之外。从城镇化发展战略实施对加速人口流动的影响看,显然对西部地区更具有实质意义。本书平行趋势检验中,2002年后东西部地区间被解释变量迥然相异的变化轨迹,诠释了两个区域政策效应的不同之处;变换计量模型和对样本进行分组回归,再次证实了城镇化发展战略实施以来区域间政策影响的异质性,西部地区有显著的负效应,而东部地区仍然保持着战略实施以前的正效应。

5.4.4　气候、地理环境也与农业技术进步方向密切关联

农业部门生产活动比较特殊,与第二、第三产业不同,很大程度上受外部自然环境影响,气候、地理等自然属性通常限定了技术的适用范围,也关系到新技术的实施成本和效率,最终影响到技术的市场推广和采纳率。文中计量回归选取两个反映地理环境特征的变量,从实证结果看,地形结构影响技术相对实施状况,地表指征越低,地面越平整,机械化水平越高;经济相对落后的高寒和高海拔地带,不具备作物成长的适宜环境,生物化学技术发展水平较低。气候条件也会对农业技术进步方向产生影响,降雨量和温度与两种技术相对增长正向变化,表明正常气候条件下,降水增加、温度上升有利于作物发育和生长,从而促进生物化学技术的应用;日照水平对技术变化的影响则与种植结构有关,近年来,玉米、棉花等短日照作物种植比例上升,使得日照时间增长抑制了生物化学技术的应用。

6
农业技术进步偏向的总量测度

6 农业技术进步偏向的总量测度

第5章检验了诱导性创新假说的现实性，在要素相对稀缺性与市场需求变化的综合作用下，中国农业技术进步方向发生了结构性转变。引入反映技术相对变化的代理变量进行实证计量回归，可以验证诱导创新因素的作用机理，获取技术变化方向的信息，但是却无法得到要素替代弹性和增长效率，也无法明确技术进步的要素偏向性。而技术进步偏向性核算，通过构筑偏向指数进行实证测度，可以解决这个问题，有利于拓展和深化代理变量法的研究。本章在上一章的基础上，进一步实证研究中国农业技术进步的要素偏向性问题，即分析技术结构性增长下要素相对边际产出的变动，以反映农业技术有偏进步所引起的要素产出效率变化。

6.1 农业技术进步偏向测度方法的选择

技术进步偏向理论视角下的实证分析，一般研究整体经济或工业部门技术偏向问题，较少有关于农业领域的系统研究。本书在充分考虑农业生产及技术进步特殊性的基础上，结合数据可得性，选择适宜方法实证测度农业技术偏向状况，以形成对现有成果的有益补充。

技术进步偏向常用的测度方法有最优一阶条件法、级数展开式法、偏向指数生成法及供给面系统法，偏向指数生成法通过 Malmquist 生产率指数分析，分解出投入偏向型指数；再根据要素投入比例和投入偏向型指数，进一步判断偏向型技术进步的方向。该方法操作相对便捷，但是无法控制变量的显著性，也不能判断要素替代关系。另外三种方法需要先依托均衡关系或生产函数生成计量模型，再进行实证计量回归，根据实证结果核算要素替代弹性及技术偏向指数。最优一阶条件法是在利润最大化或成本最小化的条件下，生成关于产出、要素价格和数量的单方程或联立方程组，分析基础是竞争性、市场化和均衡条件。级数展开式法对 CES 生产函数做低阶近似处理，在特定替代弹性点进行二阶泰勒式展开，得到线性化的单方程式；再根据表层参数值，间接求得替代弹性、技术平均增长率及偏向指数，不受完全竞争、市场均衡等先决条件限制。供给面系统法把最优一阶条件法和级数展开式法结合起来，通过系统估计能够提高有效性，也有利于检验可能存在的跨方程参数约束，但由于该方法是多方程联合估计，同样要受到约束条件的限制，并且当单个方程的误差较大时，会污染整个系统，由于涉及多个参数，也将损失部分自由度。

当前，中国农业劳动已经具有充分的流动性，价格形成的市场化程度较高，但农用地流转还不普遍，且土地供给大体上是刚性的。从现实农业生产看，并不严格满足供给面系统法使用的先决条件。基于各种方法优缺点的对比及后续研究工作推进的考虑，本书选择级数展开式法实证分析农业技术进步偏向性。

6.2 农业技术进步偏向测量模型的推导

级数展开式法需要先进行标准化处理，这样做的优点是变量以指数形式出现，估计值不会随着量纲的变化而变动，结果具有较高的稳定性。重新列出农业生产函数：

$$Y_t^A = C[\eta_t(N_t^T T_t)^{\frac{\sigma-1}{\sigma}} + (1-\eta_t)(N_t^L L_t)^{\frac{\sigma-1}{\sigma}}]^{\frac{\sigma}{\sigma-1}}$$

选择的标准化点为：$t_i = t_0$，$Y_t^A = Y_0^A$，$T_t = T_0$，$L_t = L_0$，$\eta_t = \eta_0$。

则有：

$$Y_0^A = C[\eta_0(N_0^T T_0)^{\frac{\sigma-1}{\sigma}} + (1-\eta_0)(N_0^L L_0)^{\frac{\sigma-1}{\sigma}}]^{\frac{\sigma}{\sigma-1}} \quad (6-1)$$

$$C = Y_0^A [\eta_0(N_0^T T_0)^{\frac{\sigma-1}{\sigma}} + (1-\eta_0)(N_0^L L_0)^{\frac{\sigma-1}{\sigma}}]^{-\frac{\sigma}{\sigma-1}} \quad (6-2)$$

将初始技术标准化为1，即：$N_0^T = N_0^L = 1$

则有：

$$\frac{MP_0^T}{MP_0^L} = \frac{r_0}{w_0} = \frac{\eta_0}{1-\eta_0}\left(\frac{N_0^T}{N_0^L}\right)^{\frac{\sigma-1}{\sigma}}\left(\frac{T_0}{L_0}\right)^{-\frac{1}{\sigma}} = \frac{\eta_0}{1-\eta_0}\left(\frac{T_0}{L_0}\right)^{-\frac{1}{\sigma}} \quad (6-3)$$

r_0，w_0 分别表示土地租金和劳动价格。

当 $t = 0$ 时，土地的收入份额为：

$$\eta_0 = \frac{r_0 T_0}{r_0 T_0 + w_0 L_0} \quad (6-4)$$

由 (6-2) 式到 (6-4) 式可得：

$$C = \left[\eta_0\left(\frac{Y_0^A}{T_0}\right)^{\frac{\sigma-1}{\sigma}} + (1-\eta_0)\left(\frac{Y_0^A}{L_0}\right)^{\frac{\sigma-1}{\sigma}}\right]^{\frac{\sigma}{\sigma-1}} \quad (6-5)$$

技术进步反映要素效率水平变化，将其设定为：

$$\begin{cases} N_t^T = N_0^T e^{\gamma^T(t-t_0)}, \\ N_t^L = N_0^L e^{\gamma^L(t-t_0)} \end{cases} \quad (6-6)$$

γ^T，γ^L 分别是生物化学技术（土地增强型技术）与机械化技术（劳动增强型技术）进步率，体现了土地效率与劳动效率增长程度。

综合（6-1）式到（6-6）式，将原农业生产函数转换为：

$$Y_t^A = Y_0^A \left[\eta_0 \left(e^{\gamma^T(t-t_0)} \frac{T_t}{T_0} \right)^{\frac{\sigma-1}{\sigma}} + (1-\eta_0) \left(e^{\gamma^L(t-t_0)} \frac{L_t}{L_0} \right)^{\frac{\sigma-1}{\sigma}} \right]^{\frac{\sigma}{\sigma-1}} \quad (6\text{-}7)$$

对（6-7）式左右两边取自然对数后，在 $\sigma = 1$ 处进行二阶泰勒展开，整理化简后可得：

$$\log\left(\frac{Y_t^A/Y_0^A}{L_t/L_0}\right) = \eta_0 \log\left(\frac{T_t/T_0}{L_t/L_0}\right) + \frac{(\sigma-1)\eta_0(1-\eta_0)}{2\sigma}\left[\log\left(\frac{T_t/T_0}{L_t/L_0}\right)\right]^2 +$$

$$[\eta_0 \gamma^T + (1-\eta_0)\gamma^L](t-t_0) + \frac{(\sigma-1)\eta_0(1-\eta_0)}{2\sigma}(\gamma^T - \gamma^L)^2 (t-t_0)^2$$

$$(6\text{-}8)$$

6.3 农业技术进步偏向指数的构建

对于技术进步偏向的衡量，当前国内学术界的普遍做法是构建偏向指数。此处借鉴戴天仕和徐现祥（2010）的方法，把农业技术偏向指数界定为技术进步引起的土地与劳动相对边际产出变化率，以 D_t 表示。

$$D_t \equiv \frac{1}{\Delta} \frac{\partial \Delta}{\partial \left(\frac{N_t^T}{N_t^L}\right)} \frac{\partial \left(\frac{N_t^T}{N_t^L}\right)}{dt} \quad (6\text{-}9)$$

（6-9）式中，Δ 表示土地与劳动相对边际产出。

根据原农业生产函数式，土地与劳动的边际产出比是：

$$\frac{MP_t^T}{MP_t^L} = \frac{r_t}{w_t} = \frac{\eta_t}{1-\eta_t}\left(\frac{N_t^T}{N_t^L}\right)^{\frac{\sigma-1}{\sigma}}\left(\frac{T_t}{L_t}\right)^{-\frac{1}{\sigma}} \quad (6\text{-}10)$$

将土地与劳动的相对边际产出对机械化与生物化学技术的比率求导，则有：

$$\frac{\partial\left(\frac{MP_t^T}{MP_t^L}\right)}{\partial\left(\frac{N_t^T}{N_t^L}\right)} = \frac{\eta_t}{1-\eta_t} \frac{\sigma-1}{\sigma}\left(\frac{N_t^T}{N_t^L}\right)^{-\frac{1}{\sigma}}\left(\frac{T_t}{L_t}\right)^{-\frac{1}{\sigma}} \quad (6\text{-}11)$$

将 (6-10) 式和 (6-11) 式代入 (6-9) 式，可得：

$$D_t = \frac{\sigma-1}{\sigma}\left(\frac{\dot{N}_t^T}{N_t^T} - \frac{\dot{N}_t^L}{N_t^L}\right) \tag{6-12}$$

由 (6-12) 式可知，如果土地与劳动替代弹性 $0 < \sigma < 1$，当生物化学技术（土地增强型技术）增长率大于机械化技术（劳动增强型技术）增长率时，$D_t < 0$，则技术进步偏向于劳动，即更多使用劳动、节约土地；反之，当生物化学技术增长率小于机械化技术增长率时，$D_t > 0$，则技术进步偏向于土地，即更多使用土地、节约劳动。如果替代弹性 $\sigma > 1$，情况恰恰相反；但是根据经验事实，判断土地与劳动之间是替代关系的可能性很小。

6.4 农业技术进步偏向性的实证检验

6.4.1 实证计量分析过程

此处实证计量分析主要是检验第 3.2 节命题 2。把级数展开式法生成的 (6-8) 式作为计量模型，并对相关变量进行界定。Y_t^A 是农业总产出，由于缺乏较长时间跨度的狭义口径农业 GDP 数据，使用广义口径的第一产业 GDP 数据给以替代，通过第一产业 GDP 指数折算为实际值；T_t，L_t 分别是土地和劳动投入数量，依次使用农作物播种面积和第一产业就业人数表示；t 是时间趋势项，其余参数均为常量。基准点设定为 1978 年，Y_0^A，T_0，L_0 分别表示上述变量的基期值。所有变量数据来源同上一章节，不再逐一说明。

由于各变量赋值使用省级面板数据，时间区间是 1979—2018 年，共包括 31 个省、自治区和直辖市，时间维度大于截面维度，属于长面板。此时就要考虑随机扰动项是否存在异方差和自相关问题。相关检验结果见表 6-1 下端，沃尔德检验（Wald test）在 1% 显著水平拒绝原假设，即认为存在组间异方差。伍德里奇检验（Wooldridge test）结果显示，存在一阶组内自相关。再看佩萨兰检验（Pesaran's test）、弗里德曼检验（Friedman's test）和弗雷斯检验（Frees' test）的结果，均有较高显著性，证明存在组间自相关。如果扰动项存在异方差和自相关，估计量将是不一致的，因而选取全面可行广义最小二乘法（全面 FGLS）进行回归，以提高参数估计效率。与 5.3.3 小节相对应，基于考量城镇化战略实施影响的需要，在计量模型中加入时间虚拟变量 d，1978—2002 年赋值为 0，2003—2018 年赋值为 1，将 (6-8) 式回归结果列入

表6-1。ln GDP 表示标准化处理后单位第一产业就业的农业产出，ln $area$，ln $area2$ 分别表示标准化处理后单位第一产业就业的播种面积及对应平方项，"C_" 表示对交乘项进行中心化处理，"c." 表示将变量数据连续列出。第（2）列与第（1）列相比，截距项不包含虚拟变量 d，主要变量显著性明显提高，推断其中原因是去掉 d 降低了多重共线性。第（3）列加入体现个体效应的省份虚拟变量，解决个体特征引起的内生性问题，可以看到变量的显著性进一步提高。

表6-1 级数展开式法全国实证计量回归结果

解释变量	（1）	（2）	（3）
	全面可行广义最小二乘法		
	ln GDP （被解释变量，单位一产就业的农业产出）		
c. d#c. C_ ln $area2$	0.018 6**	0.018 6**	0.021 3***
	(2.39)	(2.39)	(2.95)
c. d#c. t	0.003 4	−0.012 6***	−0.012 8***
	(0.20)	(−3.50)	(−4.29)
c. d#c. $t2$	0.000 3	0.000 6***	0.000 6***
	(1.14)	(3.84)	(4.75)
ln $area$	0.784 1***	0.784 7***	0.775 7***
	(129.12)	(129.15)	(132.37)
ln $area2$	−0.072 1***	−0.072 5***	−0.064 0***
	(−10.71)	(−10.80)	(−9.49)
t	0.070 6***	0.070 9***	0.070 5***
	(19.71)	(19.75)	(23.92)
$t2$	−0.000 8***	−0.000 8***	−0.000 8***
	(−6.07)	(−6.05)	(−7.19)
d	−0.252 6	—	—
	(−0.93)		
个体效应	—	—	控制
_$cons$	0.019 9	0.018 8	−0.146 7**
	(0.75)	(0.71)	(−2.07)

续表

解释变量	(1)	(2)	(3)
	全面可行广义最小二乘法		
	ln GDP（被解释变量，单位一产就业的农业产出）		
样本量	1 240	1 240	1 240
沃尔德检验	—	—	49 541.63 ***
伍德里奇检验	—	—	57.105 ***
佩萨兰检验	—	—	7.504 ***
弗里德曼检验	—	—	85.150 ***
弗雷斯检验	—	—	7.577 ***

注：括号中为 t 统计量；***，**，*分别表示在1%，5%，10%的统计水平上显著。

基于回归结果，结合（6-8）式，可得：1979—2002 年，$\eta_0 = 0.7757$，$\frac{(\sigma-1)\eta_0(1-\eta_0)}{2\sigma} = -0.0640$，$\eta_0 \gamma^T + (1-\eta_0)\gamma^L = 0.0705$，$\frac{(\sigma-1)\eta_0(1-\eta_0)}{2\sigma}(\gamma^T - \gamma^L)^2 = -0.0008$；而 2003—2008 年，$\eta_0 = 0.7757$，$\frac{(\sigma-1)\eta_0(1-\eta_0)}{2\sigma} = -0.0427$，$\eta_0 \gamma^T + (1-\eta_0)\gamma^L = 0.0577$，$\frac{(\sigma-1)\eta_0(1-\eta_0)}{2\sigma}(\gamma^T - \gamma^L)^2 = -0.0002$。

各式相结合换算后，可以求得对应的参数值，详细数值见表 6-2。1979—2002 年，土地与劳动替代弹性 σ 为 0.576 319，土地效率平均增长率 γ^T 为 0.095 545，劳动效率平均增长率 γ^L 为 -0.016 302，技术偏向指数 D 为 -0.082 224；2003—2018 年，土地和劳动替代弹性 σ 为 0.670 803，土地效率的平均增长率 γ^T 为 0.041 589，劳动效率平均增长率 γ^L 为 0.113 377，技术偏向指数 D 为 0.035 229。

表 6-2 全国分阶段替代弹性、要素效率平均增长率及技术偏向指数核算结果

年份	σ	γ^T	γ^L	D
1978—2002	0.576 319	0.095 545	-0.016 302	-0.082 224
2003—2018	0.670 803	0.041 589	0.113 377	0.035 229

6.4.2 年度农业要素效率增长率及技术偏向指数核算

为了更细致地反映生物化学技术与机械化技术进步偏向状况，以求得的要素替代弹性数值为基础，可以进一步核算得到两种技术逐年的增长率及技术偏向指数。

土地和劳动是农业生产中的基本要素，农产品价值实现后，要按照要素贡献参与收入分配。以 r_t，w_t 分别表示农业土地租金与劳动价格，R_t 表示土地与劳动收入份额比率。则有：

$$R_t = \frac{r_t T_t}{w_t L_t} = \frac{MP_t^T T_t}{MP_t^L L_t} = \frac{\eta_t}{1-\eta_t}\left(\frac{N_t^T T_t}{N_t^L L_t}\right)^{\frac{\sigma-1}{\sigma}} \tag{6-13}$$

进一步变化关系后，可得：

$$\begin{cases} (N_t^T T_t)^{\frac{\sigma}{1-\sigma}} = R_t \dfrac{1-\eta}{\eta}(N_t^L L_t)^{\frac{\sigma}{1-\sigma}} \\ (N_t^L L_t)^{\frac{\sigma}{1-\sigma}} = \dfrac{1}{R_t}\dfrac{\eta}{1-\eta}(N_t^T T_t)^{\frac{\sigma}{1-\sigma}} \end{cases} \tag{6-14}$$

将（6-14）式代入农业生产函数：$Y_t^A = C[\eta_t(N_t^T T_t)^{\frac{\sigma-1}{\sigma}} + (1-\eta_t)(N_t^L L_t)^{\frac{\sigma-1}{\sigma}}]^{\frac{\sigma}{\sigma-1}}$ 可以得到下式：

$$\begin{cases} N_t^T = \dfrac{Y_t^A}{T_t}\eta^{\frac{\sigma}{1-\sigma}}\left(1+\dfrac{1}{R_t}\right)^{\frac{\sigma}{1-\sigma}} \\ N_t^L = \dfrac{Y_t^A}{L_t}(1-\eta)^{\frac{\sigma}{1-\sigma}}(1+R_t)^{\frac{\sigma}{1-\sigma}} \end{cases} \tag{6-15}$$

因为进行全国层面分析，（6-15）式中 Y_t^A，T_t，L_t 分别由总量第一产业实际 GDP、农作物播种面积和第一产就业衡量，由各省份对应的同类数值加总得到，来源于全国及各地区统计年鉴。（6-13）式中 R_t 的核算需要土地和劳动要素价格数据，来源于《全国农产品成本收益资料汇编》。土地租金以每亩流转地租金和自营地折租之和的算数平均数表示，劳动价格以每亩用工成本除以用工数量表示。该文献可以查阅到较长时间跨度劳动价格和用工数量数据，但是关于土地租金，只收录了 2004 年以来的数值。本书重点考察近期要素结构变化后农业技术增长及偏向状况，所以此处仅计算 2004 年以来生物化学技术与机械化技术增长率及偏向指数。由于缺乏整体的土地租金与劳动用工成本数据，以农作物主产区算数平均数替代；选取代表性的作物分别为：

小麦、玉米、稻米、大豆、棉花、花生、油菜籽、苹果、柑橘、土豆、白菜和西红柿。土地和劳动报酬分别除以消费者价格指数，最终得到实际值。把替代弹性和相关变量数值代入（6-15）式，进一步换算后可求得要素效率增长率和技术偏向指数。具体数值如表6-3所示。

表6-3 2005—2018年全国农业要素效率增长率及技术偏向指数核算结果

年份	γ_t^T	γ_t^L	D_t
2005	-0.302 115	0.187 245	0.240 154
2006	0.004 541	0.113 091	0.053 271
2007	-0.043 125	0.098 840	0.069 670
2008	-0.075 925	0.111 251	0.091 857
2009	0.061 039	0.067 957	0.003 395
2010	0.136 166	0.052 544	-0.041 038
2011	0.176 998	0.057 757	-0.058 518
2012	0.338 759	0.020 388	-0.156 241
2013	0.148 319	0.083 523	-0.031 799
2014	0.040 006	0.101 975	0.030 411
2015	0.072 681	0.072 177	-0.000 247
2016	0.025 758	0.054 260	0.013 988
2017	0.043 322	0.066 860	0.011 551
2018	-0.025 740	0.082 463	0.053 101

可以看到，2005年、2007年和2008年生物化学技术（土地效率水平）出现负增长，随后增长率有所反弹，在2012年达到最高值0.338 759后基本上逐年下降，2018年则降为-0.025 740。机械化技术（劳动效率水平）各年增长率均为正值，与生物化学技术增长率变化方向恰恰相反，2005年最高增长率是0.187 245，至2012年降低到最低水平0.020 388，之后大体呈现波动上升态势，2018年为0.082 463。横向上对比，除了2010—2013年及2015年外，其余9年机械化技术增长率均快于生物化学技术。

全国农业技术进步偏向变化如图6-1所示。2005—2018年，农业技术进步偏向指数整体上呈"V"形变化特征，先逐年下降，在2012年达到最低点-0.156 241后有所上扬。2010—2013年及2015年技术偏向指数是负值，表明这几年中技术进步偏向于节约土地、更多使用劳动。另外9年技术偏向指数大于零，表明技术进步偏向于节约劳动、更多使用土地。2005—2009年该指数不断降低，意味着农业技术相对变动引致的相对边际产出变化逐步减弱，即偏向程度减小；2016—2018年该指数低幅上升，意味着技术偏向程度又有所加大。

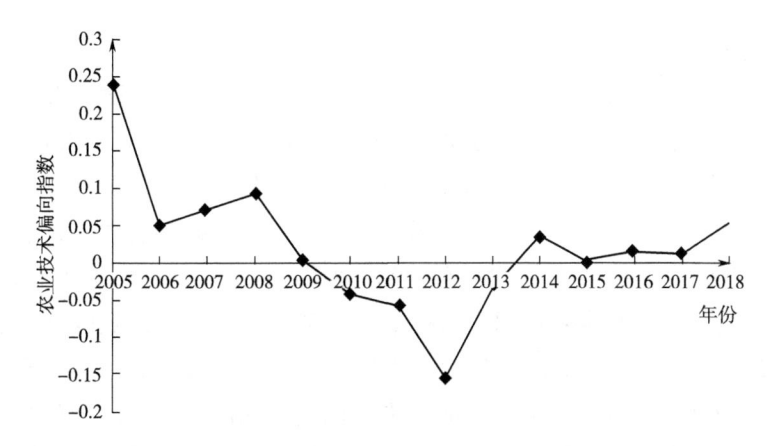

图6-1　2005—2018年全国农业技术进步偏向的变动趋势

6.5　结论

6.5.1　土地与劳动间存在明确的互补关系

由实证回归结果可见，改革开放以来，土地与劳动之间常数替代弹性$0<\sigma<1$，表明两个要素是明确的互补关系，与经验事实是一致的。农业作为基础部门，比第二、第三产业更依赖资源条件。土地与劳动要素是农业生产的基本和必要投入，两者需要有效结合起来，并保持一定配比才能正常作业。2003年后要素平均替代弹性0.670 803，大于1978—2002年替代弹性数值。替代弹性值的上升，进一步反映现实层面需求端诱导性因素的变化，及由此所引起的农业作业形式的转型。4.2.1小节经验现象分析显示，2003年前土地劳动比率基本是下降的，之后则大体呈现上升的态势。要素结构性变动改变了相对价格，随着劳动用工费用的上涨，为节约成本和增加利润，农业机械化设备更多地投入使用。这表明当前农业生产中，劳动密集式的传统作业方式正逐步被打破，土地劳动之间的紧密依存关系开始退化。市场机制在价

格信号引导下，驱使农业资源配置做出调整，收益最大化的要素组合点发生变化，表现为一定程度的土地对劳动的替代，单位土地劳动用工量趋于减少，劳动节约型生产逐步发展起来。

6.5.2 土地与劳动效率增长发生对比性变化

农业生产中技术的非平衡增长，使得土地与劳动要素的效率增长发生对比性变化。1978—2002年，土地效率增速0.095 545，劳动效率增长则为负值，土地效率水平增长远高于劳动。说明这一阶段生物化学技术有较快发展，并主导农业技术创新方向。改革开放后，谷物、蔬菜和水果等农作物研发及栽培技术均有重要突破，农药与化肥的功能也更加多样和有效，大量农产品新品种、新培育技艺及新型肥料逐步投入使用，促使土地产出效率不断提升。家庭联产承包责任制实施初期，农村集体经济主要经营模式是以家庭为单位小规模地组织生产，家庭成员集中于小块土地上密集式作业。这种劳动"过密化"的农业生产方式，虽然增加了要素投入的总产出，但由于存在较高程度的劳动拥挤及隐性过剩失业，劳动的实际效率水平却是下降的。因而，在这一时期推动生物化学技术较快增长，是弥补农业要素短板及创造内生发展机会的理性选择。

城镇化发展战略实施后，农村人口向城镇转移速度明显加快，农业基本要素结构发生转变，劳动变得相对稀缺，用工成本大幅上升，客观需要技术创新和应用方向做出调整，以适应农业要素条件和生产成本的变化。与此同时，农用地流转逐步活跃起来，土地相对丰裕度明显提升，改善了规模化作业条件。从国家财政金融政策实施看，进一步加大惠农支持力度，各种农机具购置补贴和信贷政策降低了机械装备采购成本。以"耕种收"为特征的农机服务机构也逐步成长起来，对于中小规模的农业生产，农民不用购置自有机械设备，直接支付服务费就可以高效率完成作业。所以2003年之后，劳动效率水平增长迅速，多数年份甚至超出了土地效率增长率，意味着与生物化学技术相比，这一时段机械化技术取得了更快的发展。相对比，同时期土地效率增速有所下降，部分年份一度出现负增长，其中原因是进城务工的相对高收入，某种程度降低了农民对农业生产的依赖性。近年来，社会反映出的部分土地粗放式耕作问题引起关注，一些土地不再被农民精耕细作，甚至由于低回报而被抛荒；一些农户家庭基于成本考虑，不愿在种子、农药和肥料等生产资料方面做过多的投资，导致生物化学技术应用趋缓。显然，1978年以来，土地与劳动效率水平发生了结构性变化，反映出来的技术有偏进步符合经验事实，再次确认了第5章的实证结论。

6.5.3 农业技术进步偏向发生阶段性转变

从实证测度的技术偏向指数看，1978年后，中国农业技术进步是有偏的，呈现弱均衡偏离特征。以2003年为分水岭，两个阶段技术进步偏向发生明显转变。1978—2002年技术偏向指数-0.082 224，表明当生物化学技术与机械化技术相对比值增长后，土地与劳动的相对边际产出将会降低，农业技术进步的方向偏向于节约土地、更多使用劳动，即技术进步属于劳动偏向型和土地节约型。2003—2018年技术偏向指数0.035 229，说明当两种技术相对比率增长后，土地与劳动的相对边际产出将会上升，农业技术进步的方向偏向于节约劳动、更多使用土地，技术进步则是土地偏向型和劳动节约型。2005年后，分年度核算的技术偏向指数多数时间是正值，进一步验证了近年来劳动节约型技术创新更快发展的事实。

目前，国内基于相同概念意义上农业技术进步偏向测度的文献相对稀缺，无法进行普遍意义上的直接比较。尹朝静等（2018）基于Malmquist-TFP指数分解法研究农业技术进步偏向性，结论支持多数省区农业技术偏向于使用土地要素、节约劳动投入，与本书实证结论相近。整体看，中国农业技术进步呈现非平衡发展特点，农业生产的两种技术——生物化学技术与机械化技术增长速度并不相同，分别在城镇化发展战略实施前后交替处于优势发展位置，从而呈现完全相反的技术进步偏向性。这是农业技术创新对资源优化配置的适应性调整，也是打破要素供给制约和促进农业持续发展的必然选择。从要素禀赋论看，中国土地资源存量不具备绝对优势，但随着土地和劳动要素流动的日益加快，供求关系正在调整，农业基本作业条件亦不断改善。可以认为，虽然中国土地资源储备及结构状况并不适宜走大规模机械化道路，但可以充分利用和发挥比较优势，结合地区特点因地制宜做出选择，多元化和混合式的中小型机械化经营模式符合国情，有较好的现实基础和发展前景。改革开放后的10余年里，生物化学技术创新及应用水平处于领先状态；城镇化和工业化的快速发展，促进传统经营模式逐步转型，伴随着机械化技术的快速应用和推广，与现代农业发展相适应的劳动生产率导向型生产日益兴起。

7 农业技术进步偏向的作物异质性检验

中国农业部门内部作物种类丰富，地域分布广泛；要素投入及技术实施状况较为复杂，既有共性的变动趋势，也有显著的个性化特征。本章从结构层面对农作物种类进行细分，实证分析不同作物要素替代关系及技术进步偏向的差异性。这些研究有利于政府部门分类施策、精准管理，促进补齐农产品生产中的技术短板；也有利于农业生产者结合农作物技术进步偏向特点，不断优化农业资源配置，积极推动农业产业顺利转型及高质高效发展。

7.1　问题的提出

本书第 6 章从总量角度测度农业部门技术进步偏向性，1978 年后的十余年中，中国农业技术进步偏向于节约土地、更多使用劳动，与中国土地资源稀缺、劳动相对过剩的农业资源初始禀赋状况相适应。城镇化发展战略实施后，农村人口大量进城务工，农业劳动力产业间转移速度加快，使得要素结构显著优化，土地劳动比率逐步上升。与此同时，人口数量的不断增长，城市化和工业化进程的快速推进，也促使农产品市场需求大幅提升，增加了农技产品应用和推广的规模收益。这些诱导性因素引致农业技术发生结构性变化，技术进步偏向于节约劳动、更多使用土地。

上文关于中国整体农业部门技术进步偏向性的研究，虽然以城镇化发展战略的启动为背景，进行了技术偏向性时序方面的结构性分析，但仍不能全面和细致地反映农业技术进步时要素产出效率的相对变化状况。在农业内部，作物间土地和劳动要素投入存在明显差别，种子、化肥、机械等生产资料使用情况也不尽相同。各种农作物中，小麦、玉米和稻米等粮食类作物每亩地劳动用工量相对较小，种子费投入少，机械作业费比化肥费高；蔬菜水果类作物则相反，每亩地劳动用工水平高，种子费支出较多，机械作业费则通常比化肥费支付要低一些；还有一些作物，劳动用工和生产资料投入介于两者之间。另外，中国许多农作物有多个产地，分布于全国各个地区；即使是同种农作物的生产，不同产区由于经济发展、要素禀赋、地理气候等方面的差异，要素相对稀缺性与市场需求的诱导性作用必然迥异。受此因素影响，技术进步偏向性也会表现出一定的差异性。

现实中不同种类农作物技术进步是否是有偏的，并且是否具有规律性特质，很值得思考和研究。目前，国内研究具体农作物技术进步偏向状况，多是对技术相对变化方向的考察，较少严格按照技术进步偏向内涵，构建指数进行测度；也较少结合各种农作物要素投入和生产特点，分类探讨技术偏向的异质性。本章从农业内部的作物结构视角，对技术进步偏向性进行比较研究。本章先对农作物做出细分，比较分析各类作物要素结构变化及技术实施状况，实证测度要素替代弹性和技术进步偏向指数，以揭示不同种类农作物技术有偏进步规律，明确技术变化后要素的产出效率，对选择适宜的创新驱动发展路径具有一定的指导意义。

7.2 农作物要素投入特点及技术进步状况比较

7.2.1 农作物种类划分

农业经济研究中，一般根据要素投入数量和替代程度的不同，把农产品生产分为土地密集型和劳动密集型两类，前者对土地依赖性更强，后者则需要较多的劳动投入。胡瑞法和黄季焜（2001）据此分类，把粮、棉、油和糖等农作物生产归入土地密集型，而把蔬菜、水果和茶叶等园艺类作物生产归属于劳动密集型。吴丽丽等（2015）在研究要素禀赋影响下的中国农业发展路径时，也沿用了这一划分标准。本书继续以该标准为依据，对农作物进行分类，但是对类别构成做了一定调整。

笔者在收集和查阅农业要素结构数据时，发现在土地密集型与劳动密集型作物间，基本要素使用确实存在差异性。然而有些农作物生产，如油料和棉花等，要素投入并未呈现典型的单一数量优势，而是比例结构大致居于中间状态。这一类作物劳动用工通常略高于小麦、玉米和水稻，而低于蔬菜、水果类作物。从农业技术进步的要素替代角度看，油料和棉花等作物机械化程度明显高于蔬菜、水果类作物，却低于小麦、玉米和水稻等主粮作物；单位土地的种子、农药和化肥投入也介于两者之间，高于主粮而低于蔬菜、水果类产品。所以在此把农业内部作物生产分为三类：一是土地密集型作物，主要指小麦、玉米和稻米等粮食类作物；二是劳动密集型作物，主要是蔬菜、水果、花卉和药材等园艺类作物；三是土地劳动密集型作物，主要有棉料、油料和糖料作物等。

本章结合农产品产量、消费量及在居民生活中的重要程度，共选择小麦、玉米、稻米、大豆、花生、油菜籽、棉花、马铃薯、大白菜、西红柿、苹果和柑橘12种农作物。小麦、玉米、稻米和大豆属于土地密集型作物，播种面积和产量居于前列，生产作业的机械化程度较高。花生、油菜籽和棉花是土地劳动密集型作物，常用于食用油或棉纺生产。大白菜和西红柿是产量和消费量均排名前列的蔬菜，苹果和柑橘则是南北方代表性水果，可以都划归为劳动密集型作物。此处需要说明的是，虽然统计上把马铃薯生产数据划入粮食类作物，但其使用价值具有多样性，要素投入及替代程度也比较特殊，有别于谷物、豆类作物，本书将其划归为土地劳动密集型作物。

7.2.2 农作物基本要素投入的变化特征及对比

7.2.2.1 用工数量逐年减少，作物间显著不同

不同类型的农作物，要素结构存在明显差别，单位土地用工数量对比悬殊。表7-1列出不同种类作物每亩地用工数量，用各种农产品主产区用工数量算数平均数表示，柑橘劳动投入数据取同类科属主产区柑和桔用工数量算数平均数得到。土地密集型作物每亩地用工数量相对较少，1993—2018年，小麦、玉米、稻米和大豆平均用工量变动区间为（5.1，15.4）；劳动密集型作物每亩地劳动用工量较高，1996—2018年，大白菜、西红柿、苹果和柑橘平均用工量变动区间为（29.5，60.8）；土地劳动密集型作物劳动用工量则处于中间状态，1990—2018年，平均水平变动区间为（11.4，28.7）。从时间序列角度看，各类农作物用工数量均在下降，但作物间降低的速度和幅度不同。1996—2018年，小麦、玉米、稻米和大豆用工数量年均降幅最大，降速分别为4.68%，4.24%，4.99%，3.91%；花生、油菜籽、棉花和马铃薯平均降速依次为3.56%，4.07%，3.32%，4.46%，居于中间水平；大白菜、西红柿、苹果和柑橘降速大体要低一些，降幅分别为3.61%，2.36%，3.08%，4.52%。需要补充说明的是，马铃薯虽可以作为蔬菜食用，但劳动用工量比几种蔬菜水果作物要低许多。推断其中原因：一方面是马铃薯种植工艺相对简单，劳动投入量少；另一方面是马铃薯食用功能广泛，我国有部分地区将其作为主食，因而种植面积相对较大，消费量排名靠前，机械对劳动替代程度比蔬菜水果类作物要高一些。

表7-1 农作物用工数量变化状况　　　　　　　　（日/亩）

年份	粮食类作物				油、棉、马铃薯作物				蔬菜水果类作物			
	小麦	玉米	稻米	大豆	花生	油菜籽	棉花	马铃薯	大白菜	西红柿	苹果	柑橘
1990	—	—	—	—	25.0	21.1	40.0					
1991	—	—	—	—	22.5	18.5	40.3					

续表

年份	粮食类作物				油、棉、马铃薯作物				蔬菜水果类作物			
	小麦	玉米	稻米	大豆	花生	油菜籽	棉花	马铃薯	大白菜	西红柿	苹果	柑橘
1992	—	—	—	—	20.5	17.3	36.8	—	—	—	67.7	—
1993	12.3	16.5	24.0	8.7	21.4	17.7	37.2	—	—	—	62.8	—
1994	12.4	16.9	19.8	8.9	21.5	19.2	41.0	—	—	—	75.5	—
1995	12.9	17.5	19.5	8.0	20.4	17.8	39.6	—	—	—	64.9	—
1996	12.8	16.7	18.4	8.6	19.2	17.5	39.3	26.2	39.5	99.6	72.2	—
1997	12.3	16.8	17.3	9.1	20.0	17.1	37.4	19.9	41.6	104.4	69.1	52.3
1998	11.2	15.0	17.4	8.1	19.4	15.6	33.2	17.9	36.4	92.5	48.8	51.3
1999	10.6	13.6	15.4	6.9	16.4	14.5	30.3	17.1	31.3	90.7	48.8	52.2
2000	9.8	13.1	15.2	6.7	15.9	12.8	29.7	18.9	28.0	88.9	43.9	44.6
2001	9.6	13.0	14.6	18.0	15.4	12.4	28.6	18.7	28.2	86.7	40.4	45.6
2002	9.5	12.3	13.7	6.6	11.8	12.0	27.3	18.2	29.3	81.0	40.6	45.0
2003	8.7	12.0	10.6	6.8	13.1	11.4	26.8	19.1	27.2	80.0	41.4	44.3
2004	8.1	11.6	12.1	6.4	12.3	11.4	25.6	12.7	23.9	79.1	44.8	35.0
2005	7.9	11.0	11.6	6.0	12.2	10.3	25.7	16.1	24.7	82.9	46.2	30.5
2006	7.2	10.2	11.1	5.5	11.7	9.5	25.3	13.8	23.2	81.6	50.4	39.1
2007	6.8	9.9	10.5	5.5	11.1	9.7	25.3	15.1	22.7	79.1	42.6	35.5
2008	6.5	9.6	9.9	5.2	11.1	9.7	23.3	13.8	22.9	71.4	43.2	29.4
2009	6.0	9.1	9.4	5.0	10.6	8.9	22.8	13.8	21.9	70.2	43.8	26.1
2010	5.9	9.0	9.1	4.7	10.7	8.6	22.3	13.5	23.5	66.1	44.5	22.7
2011	5.7	8.7	8.3	4.4	10.5	8.5	21.6	12.7	21.5	61.3	42.2	24.3
2012	5.4	8.6	8.2	4.3	10.1	8.5	21.3	11.6	20.0	59.3	42.7	20.8
2013	5.2	7.2	8.3	4.1	10.4	8.3	21.1	10.9	19.5	59.4	40.3	23.6
2014	5.1	7.7	7.3	4.1	9.5	7.8	20.4	10.1	19.5	57.7	40.9	22.6
2015	4.9	7.4	7.2	3.9	9.7	7.7	19.8	10.1	19.1	57.8	41.0	24.5
2016	4.8	7.0	6.8	3.8	9.1	7.5	19.6	10.6	18.5	58.3	40.8	22.1
2017	4.6	6.7	6.2	3.7	8.9	7.2	19.0	10.0	18.5	59.0	38.4	21.7
2018	4.5	6.4	6.0	3.6	8.6	7.0	18.7	9.6	17.6	58.9	36.3	19.8

数据来源：《全国农产品成本收益资料汇编》。

7.2.2.2 劳动价格大幅上涨但作物间差别不大

当前农业生产中,不同类型作物从事劳动的门槛差别不大。农艺技术方面的作业,属于复杂劳动,对工作技能和经验有一定要求;其余多数劳动形式和工序具有较大重复性,对专业性技能要求不高,劳动力作物间流动相对自由和顺畅;因而不同种农作物生产的用工价格没有显著差别。然而,从时间序列角度看,劳动价格却出现较大幅度变化。此处取前文 12 种农作物劳动用工的平均价格,用主产区每亩地日用工价格的算数平均数表示,以反映各类作物的整体用工价格变化状况。如图 7-1 所示,1996—2018 年,用工价格基本呈现连续上升态势。1996 年,日用工价格仅为 8.85 元,23 年中价格上涨 9.93 倍,年均增速为 8.86%。2003 年前,劳动价格增长相对缓慢,大体稳定在 10 元/每日左右的水平上。之后十余年,用工价格快速攀升,至 2018 年已经涨为 87.93 元。在用工价格大幅上涨影响下,农作物生产的用工成本也发生了变化。

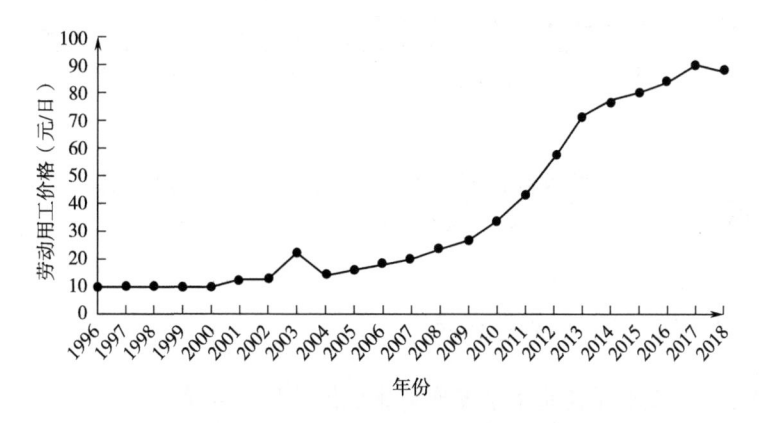

图 7-1 农作物平均劳动用工价格变化趋势

数据来源:《全国农产品成本收益资料汇编》。

7.2.2.3 农产品价值中劳动成本水平较高且逐年增长

土地和劳动是农业生产的基本要素,其费用是生产成本的重要构成部分。图 7-2 呈现了农作物用工成本、土地租金及产值的变动趋势,分别用各类作物每亩地用工成本、农用地折租和产值的算术平均数衡量。整体上看,虽然农业劳动用工量逐年下降,但由于用工价格持续上涨,促使用工成本不断上升。2003 年前用工成本不高且相对稳定,每亩地低于 500 元,变动幅度不大。2003 年后则连续上扬,至 2018 年时已经增长为 1 427.49 元/亩。农产品产值构成中用工成本部分较高，尤其是2013年后，用工成本在产值中占比超过40%。把农作物产值与用工成本的变化轨迹进行比较，可以看到两者变动大体保持跟进特征，说明后者不断增长恰恰是前者水平持续上升的重要原因。相对比土地租金上升幅度不大，在产值中占比也不高，由2004年的4.57%增长为2018年的8.11%。近年来，外出务工人数不断增加，城镇就业高回报使得农业雇佣价格或自有劳动机会成本大幅提升。土地与劳动相比，流动性和市场化程度相对较低，因而租金水平目前尚处于低位。

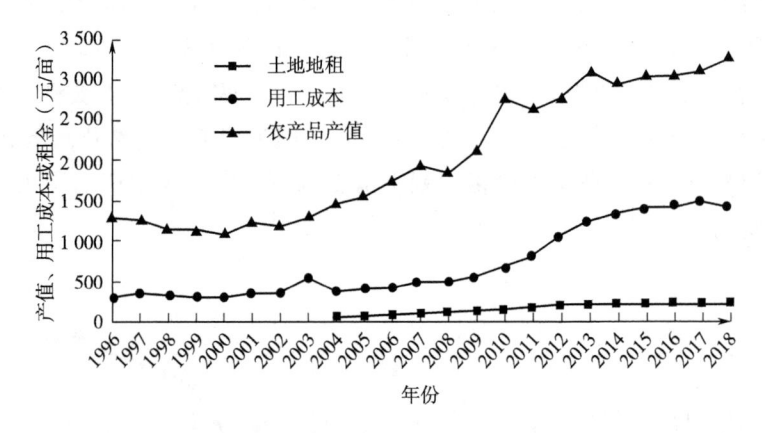

图 7-2 农作物平均用工成本、土地租金及产值变化趋势

数据来源：《全国农产品成本收益资料汇编》。

7.2.3 农作物技术进步状况比较

7.2.3.1 农业机械化水平发展迅速但应用程度不同

近年来，农机研发和投产能力不断增强，国家财政金融惠农补贴力度亦持续加大，推动农业机械化装备应用水平进一步提升，但不同作物间有较大差异性。表7-2列出1995年、2003年、2010年及2018年农作物机械化率数据，以反映不同阶段农业机械化水平[①]。主要粮食类作物综合及耕种收机械化率大幅上升，1995年，小麦播种及收割机械化率分别为57.45%及47.20%，玉米播种机械化率为27.70%，稻米种植及收割机械化率分别仅为2.19%及

[①] 综合机械化率计算参照《中国农业机械工业年鉴》方法，综合机械化率=机耕率×0.4+机播率×0.3+机收率×0.3；其中，机耕率=机耕面积/（播种面积-免耕面积）×100%、机播率=机播面积/播种面积×100%、机收率=机收面积/播种面积×100%。

2.42%；2003年，小麦播种及收割机械化率增长为74.08%及72.09%，玉米播种机械化率增长为46.85%，稻米种植及收割机械化率增长为5.08%及23.40%。随后15年中，机械化率大幅提升。至2018年，粮食类作物机械化率已经达到较高水平，其中小麦最高，综合及耕种收机械化率分别为95.67%，99.11%，90.88%，95.87%；玉米居中，分别为88.31%，97.33%，88.73%，75.85%；大豆次之，综合及耕种收机械化率分别为84.10%，86.75%，85.12%，79.56%；稻米再低一些，分别为81.95%，98.09%，50.86%，91.52%，综合机械化水平主要受到种植机械化率偏低的影响。土地劳动密集型作物机械化率也有大幅提升，但仍然明显低于粮食类作物。机械化作业分项构成中，棉花和花生收获机械化水平较低，为41.12%及44.76%；油菜籽种植机械化率偏低，为29.82%。马铃薯机械化率水平上升幅度较大，综合机械化率为45.23%。蔬菜水果类作物多数年份机械化率核算的数据不可得，2018年水果耕作机械化率为34.42%，但收获机械化率仅为2.78%；与土地密集型作物差距悬殊，也远低于土地劳动密集型作物。结合经验事实及部分数据判断，当前劳动密集型作物机械化水平较低，尤其是机械采摘环节存在着普遍的技术瓶颈。

表7-2 整体农业部门及农作物机械化率水平（%）

作物		整体	小麦	玉米	稻米	大豆	花生	油菜籽	棉花	马铃薯	水果
1995年	耕	35.69	—	—	—						
	种	20.04	57.45	27.7	2.19	—					
	收	11.15	47.20	—	2.42						
	综合	23.63	—	—	—						
2003年	耕	41.08									
	种	26.71	74.08	46.85	5.08	—	—	4.60			
	收	17.95	72.09	1.89	23.40						
	综合	29.83	—	—	—						
2010年	耕	68.81	89.84	57.53	85.99	74.19	56.91	47.62	89.78	45.94	
	种	43.95	84.61	71.06	20.70	73.96	34.01	11.47	61.47	16.23	
	收	38.03	87.72	23.96	64.02	61.20	19.97	10.45	4.27	14.62	—
	综合	52.12	87.64	51.51	59.81	70.22	38.96	25.62	55.63	27.63	—

续表

作物		整体	小麦	玉米	稻米	大豆	花生	油菜籽	棉花	马铃薯	水果
2018年	耕	81.76	99.11	97.33	98.09	86.75	76.65	82.30	97.42	72.39	34.42
	种	56.93	90.88	88.73	50.86	85.12	50.78	29.82	89.66	27.00	—
	收	60.43	95.87	75.85	91.52	79.56	44.76	40.25	41.12	27.25	2.78
	综合	67.91	95.67	88.31	81.95	84.10	59.32	53.94	78.20	45.23	—

注：机械化率核算的原始数据来源于《中国农业机械工业年鉴》。

7.2.3.2 生物化学技术应用水平逐年提升

（1）种子费投入金额不断增长，土地密集型作物费用小于劳动密集型作物。农业生产中种子费用的投入变化，一定程度反映良种技术的应用水平。表7-3给出各类农作物种子费数据，用作物主产区每亩地算数平均数表示；由于所选取的几种蔬菜、水果多数产区数据缺省，所以此处仅给出西红柿的种子费。整体纵向看，各类农作物种子费逐年增长。1995年粮食类作物小麦、玉米、稻米和大豆每亩地种子费分别为16.20元、19.00元、25.80元和20.10元，至2018年则分别增长为66.90元、57.50元、73.30元、41.50元，平均增长分别为6.36%、4.93%、4.64%、3.2%；1995年花生、油菜籽和棉花每亩地种子费依次为72.00元、4.30元和15.00元，2018年增至166.80元、21.70元和58.10元，平均增长3.72%、7.29%、6.06%；蔬菜、水果类作物中西红柿每亩地种子费由2001年的58.00元增长为2018年的496.00元，年均增长为13.46%，增长水平远高于前两类作物。把不同类型作物进行横向比较，发现粮食类作物种子费整体水平要低一些，蔬菜水果类作物中西红柿种子费较高，土地劳动密集型作物中除油菜籽外，另两种作物种子费要高于粮食类作物。由表7-3中代表性作物的数据可知，土地密集型作物种子费基本低于劳动密集型作物，土地劳动密集型作物水平大体居于中间状态。

表7-3 农作物种子费投入变化状况 （元/亩）

年份	粮食类作物				油、棉类作物			蔬菜水果类
	小麦	玉米	稻米	大豆	花生	油菜籽	棉花	西红柿
1995	16.20	19.00	25.80	20.10	72.00	4.30	15.00	—
1996	24.30	18.00	26.00	23.10	68.00	4.30	15.70	—
1997	29.50	17.30	26.20	24.10	77.60	4.60	17.10	—

续表

年份	粮食类作物				油、棉类作物			蔬菜水果类
	小麦	玉米	稻米	大豆	花生	油菜籽	棉花	西红柿
1998	28.00	17.30	21.80	19.50	72.80	3.70	17.90	—
1999	27.90	17.10	22.40	20.60	63.20	4.30	20.30	—
2000	24.20	15.40	20.20	20.80	62.30	4.40	20.40	—
2001	23.20	15.30	18.60	17.60	61.40	4.20	23.60	58.00
2002	23.20	21.00	19.70	18.10	55.60	4.30	21.70	76.80
2003	23.60	18.20	18.90	19.60	62.00	4.70	24.80	230.00
2004	27.20	21.60	21.90	27.30	77.60	5.80	34.60	105.10
2005	30.20	24.60	25.60	26.30	81.20	20.20	32.50	114.90
2006	32.10	25.90	26.80	25.40	86.90	8.20	37.70	115.10
2007	34.30	27.40	29.80	27.80	101.70	9.40	39.00	122.30
2008	39.70	29.20	32.60	39.50	122.10	10.40	44.30	131.60
2009	41.00	32.50	34.90	32.40	102.70	12.40	42.60	132.30
2010	45.80	38.30	42.70	36.70	119.40	13.50	46.70	144.90
2011	52.50	46.00	53.50	36.60	163.60	15.00	53.00	230.50
2012	56.60	52.00	62.20	42.80	173.00	16.40	58.30	205.10
2013	57.20	55.20	65.10	40.50	175.10	17.50	59.60	217.30
2014	64.00	55.70	67.30	43.50	157.80	18.60	59.30	233.20
2015	65.50	57.60	71.90	42.20	177.50	19.10	59.00	299.40
2016	65.80	57.70	71.10	43.30	305.60	17.70	58.10	318.00
2017	67.10	56.70	73.70	43.30	178.10	19.90	58.10	420.70
2018	66.90	57.50	73.30	41.50	166.80	21.70	58.10	496.00

数据来源：《全国农产品成本收益资料汇编》。

(2) 化肥施用费逐年增加，土地密集型作物施肥水平低于劳动密集型作物。农业化肥投入量的变化，一定程度改善了土壤肥力状况，影响土地产出的效率水平。表7-4列出了不同种类农作物的每亩土地施肥费用，数据取各种作物主产区化肥费的算数平均数。可以看到，1995年以来农作物化肥费基本逐年增长，但施肥水平存在较大差异性。小麦、玉米、稻米和大豆四种粮食类作物，1995年化肥费分别为55.10元、61.40元、79.60元和18.90元，

2018年依次增长为130.40元、139.40元、152.20元和48.70元。这一类作物具有土地密集型生产特点，化肥投入量相对较低一些。大白菜、西红柿和苹果的生产作业偏向于劳动密集型。1995年苹果化肥费126.30元，2018年上升到457.50元，增长为1995年水平的3.6倍；1996年大白菜化肥投入108.10元，2018年增长到208.00元，是1996年水平的1.9倍；西红柿2000年化肥费189.10元，2018年增加到604.00元，是最初水平的3.2倍。将蔬菜水果类作物与粮食类作物进行对比，前者整体施肥水平显著高于后者。花生、油菜籽、棉花和马铃薯是土地劳动密集型作物，2018年化肥费用支出依次为129.30元、94.80元、192.50元和230.00元，投入费用大体介于其他两类作物之间。

表7-4　农作物化肥费投入变化状况　　　　　　　　　　（元/亩）

年份	粮食类作物				油、棉、马铃薯作物				蔬菜水果类作物		
	小麦	玉米	稻米	大豆	花生	油菜籽	棉花	马铃薯	大白菜	西红柿	苹果
1995	55.10	61.40	79.60	18.90	35.40	39.80	84.00	—	—	—	126.30
1996	61.30	60.80	78.40	19.40	47.40	43.20	101.20	43.40	108.10	—	149.20
1997	67.50	65.70	77.80	19.80	37.10	46.60	108.90	61.80	120.20	—	140.80
1998	65.20	65.30	74.30	20.10	41.20	42.30	98.00	79.40	113.90	—	127.70
1999	64.30	61.10	72.60	20.70	43.40	42.20	86.40	69.80	100.40	—	121.50
2000	57.40	58.30	65.80	18.10	41.70	42.20	84.40	70.00	102.90	189.10	117.10
2001	55.20	56.10	66.50	18.80	42.20	42.10	85.20	79.70	105.30	204.80	117.60
2002	57.40	59.20	68.70	17.80	41.40	43.20	89.60	86.20	89.90	187.80	122.80
2003	57.80	61.30	70.10	20.20	47.20	43.10	97.20	72.80	105.30	206.70	118.20
2004	67.10	78.40	87.50	26.50	58.60	49.20	118.70	103.30	121.80	280.10	167.20
2005	84.90	83.70	101.10	32.60	70.10	58.70	129.80	98.20	121.90	246.00	193.40
2006	86.50	85.30	101.70	32.20	75.00	57.40	140.30	116.70	129.10	291.70	226.10
2007	88.20	91.50	108.10	34.20	82.90	61.50	147.10	112.50	147.20	283.60	252.80
2008	105.50	120.00	150.10	46.70	114.00	73.90	182.70	180.40	189.80	340.00	300.20
2009	116.50	110.80	125.70	41.30	102.40	82.20	163.20	180.50	167.40	353.90	324.80
2010	104.80	112.30	123.70	42.20	98.90	76.90	171.30	182.30	165.00	380.70	344.00
2011	117.90	130.90	148.50	47.30	116.50	82.70	199.70	194.00	187.60	409.50	422.50

续表

年份	粮食类作物				油、棉、马铃薯作物				蔬菜水果类作物		
	小麦	玉米	稻米	大豆	花生	油菜籽	棉花	马铃薯	大白菜	西红柿	苹果
2012	135.30	145.20	157.00	53.10	123.90	92.70	207.40	236.70	193.00	369.40	417.90
2013	137.20	143.50	155.20	51.80	127.10	95.80	206.50	227.70	206.90	387.60	446.20
2014	126.10	132.70	139.70	48.10	117.30	93.50	190.90	190.80	183.20	369.50	453.80
2015	124.80	132.70	146.70	48.00	115.80	89.60	201.20	221.30	186.40	406.50	476.80
2016	121.60	126.30	143.60	49.80	116.30	89.50	186.00	201.40	184.20	434.80	448.00
2017	121.30	131.80	144.40	49.10	120.60	90.70	184.50	234.40	196.10	519.70	436.90
2018	130.40	139.40	152.20	48.70	129.30	94.80	192.50	230.00	208.00	604.00	457.50

数据来源:《全国农产品成本收益资料汇编》。

(3) 农药费支出连续上升,劳动密集型作物投入费用较高。农药正常使用可以防御病虫害,保护农作物,增加土地产出。表7-5给出各种农作物的农药费,用作物主产区每亩地农药费算数平均数表示。表7-5中数据显示,农药费投入基本逐年增长,但作物间有一定差异性。1995年小麦、玉米、稻米和大豆农药费分别为4.50元、3.90元、13.60元和3.30元,2018年分别增长到20.40元、16.20元、52.60元和15.60元,年均增长6.79%、6.39%、6.06%和6.99%。花生、油菜籽和棉花的农药费分别由1995年的6.40元、4.10元和56.90元增长为2018年的36.10元、15.50元和66.60元,年均增长依次为7.81%、5.95%和0.69%。2001年大白菜、西红柿和苹果的农药费分别为45.40元、75.90元和113.50元,2018年分别增至97.20元、251.40元和243.00元,年均增长为4.58%、7.30%、4.58%。可见,除了棉花外,各种作物农药使用年均增长率差别不大。但是,横向间进行对比,可以看到蔬菜水果类作物的农药使用水平要显著高于粮食类作物,而油、棉作物的农药费投入则介于两者之间。

表7-5 农作物农药投入变化状况　　　　　　　　(元/亩)

年份	粮食类作物				油、棉类作物			蔬菜水果类作物		
	小麦	玉米	稻米	大豆	花生	油菜籽	棉花	大白菜	西红柿	苹果
1995	4.50	3.90	13.60	3.30	6.40	4.10	56.90	—	—	—
1996	5.00	3.90	14.50	3.60	7.30	4.60	50.60	—	—	—

续表

年份	粮食类作物				油、棉类作物			蔬菜水果类作物		
	小麦	玉米	稻米	大豆	花生	油菜籽	棉花	大白菜	西红柿	苹果
1997	5.70	3.90	15.10	4.00	8.40	4.70	50.00	—	—	—
1998	5.30	4.30	15.40	3.30	9.00	5.00	54.10	—	—	—
1999	6.00	4.00	15.60	4.80	9.40	10.80	42.40	—	—	—
2000	5.40	4.10	15.30	4.80	9.20	4.80	41.20	—	—	—
2001	5.00	7.60	15.90	4.20	8.90	5.30	36.50	45.40	75.90	113.50
2002	5.90	4.70	15.80	4.40	8.10	5.40	33.90	43.20	108.70	107.70
2003	5.90	4.70	17.80	5.00	8.60	5.20	38.60	63.90	121.50	124.30
2004	6.50	5.00	20.80	4.60	10.50	5.90	36.40	55.00	132.10	116.10
2005	7.30	5.60	27.00	5.50	11.70	6.20	40.70	54.30	109.50	127.60
2006	7.70	6.00	31.40	5.00	12.70	6.00	45.70	58.00	118.50	147.20
2007	8.50	7.30	37.60	7.10	16.30	6.90	38.30	65.40	151.80	173.70
2008	9.90	9.20	38.90	9.10	18.90	8.30	58.00	73.20	120.10	204.10
2009	10.90	9.50	40.40	10.30	19.50	8.90	55.90	77.60	151.00	223.20
2010	12.40	10.40	43.00	9.50	21.30	9.50	59.60	77.60	173.10	260.40
2011	13.10	11.70	43.70	11.00	29.50	11.10	66.10	81.10	181.30	244.00
2012	14.70	12.90	48.40	13.00	32.50	12.20	67.10	73.00	201.60	248.70
2013	15.10	13.70	49.60	13.40	34.30	12.20	71.10	77.90	205.80	265.60
2014	16.30	14.40	50.60	12.40	32.20	13.10	68.20	75.30	202.20	263.60
2015	17.20	16.00	52.30	13.30	33.30	13.30	69.40	100.40	199.80	272.30
2016	18.40	15.60	52.10	13.20	34.00	13.40	66.50	89.40	207.20	274.80
2017	19.30	16.00	53.80	16.10	34.60	14.80	66.30	102.90	233.30	249.30
2018	20.40	16.20	52.60	15.60	36.10	15.50	66.60	97.20	251.40	243.00

数据来源：《全国农产品成本收益资料汇编》。

由上文农作物要素投入和技术实施状况的分析可知，粮食类作物多为土地密集型生产，每亩地劳动用工数量明显低于蔬菜水果类作物；机械化水平则相反，远高于劳动密集型作业的蔬菜水果。生物化学技术应用方面，三类农作物中蔬菜水果的种子费、化肥费和农药费基本上是最高的。油料、棉等土地劳动密集型作物单位土地劳动投入居中，两种技术的应用水平也大体处于中间状态。

7.3 农作物技术进步偏向的实证研究

我国农作物要素禀赋兼有整体农业部门及种类双重特征，基本要素投入既有共性的变动趋势，又有一定的结构性差异；与农业基本要素配置相适应，土地密集型作物技术应用大致呈现与整体农业部门一致的变化特点，但劳动密集型作物表现出异质性。本节以上述经验现象分析为基础，实证测度不同种类农作物的要素替代弹性及技术进步偏向状况。

7.3.1 变量选择、模型设定及数据处理

此处与整体农业部门分析保持一致，对农作物技术偏向测度仍然使用级数展开式法。略有不同的是，进行全国层面的实证研究时，可以获得各地区总量面板数据；而进行各类农作物研究时，能够比较完整收集到单位土地的要素投入数据，所以需要结合数据特征，对变量和计量模型做出局部调整。

经过标准化处理的（6-8）式反映总量变量间的关系，将其转换为能够体现单位土地上要素投入变化的形式：

$$\log\left(\frac{\frac{T_{jt}y_{jt}^A}{T_{j0}y_{j0}^A}}{\frac{T_{jt}l_{jt}}{T_{j0}l_{j0}}}\right) = \eta_{j0}\log\left(\frac{\frac{T_{jt}}{T_{j0}}}{\frac{T_{jt}l_{jt}}{T_{j0}l_{j0}}}\right) + \frac{(\sigma_j - 1)\eta_{j0}(1 - \eta_{j0})}{2\sigma_j}\left[\log\left(\frac{\frac{T_{jt}}{T_{j0}}}{\frac{T_{jt}l_{jt}}{T_{j0}l_{j0}}}\right)\right]^2 +$$

$$[\eta_{j0}\gamma_j^T + (1-\eta_{j0})\gamma_j^L](t_j - t_{j0}) + \frac{(\sigma_j-1)\eta_{j0}(1-\eta_{j0})}{2\sigma_j}(\gamma_j^T - \gamma_j^L)^2(t_j - t_{j0})^2$$

(7-1)

y_{jt}^A 和 l_{jt} 分别表示单位土地上第 j 种作物的产出和劳动数量，T_{jt} 表示第 j 种作物种植面积。$j=1, 2, 3, \cdots, 12$，分别代表小麦、玉米、稻米、大豆、花生、油菜籽、棉花、马铃薯、大白菜、西红柿、苹果、柑橘12种作物。其余变量名称及相关参数与（6-8）式中设置一致。对（7-1）式化简处理后可得：

$$\log\left(\frac{\frac{y_{jt}^{A}}{y_{j0}^{A}}}{\frac{l_{jt}}{l_{j0}}}\right) = \eta_{j0}\log\left(\frac{1}{\frac{l_{jt}}{l_{j0}}}\right) + \frac{(\sigma_j - 1)\eta_{j0}(1-\eta_{j0})}{2\sigma_j}\left[\log\left(\frac{1}{\frac{l_{jt}}{l_{j0}}}\right)\right]^2 +$$

$$[\eta_{j0}\gamma_j^T + (1-\eta_{j0})\gamma_j^L](t_j - t_{j0}) + \frac{(\sigma_j - 1)\eta_{j0}(1-\eta_{j0})}{2\sigma_j}(\gamma_j^T - \gamma_j^L)^2(t_j - t_{j0})^2$$

(7-2)

选用12种农作物主产区面板数据,变量数据均出自《全国农产品成本收益资料汇编》,小麦、玉米、稻米、大豆、花生、油菜籽、棉花、苹果和柑橘使用主产区省际面板数据。因为省际蔬菜数据2011年以后才开始提供,为保持较长时间跨度,马铃薯、白菜、西红柿使用主产区大中城市面板数据;柑橘数据取同类科属柑和桔产值及用工数量算数平均数。y_{jt}用每亩地产值衡量,分别除以对应作物生产者价格指数得到实际值;l_{jt}用每亩地劳动用工数量表示。小麦、玉米、稻米、大豆、花生、油菜籽、棉花、柑橘8种作物基期选定为1990年,由于某些农作物20世纪90年代早期的数据缺省,将苹果基期选定为1992年,把马铃薯、大白菜、西红柿三种作物基期选定为1996年。

7.3.2 实证计量过程

此处实证计量分析主要检验第3.2节命题3和命题5。为规避面板数据分析时个体效应所引致的内生性问题,使用固定效应模型分别对12种作物进行计量回归。全国技术进步分析已经检验城镇化战略实施以来的结构性转换,并且由于部分农作物早期数据不可得,所以本节主要考察近20年来的技术进步偏向问题,数据区间大致始于2000年,终于2018年。实证计量结果见表7-6,(1)至(12)列分别是小麦、玉米、稻米、大豆、油菜籽、花生、棉花、马铃薯、西红柿、大白菜、苹果和柑橘的回归参数。ln produ 表示标准化后单位劳动用工的产值,对应于(7-2)式中的被解释变量;ln labor 表示标准化后的单位土地与相匹配的劳动用工数量的比率,对应于(7-2)式中的解释变量;ln labor2 是(7-2)式中解释变量的平方项;t和$t2$分别对应于(7-2)式中时间趋势项及其平方项。从回归结果可见,12种作物主要变量系数有较高的统计显著性,且各项系数数值经济意义合理。

7 农业技术进步偏向的作物异质性检验

表7-6　12种农作物实证计量回归输出结果

解释变量	（1）小麦	（2）玉米	（3）稻米	（4）大豆	（5）油菜籽	（6）花生
			固定效应模型			
	ln *produ*（被解释变量，标准化后单位劳动用工的产值）					
ln *labor*	0.768 6***	0.884 4***	0.958 8***	0.962 2***	0.925 9***	0.815 9***
	(3.35)	(36.04)	(8.20)	(24.83)	(6.52)	(4.21)
ln *labor*2	-0.105 6	-0.033 4**	-0.017 0	-0.023 4*	-0.098 6	-0.135 5
	(-1.74)	(-2.44)	(-0.30)	(-1.82)	(-1.18)	(-1.29)
t	0.089 6***	0.068 6***	0.046 5***	0.092 7***	0.083 2***	0.045 4***
	(3.83)	(14.80)	(3.62)	(6.27)	(6.18)	(3.88)
*t*2	-0.001 6**	-0.001 2***	-0.000 9**	-0.002 6***	-0.001 8***	-0.000 6*
	(-2.53)	(-7.28)	(-2.59)	(-5.98)	(-5.32)	(-1.84)
_cons	-0.415 6*	-0.229 0***	-0.099 5	-0.293 3**	-0.672 9***	-0.061 9
	(-2.20)	(-7.82)	(-0.94)	(-2.52)	(-6.43)	(-1.16)
样本量	150.000	480.000	176	190	210.000	208.000
校正可决系数	0.847 1	0.930 5	0.930 6	0.877 7	0.782 7	0.843 7

解释变量	（7）棉花	（8）马铃薯	（9）西红柿	（10）大白菜	（11）苹果	（12）柑橘
			固定效应模型			
	ln *produ*（被解释变量，标准化后单位劳动用工的产值）					
ln *labor*	0.960 7***	0.832 5***	0.877 5***	0.864 5***	0.721 3***	0.924 6***
	(8.39)	(7.76)	(12.13)	(4.27)	(4.51)	(4.54)
ln *labor*2	-0.168 7	-0.122 4*	-0.331 0***	-0.156 8	-0.459 1***	-0.160 1*
	(-1.46)	(-1.84)	(-4.47)	(-1.15)	(-3.18)	(-1.84)
t	0.080 6***	0.058 4**	0.057 3***	0.127 2***	0.201 7***	0.128 8***
	(10.19)	(2.47)	(6.00)	(3.06)	(11.90)	(4.41)
*t*2	-0.001 6***	-0.001 7*	-0.001 7***	-0.003 7***	-0.004 2***	-0.002 7***
	(-6.87)	(-1.91)	(-4.48)	(-2.67)	(-7.98)	(-3.46)
_cons	-0.540 1***	0.224 6	0.101 9**	-0.457 3	-1.121 0***	-0.647 2***
	(-11.78)	(1.64)	(2.06)	(-1.51)	(-8.65)	(-2.93)
样本量	324	152	441	195	189	126
校正可决系数	0.852 9	0.566 0	0.491 8	0.288 1	0.798 6	0.704 2

注：括号中为 *t* 统计量；***，**，* 分别表示在1%，5%，10%的统计水平上显著。

143

根据表7-6内回归系数，结合（7-2）式中变量的系数表达式，可以求得12种农作物土地与劳动替代弹性、土地效率与劳动效率增长率；再以求得的参数值，测度作物技术偏向指数，具体衡量和核算方法与全国农业技术偏向指数的设定及计算一样，详细实证结果列示于表7-7。从核算结果看，农作物要素替代弹性取值区间均为（0，1），不同种类作物替代弹性数值有一定差异性。土地密集型的小麦、玉米、稻米和大豆的替代弹性值相对较高；西红柿、大白菜、苹果和柑橘作为劳动密集型作物，弹性值相对较小；土地劳动密集型作物中棉花弹性值偏低，油菜籽和花生弹性值大体位于两类作物中间状态，马铃薯的弹性值较为特殊，接近花生弹性数值。这说明农产品生产中土地与劳动是互补关系，土地密集程度越高的作物替代弹性越大，土地与劳动之间的依存关系越小。

表7-7 12种农作物替代弹性、要素效率增长率及技术偏向指数

种类	农作物	σ_j	γ_j^T	γ_j^L	D_j
土地密集型	小麦	0.457 100	0.061 018	0.184 734	0.146 931
	玉米	0.604 978	0.047 117	0.232 877	0.121 343
	稻米	0.537 239	0.036 940	0.268 660	0.199 596
	大豆	0.437 100	0.080 180	0.411 432	0.426 593
土地劳动密集型	油菜籽	0.258 133	0.073 088	0.210 022	0.393 543
	花生	0.356 599	0.033 402	0.098 836	0.118 060
	棉花	0.100 633	0.076 754	0.174 368	0.872 387
	马铃薯	0.362 875	0.038 709	0.156 219	0.206 298
劳动密集型	西红柿	0.139 725	0.066 130	−0.005 830	−0.443 056
	大白菜	0.271 983	0.147 986	−0.005 333	−0.410 388
	苹果	0.179 620	0.228 247	0.132 865	−0.435 639
	柑橘	0.178 850	0.138 635	0.007 857	−0.600 439

生物化学技术是土地增强型的，可以提高土地效率水平。所有种类作物的土地效率平均增长率 $\gamma_j^T>0$，说明近20年来生物化学技术取得较快发展，促进了土地平均效率水平的增长。农作物间土地效率增速有所不同，蔬菜水果类作物的土地效率增长率明显高于粮食类作物，而土地劳动密集型作物效率变化基本介于两类作物之间，表明劳动密集程度越高的作物生物化学技术发展越快，土地效率的增速也越高。

机械化技术是劳动增强型的，可以提高劳动效率水平。西红柿和大白菜两种作物劳动效率水平出现负增长，其余作物的增速均为正值。与蔬菜水果类作物对比，土地密集型作物劳动效率增速较高。稻米和大豆作物劳动效率的增长幅度相对较大，意味着多数农作物生产中，机械化技术应用不断推进，带动劳动效率逐步提升。相互比较可见，土地密集型作物机械对劳动替代更高，劳动效率增幅也更大。在粮食类作物中，值得一提的是稻米和大豆，劳动效率增长率较高，分别为 26.87% 和 41.14%，反映了近年来较快的行业机械化发展速度，这与前文实证分析中两种作物较大的机械化率增长幅度是一致的。将农作物劳动效率增长率与土地效率增长率进行横向比较，可以看到劳动密集型作物土地效率高于劳动效率的增长，其余农作物则相反，劳动效率增速则更快。

农作物技术偏向指数也呈现出差异性，小麦、玉米、稻米、油菜籽、花生和棉花作物技术偏向指数是正值，表明这些作物生产中机械化技术比生物化学技术增长更快，技术进步偏向于使用土地、节约劳动。西红柿、大白菜、苹果和柑橘作物技术偏向指数小于零，说明此类作物生产中，与机械化技术相比，生物化学技术发展更快，技术进步偏向于节约土地、更多使用劳动。需要特别说明的是，马铃薯除可用作蔬菜外，还兼做主食材料，劳动投入及机械作业状况与其他蔬菜水果类作物显著不同。马铃薯种植工序和技艺相对简单，个性化劳动作业较少，单位土地劳动用工量并没有一般蔬菜那么多，机械化率也比别的作物要高。马铃薯生产中技术进步状况比较特殊，平均技术偏向指数大于零，说明机械化技术发展要快于生物化学技术，技术进步偏向于更多使用土地而节约劳动。

7.4 农作物年度技术进步偏向的测度

在各类农作物替代弹性测度的基础上，可以进一步核算出不同种类作物逐年技术增长率和偏向指数。年度技术偏向指数的核算与全国总量分析一致，具体方法依据（6-13）式至（6-15）式。各种农产品分别使用作物主产区数据，劳动价格为自有劳动折价和雇佣劳动价格的算数平均数，通过每亩地用工成本除以用工数量得到；土地价格用每亩地自有土地折租加上流转地租金的算数平均数表示，要素价格分别除以农村居民消费者价格指数得到实际值；其余数据选取和处理方法与上文计量分析时一样。实证核算充分考虑作物间及作物不同产区的异质性，技术偏向指数既进行时间序列上的对比，又展现同类作物不同产区的差异性，进一步细化了问题分析，更加贴合现实农业生产及技术应用。由于本书所覆盖的时间序列和产区的数据量较大，为简化描述、节约空间及明确主题，下文省略年度要素效率增长率数据，该项具体数值参考附录4，此处仅列出部分代表性农作物主产区的技术偏向指数。

7.4.1 土地密集型作物的技术偏向性

7.4.1.1 小麦技术进步偏向状况

小麦是我国北方农民主要粮食作物，种植面积和产量均处于前列。2018年全国小麦种植面积24 266千公顷，产量13 144万吨。在国内小麦可分为三大主产区，北方冬小麦区主要分布在秦岭、淮河以北、长城以南，代表性省份为河南、山东、河北和山西等地；南方冬麦区，主要分布在秦岭、淮河以南，集中于安徽、江苏等地；春小麦区，大都分布在长城以北，主产省区有内蒙古、甘肃和新疆等地。三产区中，以北方冬小麦区为主，产量占全国小麦半数以上。小麦是推广机械化种植较早的作物，在粮食作物中机械化率最高；同时生产中生物化学技术也有较快发展。表7-8列出小麦主产省份2005—2018年技术进步偏向指数，整体上看，除山西省多数年份技术偏向指数为负值外，其余省份半数以上年份技术偏向指数大于零，说明近年来小麦种植中机械化技术增速快于生物化学技术，技术进步偏向于更多使用土地、节约劳动。河南、山东、江苏和内蒙古有较多年份技术偏向指数为正值，意味着这些地区具有典型的劳动节约型技术偏向特点；因为四个省份既是排名靠前的粮食主产区，同时地形相对平缓，有利于规模化作业及机械化装备使用。山西地貌主要是高原，地势起伏不平，多山地和丘陵，制约了机械化水平提升，生物化学技术相对发展得更快。

表7-8 小麦主要产区技术进步偏向指数

年份	河北	山西	内蒙古	江苏	安徽	山东	河南	云南	甘肃	新疆
2005	0.289 8	0.446 0	0.158 4	0.452 5	0.326 0	-0.087 2	0.144 0	0.225 8	-0.149 2	0.018 4
2006	0.151 6	-0.154 7	0.011 6	0.035 9	-0.147 2	0.119 8	0.449 9	0.038 1	0.197 7	0.025 9
2007	0.206 1	-0.044 2	0.316 0	0.069 2	-0.071 0	0.255 1	0.515 6	-0.003 1	0.316 5	-0.043 6

续表

年份	河北	山西	内蒙古	江苏	安徽	山东	河南	云南	甘肃	新疆
2008	0.080 7	-0.232 8	0.338 2	-0.077 7	0.972 6	0.657 2	-0.125 1	0.100 5	0.044 9	-0.132 9
2009	0.033 8	0.584 8	0.388 1	0.176 3	-0.070 1	0.070 9	0.251 8	0.357 8	0.071 4	0.899 3
2010	-0.228 7	-0.191 0	-0.077 6	-0.021 6	0.237 0	0.000 3	0.003 4	-0.179 3	-0.096 2	0.027 7
2011	-0.090 2	-0.329 3	-0.239 5	-0.118 1	-0.071 2	0.043 6	-0.565 8	0.284 2	-0.043 2	0.141 7
2012	-0.126 0	-0.238 1	0.218 6	-0.174 2	0.357 5	-0.012 8	-0.050 0	-0.140 9	-0.149 1	-0.125 6
2013	-0.088 9	-0.105 4	-0.063 2	0.150 9	0.121 6	-0.228 7	-0.069 6	-0.128 5	-0.072 4	0.001 8
2014	0.053 8	0.091 5	0.048 5	0.097 6	-0.088 7	0.139 6	0.481 7	0.090 9	-0.073 0	-0.291 9
2015	0.073 1	-0.022 5	0.052 6	0.174 2	0.212 7	0.057 5	0.272 1	0.034 2	0.167 3	0.324 0
2016	0.074 1	-0.122 7	0.077 2	0.254 9	0.068 2	-0.006 2	0.033 3	-0.263 1	0.180 5	-0.012 0
2017	-0.002 1	0.432 5	0.159 1	0.305 2	0.151 5	0.052 1	0.000 2	0.395 6	0.115 3	-0.073 1
2018	-0.038 7	0.019 7	0.184 6	0.217 8	0.142 5	0.132 4	0.045 4	-0.095 1	0.023 1	0.168 3

7.4.1.2 玉米技术进步偏向状况

玉米是我国主要的粮食和饲料作物，2011年以来国内种植面积和产量在各类作物中一直居于首位。2018年种植面积42 130千公顷，产量为25 717.4万吨，在粮食类作物中占比分别为36%和39.09%。玉米生产在我国分布比较广泛，纵跨寒温带、暖温带、亚热带和热带生态区，主要集中在东北、华北和西南地区，产量较高的省份有黑龙江、吉林、内蒙古、山东和河南等地。与生物化学技术相比，近年来，玉米种植中机械化技术发展迅速，目前稍低于小麦的综合机械化率，主要受到机收率相对低位的影响。从表7-9可见，2005—2018年，除山西和陕西外，其余省份多数年份技术偏向指数为正值，尤其是内蒙古、安徽、黑龙江、山东、江苏和湖北等地数值大于零的年份相对更多。表明近年来玉米机械化技术应用快于生物化学技术，技术进步偏向于更多使用土地而节约劳动，与小麦的技术偏向状况是一致的。然而，横向上对比，玉米种植中技术偏向表现出一定地域差异性，技术偏向指数取值与地形地貌相关，山地和丘陵地区比例高的省份，如四川、甘肃、陕西和山西等地，指数值多小于零，甚至半数以上为负值，说明玉米机械化作业很大程度受地理条件的影响。

表7-9 玉米主要产区技术进步偏向指数

年份	河北	山西	内蒙古	辽宁	吉林	黑龙江	江苏	安徽
2005	0.066 8	-0.050 9	0.062 6	0.131 9	0.327 5	-0.016 2	0.199 9	-0.191 6
2006	0.218 6	0.156 7	0.338 3	0.114 7	-0.014 4	0.131 2	0.121 1	0.225 1
2007	0.059 1	-0.045 3	0.062 3	0.214 2	0.306 0	0.012 1	0.240 7	-0.045 9
2008	0.110 4	-0.007 3	-0.195 3	0.069 6	0.183 2	0.108 9	0.029 7	0.304 1
2009	-0.048 8	0.151 2	0.171 5	-0.001 5	-0.006 4	0.049 5	-0.067 9	0.257 7
2010	-0.152 0	-0.045 8	0.273 9	-0.161 5	-0.117 3	0.175 0	-0.170 4	0.106 6
2011	0.013 1	-0.191 9	-0.127 3	-0.104 6	-0.107 4	-0.086 0	-0.084 9	-0.043 5
2012	-0.145 9	-0.027 2	-0.173 1	-0.228 8	-0.237 3	0.056 5	-0.270 4	-0.343 9
2013	-0.081 0	-0.102 4	0.189 8	-0.086 0	-0.095 4	-0.011 8	-0.127 4	0.302 1
2014	-0.074 6	0.019 0	0.109 3	0.395 7	0.128 0	0.090 5	0.448 8	0.050 4
2015	0.012 2	0.075 6	0.052 9	0.174 3	0.074 5	0.112 0	0.002 2	0.359 0
2016	0.063 6	0.036 1	0.344 2	-0.041 4	0.039 4	-0.020 4	0.071 5	0.348 2
2017	0.084 1	-0.012 3	0.406 9	-0.201 3	-0.229 9	-0.365 6	0.183 2	0.095 6
2018	0.053 1	0.049 7	0.083 0	0.055 0	0.242 1	0.150 4	0.017 5	0.229 7

年份	山东	河南	湖北	四川	云南	陕西	甘肃	新疆
2005	-0.276 2	0.387 1	0.358 1	0.021 0	0.071 0	0.302 5	-0.318 5	-0.045 8
2006	0.139 0	0.076 3	0.066 4	0.405 7	-0.027 6	-0.287 7	-0.000 5	0.130 6
2007	0.293 1	0.429 4	0.018 1	0.139 8	-0.051 2	0.196 2	0.134 7	0.050 8
2008	0.243 3	-0.014 3	0.348 6	-0.294 0	0.085 4	0.139 2	0.083 6	0.031 8
2009	0.233 3	0.147 5	0.120 6	0.143 3	0.024 5	0.049 9	-0.084 6	-0.327 8
2010	0.074 0	-0.118 2	-0.174 9	0.207 7	-0.132 0	-0.106 4	-0.215 2	-0.140 9
2011	-0.048 8	-0.136 7	-0.094 2	-0.207 5	0.052 3	-0.298 7	0.105 2	0.373 1
2012	-0.111 4	-0.177 4	-0.423 9	-0.249 2	-0.339 5	-0.405 8	-0.312 8	-0.025 2
2013	-0.274 0	0.250 1	0.517 1	-0.123 1	-0.051 7	-0.133 0	-0.172 0	0.246 8
2014	0.321 8	0.056 3	-0.254 2	0.045 2	0.026 2	-0.024 4	0.215 5	-0.031 4
2015	-0.012 4	0.311 0	0.124 6	-0.027 4	-0.007 1	-0.006 7	0.056 6	0.387 1
2016	0.153 4	0.174 3	0.080 9	0.061 6	0.039 5	-0.000 3	0.018 9	-0.245 3
2017	0.082 3	0.089 4	0.025 2	-0.008 0	0.218 8	0.056 5	0.096 9	0.045 5
2018	0.075 7	-0.017 3	0.027 4	-0.001 9	0.054 8	0.105 0	-0.011 1	0.088 6

7.4.1.3 稻米技术进步偏向状况

稻米是我国重要的粮食类作物，2018年种植面积3 0189千公顷、产量21 212.9万吨，仅次于玉米。稻米品种丰富，有籼稻、粳稻、糯米稻、紫米稻等，由于种植条件和作物属性不同，分布面积较广，南北方均有生产。北方气温低，降水量少，多生产粳稻品种；南方温度高，降雨相对较多，更适宜籼稻生长。稻米集中种植区域是长江中下游平原、东北平原、珠江流域、四川盆地及华北部分地区。主产省份有湖南、黑龙江、江西、湖北、江苏和安徽等，种植量和产量方面，湖南、黑龙江和江西处于前三名。城镇化和工业化战略加快推进以来，稻米种植中机械化和生物化学技术应用水平均有了大幅提升，但更高效和便捷的机种技术推广仍然是生产难题。因为稻米产区地理位置和经济发展的差异性，技术进步偏向也呈现出一定的区域特点。从表7-10可见，除湖北外，各省份多数年份技术偏向指数是正值，表明稻米机械化技术增速相对快于生物化学技术，技术进步基本偏向于土地要素，即更多使用土地而节约劳动。黑龙江、安徽两地平原面积广袤，有利于规模化作业，仅有两年指数为负值，劳动节约型技术进步表现得最为突出。湖南地处长江中游，水系丰富、气候适宜，农业资源条件较好，境内洞庭湖平原是国内重要商品粮基地；稻米机械化程度较高，多数年份偏向指数大于零。浙江、江苏等东南沿海地区经济发展快，市场化水平高，机械设备投资能力强，技术偏向特征也比较显著。

表7-10 稻米主要产区技术进步偏向指数

年份	辽宁	吉林	黑龙江	江苏	浙江	安徽	福建
2005	0.286 7	0.369 0	0.149 4	0.233 7	0.071 7	0.120 4	0.005 9
2006	0.327 7	0.427 7	0.775 0	0.109 2	0.017 5	0.032 1	0.135 8
2007	0.152 4	−0.074 4	0.000 1	0.104 8	0.235 2	0.128 0	0.080 0
2008	−0.086 2	0.026 5	0.129 0	−0.005 1	0.197 6	0.445 5	0.280 2
2009	0.010 6	−0.128 6	0.033 3	0.075 0	0.041 6	0.397 2	0.351 3
2010	−0.051 4	−0.273 1	0.370 5	0.031 6	0.070 0	0.144 5	0.310 7
2011	−0.004 3	0.138 7	0.040 4	−0.091 5	0.008 0	−0.033 4	−0.029 5
2012	0.146 9	−0.070 6	−0.189 8	−0.295 6	0.095 2	−0.287 2	−0.178 2
2013	−0.104 0	−0.001 8	0.050 8	0.005 8	−0.081 0	0.055 9	0.004 7
2014	0.330 5	−0.026 3	0.196 5	0.233 7	0.048 2	0.117 3	0.074 6

续表

年份	辽宁	吉林	黑龙江	江苏	浙江	安徽	福建
2015	-0.119 2	0.056 5	0.001 8	-0.035 6	0.034 5	0.126 0	0.016 6
2016	0.194 0	0.050 4	0.040 5	0.387 0	0.184 6	0.270 6	0.060 4
2017	0.021 4	0.050 9	0.054 6	0.246 9	0.058 4	0.414 4	0.084 9
2018	0.000 9	0.138 2	-0.037 3	0.122 8	-0.033 5	0.195 6	-0.001 5

年份	江西	山东	河南	湖北	湖南	云南
2005	0.057 2	-0.327 5	0.353 3	0.108 3	-0.038 4	0.033 0
2006	0.125 2	0.407 4	-0.594 7	-0.293 6	-0.172 5	0.165 2
2007	0.142 8	0.284 1	0.462 6	-0.040 8	0.104 5	0.191 1
2008	0.276 4	0.151 7	0.044 8	0.501 3	0.448 1	0.029 1
2009	0.247 1	0.144 5	0.025 2	-0.135 5	0.166 8	-0.013 8
2010	0.280 0	0.266 4	-0.810 8	-0.139 4	0.189 4	-0.170 2
2011	-0.090 6	0.347 1	0.157 4	0.024 3	-0.218 1	-0.188 0
2012	-0.067 1	-0.016 2	-0.301 4	-0.353 2	-0.095 3	-0.302 5
2013	-0.129 5	-1.206 9	0.195 9	-0.129 5	0.034 3	-0.150 2
2014	0.046 7	0.664 2	0.043 4	-0.024 1	0.106 5	0.233 4
2015	0.047 9	0.099 7	0.124 0	0.546 7	0.044 1	-0.046 8
2016	0.068 7	-0.039 5	-0.050 4	0.138 5	0.221 5	0.211 2
2017	0.054 6	0.191 6	-0.007 1	0.804 5	0.344 4	0.131 5
2018	0.026 8	0.251 2	0.047 9	-0.125 0	-0.201 7	0.067 6

7.4.1.4 大豆技术进步偏向状况

大豆是重要的粮油兼用作物，既可以提供优质植物蛋白，又可以作为油料和饲料资源。大豆品种繁多，有黄大豆、黑大豆和青大豆等，广泛分布于东北地区、黄淮流域、长江流域及西南地区等，主要产地有黑龙江、内蒙古、安徽和河南等。近年来，大豆生产技术不断发展，出现了许多优质品种，机械化水平也大幅提升。从表 7-11 可见，大豆技术进步也呈现有偏的特征，但产地间有一定差异性。由于多数省份半数以上年份技术偏向指数是正值，说明所考察的年份机械化技术增长多快于生物化学技术，技术进步偏向土地要素。黑龙江、内蒙古是全国两大主产区，只有个别年份偏向指数小于零，技术进步是显著的劳动节约型。河南省作为主要产地之一，情况比较特殊，技术偏向指数有11年为负值，说明生物化学技术增长快于机械化技术，技术偏向使用劳动而节约土地。主要原因是河南适宜优质大豆种植的地区并不多，规模化水平较低；大豆亩产量不高，价格偏低，并且补贴也少，农民要么多种植其他替代农作物，要么尽量压缩机械投入以降低成本，因而生物化学技术发展要快于机械化技术。

表7-11 大豆主要产区技术进步偏向指数

年份	河北	内蒙古	辽宁	吉林	黑龙江	安徽	山东	河南	陕西
2005	1.176 9	0.375 9	0.480 9	0.063 5	0.235 8	-0.155 6	0.379 0	0.561 3	1.176 9
2006	0.370 0	-0.040 7	0.309 4	0.036 4	-1.080 5	0.087 0	-0.211 7	-0.198 1	0.370 0
2007	-0.537 8	0.290 3	0.643 8	-0.083 3	0.721 9	0.385 2	0.837 8	0.409 4	-0.537 8
2008	0.010 1	0.193 1	0.258 2	0.489 2	0.472 8	0.056 1	-0.276 7	-0.058 4	0.010 1
2009	0.471 7	0.011 8	-0.123 8	-0.273 9	0.386 3	-0.136 0	0.469 9	-0.015 0	0.471 7
2010	-0.117 8	0.044 6	0.195 0	0.568 8	0.173 8	0.065 4	-0.623 2	-0.236 9	-0.117 8
2011	-0.040 5	0.038 3	-0.189 8	0.049 9	0.745 1	-0.102 4	0.423 6	-0.171 5	-0.040 5
2012	-0.401 5	-0.218 9	-0.142 4	-0.054 2	-0.144 3	-0.149 2	-0.403 5	-0.387 5	-0.401 5
2013	-0.101 9	-0.069 8	-0.278 7	0.136 1	-0.058 2	-0.050 2	0.307 4	-0.194 5	-0.101 9
2014	0.106 1	0.273 0	0.056 5	0.194 3	-0.078 9	0.026 9	0.270 6	-0.104 5	0.106 1
2015	0.085 8	0.159 6	0.016 9	0.098 3	0.592 6	-0.233 2	0.346 2	-0.050 0	0.085 8
2016	0.117 2	-0.023 3	-0.082 4	-0.019 2	0.021 6	0.197 2	0.254 9	-0.044 3	0.117 2
2017	0.104 1	0.035 2	0.136 2	-1.834 2	-0.816 2	-0.869 5	-0.528 8	-0.091 2	0.104 1
2018	-0.079 0	0.206 8	0.025 7	1.202 9	0.625 0	0.663 8	0.506 9	0.274 4	-0.079 0

7.4.2 土地劳动密集型作物的技术偏向性

7.4.2.1 花生技术进步偏向状况

花生是中国产量较为丰富、食用量较高的坚果类作物，也是优质植物油原料。花生适宜在气候温暖、降雨量适中的沙土地生长，分布于黄河流域、东北、华南和西南等地区，主要产地是河南、山东、广东、河北、辽宁、吉林、安徽、四川等。2018年，我国花生种植面积4 620千公顷，产量1 733.2万吨；其中河南和山东产量依次为572.4万吨、306.7万吨，两地产量占全国总量的50.72%。花生技术进步较快,具有结构性偏向特征。如表7-12所示,代表性主产区河南和山东省多数年份偏向指数取值为正,意味着机械化技术增长快于生物化学技术,技术进步方向倾向于节约劳动。除此之外,河北、辽宁和安徽技术进步也是更多使用土地而节约劳动。广东、四川多数年份偏向指数为负值,表明与机械化技术相比,生物化学技术发展速度相对更快。局部地区机械化水平偏低,其中原因是产地位于丘陵地带,制约了机械化设施的推广和应用。所以整体上看,花生技术进步偏向于节约劳动而更多使用土地要素。

表7-12 花生主要产区技术进步偏向指数

年份	河北	辽宁	安徽	山东	河南	广东	广西	四川
2005	0.080 8	0.456 2	-0.688 1	-0.080 6	0.127 8	-0.009 9	-0.337 5	0.999 0
2006	0.050 2	1.013 6	-0.333 4	0.223 4	0.538 2	-0.379 6	-0.021 2	-0.203 3
2007	0.140 0	-0.058 3	0.489 6	0.374 9	0.696 3	1.001 8	0.000 8	1.684 2
2008	0.169 2	0.086 2	0.186 2	0.075 2	0.143 9	-0.026 5	0.019 2	-1.729 8
2009	0.056 1	0.321 9	0.770 4	0.073 9	0.419 6	-0.015 4	0.328 5	-0.567 2
2010	-0.058 8	-0.270 2	0.015 5	0.024 4	-0.155 8	-0.069 2	-0.308 0	0.451 7
2011	-0.155 0	0.062 9	0.113 6	-0.074 7	0.076 3	-0.194 3	-0.096 3	-0.292 2
2012	-0.280 2	-0.343 0	-0.048 8	-0.027 7	-0.071 8	-0.125 6	-0.286 2	-0.072 4
2013	-0.101 8	0.194 2	0.011 5	-0.187 7	0.245 2	-0.030 3	-0.138 6	-0.073 6
2014	-0.041 5	0.553 1	0.298 8	0.019 0	-0.023 6	-0.115 8	0.066 8	0.166 3
2015	0.102 4	0.104 9	0.215 3	0.030 5	0.344 5	0.130 1	0.015 7	-0.128 7
2016	0.005 5	0.813 6	1.059 1	0.054 1	-0.038 4	-0.079 8	-0.034 5	0.156 1
2017	0.045 8	0.097 7	0.319 5	0.090 4	-0.039 3	0.194 7	0.090 6	-0.024 2
2018	0.068 9	-0.124 7	0.320 9	0.004 9	0.069 1	-0.138 8	0.061 1	0.012 6

7.4.2.2 油菜籽技术进步偏向状况

油菜是中国重要的油料和蜜源作物,性喜冷凉或温暖气候,对土壤条件要求不高,在沙土、黏土、红黄土壤等土质上均能盛产,可分为冬油菜和春油菜两种,主要分布在长江流域、中西部地区。冬油菜一般适宜南方地区播种,春油菜则在北方入春后种植。我国油菜种植量居世界首位,播种面积高于花生,但产量略低于花生。2018年,国内种植面积和产量分别为6 551千公顷和1 328.1万吨，依次占油料作物总量的50.89%和38.68%；四川、湖北和湖南是三大主产省份，同年产量依次为292.2万吨、205.3万吨及204.2万吨。油菜生产中，技术进步对产出增长发挥重要作用。从表7-13可见，2005年以来，陕西省累计10年技术偏向指数小于零，说明生物化学技术取得更快发展，技术进步偏向于土地节约型；其余省份半数以上年份指数值为正数，说明机械化技术增速相对更快，技术进步偏向于劳动节约型。然而，与前述土地密集型作物对比，油菜籽技术偏向程度显然要低一些；因为多数产地偏向指数分别为正值、负值的年份数非常接近，说明生物化学技术与机械化技术进步率差别不大。

表7-13 油菜籽主要产区技术进步偏向指数

年份	江苏	安徽	江西	河南	湖北	湖南	四川	云南	陕西
2005	0.732 2	0.205 2	-0.106 6	-0.392 5	0.644 4	-0.214 1	-0.161 3	1.364 8	1.662 3
2006	0.003 9	-0.152 7	1.452 6	0.135 3	0.093 9	-0.080 9	1.132 8	0.333 1	-0.098 4
2007	-0.288 2	0.187 1	-0.885 0	0.488 2	-0.253 3	0.315 1	1.146 6	-0.326 5	-1.424 9
2008	0.047 2	-0.223 5	0.387 6	-0.226 0	0.736 1	-0.096 2	0.105 2	0.016 6	-0.135 2
2009	0.098 6	0.574 8	0.507 4	0.577 7	0.001 8	0.284 2	-0.140 0	0.216 3	1.268 5
2010	-0.052 2	0.034 6	-1.245 9	0.381 4	0.046 8	0.117 2	-0.123 1	-0.414 9	-0.335 6
2011	-0.184 0	0.242 0	-0.627 1	-0.413 1	-0.093 1	-0.025 4	-0.273 9	-0.116 6	-0.336 3
2012	-0.147 7	-0.343 2	-0.273 5	0.675 2	-0.052 4	-0.187 6	-0.356 1	-0.764 0	-0.381 7
2013	0.044 3	-0.063 5	0.447 8	-0.823 3	-0.039 1	-0.249 6	-0.224 7	0.435 6	-0.194 6
2014	0.404 0	0.564 7	0.013 5	0.636 1	0.131 3	0.525 2	0.188 7	0.719 0	-0.086 9
2015	0.049 2	0.488 4	0.179 8	-0.187 8	0.134 3	-0.267 8	0.039 0	0.001 8	-0.034 8
2016	-0.217 3	-0.084 8	0.078 2	0.402 8	0.240 5	0.159 6	0.007 1	0.137 4	0.112 1
2017	0.484 3	0.216 9	-0.085 2	-0.257 9	0.104 3	0.867 3	0.442 1	0.067 3	-0.078 5
2018	-0.053 3	-0.058 4	0.071 6	-0.145 5	0.231 7	0.465 3	0.133 6	0.035 8	0.249 8

7.4.2.3 棉花技术进步偏向状况

棉花是棉属纤维类作物，中国西北、华北和华南等地区均有分布，主要产出集中在新疆。2018年，全国棉花种植面积3 354千公顷，总产量为610.3万吨；其中新疆播种面积2 491.3千公顷，实现产出511.1万吨，在总量中占比依次为74.28%和83.75%。我国棉花生产中广泛使用新品种，积极推广地膜覆盖和育苗移栽，大力实施平衡施肥、节水灌溉及病虫害防治技术；持续强化作业机械化水平,不断提升整地、施肥、播种和采收环节效率水平。目前全国棉花耕地和播种机械化率较高,采收率相对偏低。在国家政策支持下,新疆地区加快推进全程高效绿色机械化技术的应用,2018年机采率达到35%,北疆和生产建设兵团则超过80%。棉花生产中技术进步表现出非平衡发展的特征,如表7-14所示,江苏技术偏向指数依次为正值、负值的年份数相当,技术偏向大体是中性的;其余地区指数为正值年份数目均大于负值的年份数,说明技术进步偏向于使用土地、节约劳动。新疆作为最大棉产区,技术增长是明显的劳动节约型。山东和湖北分别是黄河流域及长江流域两个较大的产地,从偏向指数看,多数年份机械化技术应用要快于生物化学技术。显然,除江苏产区外,其他产地技术进步具有劳动节约型倾向。这是棉花生产者降低用工成本,提高收益水平,适应市场环境变化的理性选择。

表 7-14 棉花主要产区技术进步偏向指数

年份	河北	江苏	安徽	江西	山东	河南	湖北	湖南	甘肃	新疆
2005	-1.603 9	0.494 2	-0.850 4	0.097 8	0.218 7	0.667 2	0.653 5	-0.907 1	-1.116 3	-0.394 5
2006	1.157 9	-0.425 1	-1.580 8	1.681 4	0.023 1	-1.055 7	0.057 0	0.046 8	0.357 2	0.072 1
2007	0.434 3	-0.004 5	0.823 0	0.288 3	0.161 5	0.123 0	-0.248 9	0.424 8	0.706 4	-0.284 3
2008	-0.422 8	-0.115 1	1.102 0	0.071 3	0.203 0	0.908 9	0.876 2	0.931 7	2.271 8	0.443 2
2009	0.108 6	0.208 4	1.244 0	0.589 4	0.359 3	0.457 4	0.498 7	1.432 2	-1.431 9	1.385 8
2010	-1.317 8	-0.069 2	0.595 9	-0.696 5	-0.042 6	-0.264 1	-0.380 2	-0.867 8	0.186 8	0.038 0
2011	-0.046 2	0.188 1	1.238 0	-0.165 0	-0.098 7	0.246 1	0.159 4	-0.400 4	1.072 4	3.560 8
2012	0.478 5	0.335 5	-1.061 8	0.442 0	0.242 6	-0.878 4	-0.072 0	-0.299 9	0.588 1	-1.051 9
2013	-0.238 4	-0.441 7	1.462 9	2.476 1	0.001 9	-0.080 6	0.144 5	-0.014 9	-0.105 9	0.562 3
2014	0.620 2	0.900 1	0.120 6	-1.539 4	0.025 5	0.851 9	0.261 0	0.154 3	0.939 8	0.539 2
2015	-0.220 9	-0.153 7	0.372 8	-0.410 4	0.084 4	0.482 7	1.121 8	0.822 6	0.360 8	0.759 0
2016	0.161 5	-0.010 2	0.459 8	0.297 5	0.059 1	0.034 0	0.521 7	0.785 8	-0.595 9	-0.519 2
2017	0.186 1	0.386 3	0.301 2	0.456 0	0.013 7	0.487 1	0.357 6	0.225 6	-0.379 2	0.154 5
2018	0.112 1	0.022 7	0.563 8	0.279 2	0.333 1	0.357 9	0.115 6	0.366 3	-0.131 5	1.930 5

7.4.3 劳动密集型作物的技术偏向性

7.4.3.1 大白菜技术进步偏向状况

大白菜是十字花科植物,品种丰富,喜冷凉气候,耐寒性强;在中国各地普遍栽培,产地分布于黄河流域、东北地区、长江以南区域等。北方大白菜有山东胶州大白菜、北京青白、天津绿、东北大矮白菜、山西大毛边等,南方品种有乌金白、蚕白菜、鸡冠白、雪里青等。在各类蔬菜中,种植量和产量均居于首位,是居民家庭日常消费量较高的菜品。近年来,我国大白菜生产在育种栽培、病虫害防治技术等方面取得重要进步,一些地区使用优质品种,亩产甚至超过 5 000 公斤,如贵阳。受作物属性及个性化作业影响,蔬菜类作物机械化率普遍较低,大白菜是栽培程序和技艺相对简单的蔬菜,每亩土地劳动用工量较少,但机械化应用程度并不高。从表 7-15 可见,2005—2018 年,郑州和哈尔滨产区技术偏向指数为负值的总年份接近,但仍低于 7 年,技术进步基本是劳动节约型的;南昌和贵阳两地指数分别取正负值的年份相当,技术偏向大体上是中性的;天津、石家庄、太原、沈阳、济南和兰州六地偏向指数多数年份小于零,表明这些地区较长时期中生物化学技术增长快于机械化技术,技术进步偏向于土地节约型。由此可以判断,大白菜技术进步大体上是偏向更多使用劳动而节约土地。

表 7-15 大白菜主要产区技术进步偏向指数

年份	天津	石家庄	太原	沈阳	哈尔滨	南昌	济南	郑州	贵阳	兰州
2005	0.804 3	-1.631 5	1.669 8	0.433 3	0.444 7	-2.539 9	-0.412 3	2.897 4	-0.030 0	-0.240 3
2006	0.591 1	0.772 8	0.592 8	-0.557 6	0.926 3	0.360 0	0.718 8	0.275 7	1.294 5	0.191 4
2007	-0.137 4	1.536 5	-1.040 7	-0.279 7	-1.351 2	-0.049 5	2.649 3	0.297 7	0.411 9	0.761 1
2008	0.380 3	-1.047 8	-0.237 8	0.000 3	0.433 6	-0.043 9	-0.037 2	-0.092 8	-0.124 3	0.074 6
2009	-0.338 3	-0.725 1	0.882 9	-0.117 1	-0.752 1	0.432 1	-0.967 4	-1.648 7	0.214 5	-0.100 2
2010	-0.556 4	-0.581 5	-0.805 7	-0.532 9	-0.262 6	-0.511 4	0.203 2	-0.565 1	-0.424 1	-1.550 2
2011	0.229 1	-0.392 5	0.719 3	0.397 2	0.259 2	2.668 5	0.146 5	0.008 2	-0.556 0	0.450 9
2012	-0.125 8	12.692 5	-0.170 6	-1.000 7	-0.212 0	-0.474 5	-0.909 6	-0.141 5	0.043 3	0.007 7
2013	-0.091 2	-0.737 0	-0.553 6	-0.114 2	0.024 2	0.723 9	-0.680 5	0.115 7	-0.369 7	0.244 5
2014	0.322 8	-0.667 3	-0.585 4	-0.113 4	0.020 7	-1.265 5	0.010 9	0.381 1	0.362 5	-0.132 8
2015	-0.233 9	0.373 6	0.071 6	0.017 6	1.892 6	1.504 5	-0.170 9	-0.082 5	0.008 9	-0.099 0
2016	-0.124 6	-0.309 6	-0.069 1	0.059 9	0.677 5	-0.399 6	-0.115 7	-0.063 0	-0.509 2	-0.006 2
2017	0.095 2	0.106 6	-0.081 6	-0.066 0	0.327 8	0.634 5	-0.103 8	0.058 2	0.150 3	-0.066 3
2018	-0.066 3	0.031 2	0.487 7	-0.006 8	-1.403 1	0.758 0	0.410 5	1.411 7	-0.072 5	-0.081 0

7.4.3.2 苹果技术进步偏向状况

苹果是蔷薇科类植物,品种繁多、营养丰富,是中国重要的经济果属类作物;主要分布在黄土高原、渤海湾、黄河故道和秦岭北部、西南高冷地带等区域。中国是世界上最大的苹果生产国,年产量超过4 000万吨,占世界总产量50%以上;山东、河南、陕西、山西和辽宁等地是我国优质苹果出产地。苹果种植中,既有一般化的整地、种植、灌溉、施肥和收获等工序,还会涉及育苗、修剪、拉枝、授粉和套袋等个性化作业,所以单位面积劳动投入显著高于粮食类作物。由于需要劳动密集投入及精细务工,机械替代劳动的难度较大、成本较高,所以相对于生物化学技术,机械化装备应用程度偏低。如表7-16所示,北京、山西、陕西和甘肃多数年份技术偏向指数小于零,生物化学技术进步要快于机械化技术,技术进步偏向于节约土地。河南、辽宁偏向指数取正值、负值的年份数相当,技术偏向大体是中性的。河北、山东累计6年技术偏向指数为负值,技术进步稍偏向于节约劳动。由于多数地区技术偏向特点,所以基本可以认为,近年来,苹果技术进步倾向于更多使用劳动、节约土地,技术进步偏向于土地要素。

表7-16 苹果主要产区技术进步偏向指数

年份	北京	河北	山西	辽宁	山东	河南	陕西	甘肃
2005	-4.469 8	-0.014 3	0.427 0	1.684 8	0.348 9	2.514 6	0.514 8	-0.030 6
2006	-1.984 3	0.537 9	-0.430 5	0.368 7	0.100 0	-2.930 5	-0.314 7	-2.007 9
2007	10.430 9	0.136 8	-0.153 5	-1.646 6	0.397 8	1.426 9	0.280 1	-0.398 8
2008	-1.471 3	-0.269 5	0.145 7	0.209 9	-0.077 4	-0.473 0	0.277 3	-0.257 2
2009	-3.337 2	0.081 3	-0.045 3	-1.223 7	-0.033 5	0.993 3	0.189 8	-0.056 9
2010	-0.012 3	-0.126 6	1.626 0	-0.723 3	-0.000 9	-0.420 3	-0.278 5	-0.963 2
2011	0.341 5	0.144 6	-0.410 6	0.230 5	-0.023 1	1.123 2	-0.304 4	-0.120 8
2012	-0.849 4	-0.161 5	-0.237 2	-0.093 0	-0.346 9	-1.152 8	-0.331 0	-0.222 3
2013	0.737 3	0.561 9	0.099 5	-0.176 4	0.030 3	1.276 5	-0.074 9	-0.122 0
2014	-1.322 7	0.256 6	0.086 0	0.015 9	0.504 6	-0.108 7	-0.081 3	0.280 9
2015	-0.271 4	-0.189 4	-0.045 7	1.160 4	-0.103 0	-0.793 0	-0.054 1	0.055 0
2016	-0.090 1	0.014 8	-0.286 0	-0.498 5	0.298 2	-0.141 2	-0.095 0	0.149 5
2017	2.517 8	0.068 5	-0.518 0	-0.513 6	0.064 3	0.014 9	-0.132 6	0.403 7
2018	0.929 2	-0.546 9	0.726 9	0.270 0	0.019 1	0.441 8	0.183 3	0.437 0

7.5 结论

7.5.1 农作物基本要素互补程度有所不同

本书所选择的 12 种农作物，既考虑农产品基于人类的生存意义、经济功能和社会价值，又兼顾作物种类的全面性，因而在农业部门中具有充分代表性。由实证结论可见，各种作物替代弹性取值区间均大于 0 小于 1，所以基本要素土地与劳动间存在明确的互补关系。作物间替代弹性取值大小有所不同，土地密集型作物替代弹性值较大，劳动密集型作物替代弹性值相对较小，土地劳动密集型作物弹性值大致介于两者之间。这说明土地密集程度高的作物，劳动投入一般较少，生产活动对劳动依赖性小，要素可替代性更强；劳动密集性高的作物，生产工艺复杂、作业流程长，农业生产对劳动的依赖性较强，替代关系则弱一些。

7.5.2 农作物间技术增长率变化具有异质性

近年来，农业部门技术进步变化既有一致性，又有特殊性。城镇化进程加快推进后，农村人口大量外流，使得用工成本持续上升，要素相对价格变动冲击技术供给，引致农业技术进步的结构性变化。同时为了加快农业现代化进程，促进农业高质量发展，政府不断调整和优化财政金融政策安排，加大对各种农机具的购置补贴及信贷资助力度，促使资本深化程度不断提升。小麦、玉米、稻米等作为主要粮食类作物，种植面积、产量和消费量基本居于前列。这些农产品生产的共同特点是土地密集程度高，栽培技艺和作业工序相对简单，机械装备应用及推广具有规模效应，应用成本低、回报率高，相对应机械化技术进步（劳动增强型技术）明显快于生物化学技术（土地增强型技术），劳动效率水平增长高于土地效率水平增长。

农业部门内部技术进步并非同步的、平衡的，由于各种农产品的价值、作物属性及栽培复杂性显著不同，作物间技术进步又具有异质性。棉花和油料作物属于土地劳动密集型作物，生物化学技术增长率稍低于机械化技术，土地效率增长与劳动效率增长差距不大。这类作物种植量小于粮食类产品，生产流程有一定复杂性，劳动投入量偏多，因而机械化实施水平要低于前者。蔬菜水果类作物栽培工序和技艺较为复杂，个性化劳动投入较多，或者现有创新边界尚未提供能够替代劳动的机械设备；或者特殊技术适用范围窄，装备投产成本高、收益低，所以市场推广及普及率不高。前文实证结论中这类作物生物化学技术发展快于机械化技术，土地效率水平提升高于劳动效率，与经验事实是一致的。

总之，土地密集型作物和土地劳动密集型作物一样，与整体农业部门技术有偏进步方向大体一致，但后者程度要弱于前者；劳动密集型作物则相反，生物化学技术增速相对更快。

7.5.3 农作物间技术进步偏向呈现结构性差异

上述农作物技术偏向性的结构层面分析，相对完整、系统地反映了农业部门技术进步偏向状况。农业技术进步方向与农作物要素结构密切关联，同时受经济发展、地理环境等因素影响。整体看，近年来，12种农作物技术进步均是有偏的，多数农产品机械化技术应用要快于生物化学技术，技术进步呈现劳动节约型倾向，但作物间有一定差异性。土地密集型作物生产在农业产业中最为基础，粮食类产品是重要的生活资料，是生命延续的基本保障。这类作物当前种植面积广，规模化作业程度高，已经初步具备产业化发展条件；在成本结构优化的获利动机激励下，劳动节约型技术取得快速发展具有必然性。此时技术进步所引致的土地边际产出增长高于劳动边际产出增长，农业生产偏向于多使用土地要素。

劳动密集型产品与土地劳动密集型产品是生活辅助性资料，具有较高的经济意义和社会价值，作物种植面积受市场因素影响较大。两类农作物属性及栽培工序有所不同，如上文所述，劳动密集型作物工艺复杂性相对更高，个性化作业较多，机械替代劳动的技术难度大，特种装备投产和使用成本高，制约了机械化水平提升；因而生物化学技术进步更加突出，劳动要素边际产出增长快于土地要素边际产出增长，技术进步偏向于多使用劳动要素。土地劳动密集型作物基本要素投入介于粮食类作物与蔬菜水果类作物之间，技术增长方向与粮食类作物相对一致，但偏向性不如前者典型。

不同种类农作物技术进步偏向状况对比悬殊，同类作物由于产区不同，农业技术偏向性也具有异质性。中国许多农作物产地分布广泛，各产地地形和气候条件存在较大差异性,通常地表相对平整的产区技术偏向特征更为显著,如黑龙江、山东、河南、江苏和内蒙古等地区,技术偏向在本类作物中具有充分代表性。然而,一些产地受地理结构和经济发展制约,其技术偏向性异于本类农作物技术有偏进步的主体特征,呈现反向变化特点。

8
研究结论和政策建议

8 研究结论和政策建议

本章梳理和概述前述章节的主要研究结论，凝练和归纳全书的核心观点。在此基础上提出政策建议，旨在优化诱导创新机制，完善农业技术创新模式，确立起适宜的创新驱动发展路径。本书在篇末指出研究的不足之处，展望未来研究进一步优化和拓展的方向。

8.1 研究结论

8.1.1 农业技术取得较大进步，呈现反向有偏变化特征

本书将农业技术分为生物化学技术与机械化技术两种不同类型，前者增强土地产出效率，可以节约土地使用；后者则增强劳动产出效率，可以节约劳动投入。

生物化学技术进步方面，种质资源研发和新品种应用水平大幅提升，农药和化肥投入连续增长，新型高效环保肥料施用也有所发展，农作物病虫害及自然灾害防治能力明显增强。当前农业生产中生物化学技术进步状况，主要体现为种子、农药和肥料的应用水平，所以使用种子费、农药使用量和化肥施用量三个指标衡量，通过熵权法赋权得到综合分值。研究发现，该综合评分逐年上升，表明生物化学技术整体应用水平不断提升。农业机械化技术研发和应用方面，技术供给体系逐步成熟，研发和推广能力日益增强；农机产品拥有量大幅增长，种类和功能丰富多样。用农业机械化总动力表示机械化技术的采用状况，以反映劳动效率的增强程度，同时采用生物化学技术核算时的方法对数据进行无量纲处理。研究发现，农业机械总动力水平呈现持续上升态势，表明机械化技术实施水平不断增强。

为从现象层面呈现农业技术结构性变化路径，本书进一步分析了生物化学技术与机械化技术的相对变化状况，用上述两种技术的比值衡量。研究结果显示，2002年前生物化学技术与机械化技术的相对比率小幅上升，表明生物化学技术进步快于机械化技术；随后出现大幅下降，说明机械化技术进步更快。本书由此认为，农业技术表现出有偏进步特征，但2002年前后其方向发生了转变。

8.1.2 诱导创新因素发生结构性变化，其影响权重显著不同

按照诱导性创新假说，要素相对稀缺性与市场需求是农业技术有偏进步

的诱导因素。从经验现象分析看，改革开放40余年中，土地劳动数量结构及相对稀缺性发生了对比性变化，各地区农业要素比率高低不同，但运动轨迹与全国变化趋势基本一致，都经历了一个下降又上升的过程。省际进行比较分析，发现多数省、自治区或直辖市土地劳动比率与全国变化路径相似，说明农业要素数量结构逐步优化，人地关系不断改善，价格效应方向发生变化。关于涉农资源的质量禀赋，本书分析了农作物产区的地理结构，地形地貌特征虽然短期相对稳定，但区域间有较大差异性，并会对农业技术应用产生重要影响。中国产粮大省的地理表征相对较低，农作物主产区多分布于华北平原、长江中下游平原、东北平原及西部地势平坦区域。

农作物种植量和需求量的增长，会强化农业技术投产的规模收益，从而促进技术应用和推广水平的提升，所以用农作物播种面积衡量技术的需求规模，以此反映规模效应。1978年以来，全国农作物播种面积呈持续上升态势，2018年总水平与改革开放初期对比增幅显著。区域间农作物播种量有一定差异性，中部地区总播种量最高，东部地区水平近年来有所下降，目前已经低于西部地区。从省际角度看，多数省份播种面积波动中上升。

通过熵权法综合评价要素相对稀缺性与市场需求的变化状况，发现前者赋权明显大于后者，由此初步判断价格效应作用大于规模效应，是农业技术有偏进步的主要影响因素。此外，诱导创新因素的综合得分均值呈现阶段性变化特点，大约于2002年后出现大幅下降，表明其综合作用方向发生变化，由正向转为负向。

8.1.3 诱导性因素综合作用下，农业技术有偏进步方向发生转变

本书使用中国农业经验数据，对农业技术进步的诱导机制进行检验，证实了诱导创新假说的现实性。要素相对稀缺性与市场需求作为需求端诱导力量，共同影响农业技术进步方向。在两个因素综合作用下，生物化学技术与机械化技术相对增长出现反向变化，表明价格效应大于规模效应，并主导了农业技术进步方向，促进机械化技术取得了更快发展。本书使用城镇化率作为调节变量，可以看到随着其水平上升，诱导力量引致两种技术相对增长方向由正向转为负向，转折点发生在2002年前后，所以推断城镇化发展战略的启动加快了劳动力的区域间和产业间转移，随后农业劳动相对稀缺性显著改变，使得价格效应作用方向开始转变，最终诱导了机械化技术的快速应用。本书为检验该推断的可靠性，进一步使用广义双重差分法进行实证分析，选

择东部地区作为控制组,西部、中西部地区分别作为实验组,通过平行趋势检验、平均处理效应、动态处理效应等相关分析,证明了制度调整外生冲击的存在。该实证检验的政策效应为负向,意味着正是由于城镇化发展战略的实施,引致两种技术增长方向发生逆转。

此处要强调的是,城镇化发展战略启动前,东部、中西部地区市场化程度和城镇衍生机制存在较大差异性。东部地区一定程度游离于传统体制约束之外,要素流动相对顺畅,城镇化发展更倾向于市场自然秩序导向;中西部地区市场化程度低,城镇化战略的实施打破了要素流动的诸多制约,因而该战略的实施对中西部地区而言更有实质意义。从实证结果看,西部、中西部地区有显著的政策效应,促使机械化技术增长快于生物化学技术增长,而东部地区两种技术相对增长继续保持政策实施之前的变化路径,显然与上述相关分析相一致。

本书除实证研究诱导性因素对农业技术结构性变化的作用外,还分析了政府参与诱导创新、地理环境和气候条件等方面的影响。政府参与创新活动方面,提高R&D经费中政府与市场出资比,强化了生物化学技术应用,说明政府倾向于公共属性较强的生物化学技术,市场主体则偏好商业化程度更高的机械化技术;增加公共部门技术人员配置,促进了农作物栽培、病虫害防控技术的传播和应用,进一步激励生物化学技术应用,同时也表明机械化技术一般由市场主体安排人员推广;增强基础研究有利于生物化学技术发展,则意味着与机械化技术相比,前者对基础研究依赖程度更高;政府财政金融政策推动农业规模化经营,降低了农机具购置成本,加快了机械化技术的应用和推广。地理因素方面,地表指征越低,地面越平整,机械化水平越高;经济相对落后的高寒和高海拔地带,不具备作物成长的适宜环境,生物化学技术发展水平较低。气候因素方面,降水增加、温度上升促进生物化学技术发展;日照水平增长则抑制了生物化学技术进步,原因是农作物结构中短日照比例在逐步上升。

本书通过替换变量和数据法、安慰剂检验、改变样本区间和对样本分组相结合等方法进行稳健性检验,再次确认了上述研究结论的可靠性。

8.1.4 农业技术进步偏向阶段性对比显著,农作物间存在较大差异

整体农业部门技术进步偏向测度结果显示,土地与劳动是互补关系,与

现象层面判断相符。不同时期生物化学技术与机械化技术增速不同，呈现非平衡变化特征。由于两种技术在城镇化发展战略实施前后交替处于优势位置，从而促使技术进步偏向发生了相反的变化。2002年前，生物化学技术（土地增强型技术）增速高于机械化技术（劳动增强型技术），使得土地效率的平均增长率大于劳动效率的增长；之后两种技术相对增速发生逆转，后者超过了前者。由于要素替代弹性大于0小于1，在农业技术结构性变化影响下，1978—2002年，土地增强型技术更快增长，使得农业技术进步偏向于劳动要素；2003—2018年，劳动增强型技术增长优势更为突出，引致农业技术创新偏向于土地要素。2005年后按年度核算的技术进步偏向指数，表明多数年份劳动增强型技术增速要快于土地增强型技术，技术进步整体上偏向于土地要素。这是技术创新对资源优化配置目标的适应性调整，也是打破要素供给制约及促进农业持续发展的必然选择。改革开放后的十余年里，生物化学技术首先取得优势发展，城镇化和工业化的快速发展不断冲击传统农业经营模式，并促进其逐步转型升级，随着用工成本的增长及机器对劳动的广泛替代，与现代农业相匹配的土地密集型生产日益兴起。

关于农业部门内部要素结构变化及技术应用的分析表明，作物间既有共同变动趋势，也存在典型的差异性。20世纪90年代中期以来，12种代表性农作物每亩地劳动用工均有所降低，但土地密集型作物用工数量明显低于劳动密集型作物，土地劳动密集型作物劳动用工状况则居于中间状态。由于不同种类农作物栽培工艺及现有技术创新边界不同，农业生产中生物化学技术与机械化技术的应用对比悬殊。土地密集型作物机械化水平较高，劳动密集型作物的种子费、农药费和化肥费支出较多，说明生物化学技术进步较快，土地劳动密集型作物技术应用介于两者之间。要素数量结构作为主要的诱导创新因素，其作物间差异是农业技术结构性变化，进而技术进步偏向表现出异质性的重要原因，本书进一步根据农作物种类进行技术偏向测度，实证计量分析结果证实了这一点。

从农作物技术进步偏向性的分类测度结果看，土地劳动间替代弹性取值区间均为(0, 1)，但数值大小有所不同，说明土地劳动互补关系强弱受到农业生产中要素相对重要性的影响。粮食类作物一般土地密集式作业，农业生产对劳动依赖性小，土地劳动间替代弹性值较大；蔬菜水果类作物通常劳动密集式经营，替代弹性值较小；棉科和油料作物可划归为土地劳动密集型，替代弹性值居中。本书关于粮食类作物的研究，选取了小麦、玉米、稻米和大豆。这类作物种植面积大、产量高，栽培技艺和工序相对简单，重复作业流程多，机械装置易于替代劳动，因而机械化技术发展较快，劳动效率增长率高于土地效率增长率，技术进步偏向于节约劳动、更多使用土地要素。本书关于蔬菜、水果类作物的研究，集中分析了大白菜、西红柿、苹果和柑橘。这些作物生产中个性化劳动多，工艺相对复杂，一些工序现有机械技术不可及，特殊适用性的机械装备由于应用范围小，很难规模化投产及推广，所以生物化学技术应用程度相对更高，技术进步偏向于节约土地、更多使用劳动要素。马铃薯使用价值多样化，常作为蔬菜食用，部分地区和居民也将其作为主食，种植中劳动作业相对简单，技术创新及应用情况比较特殊，机械化技术增长稍快于生物化学技术，技术进步偏向于土地要素。棉花、花生和油菜籽要素投入兼有两种类型作物的特征，土地增强型技术增速高于劳动增强型技术，但两者差别不大。

中国地域辽阔，一些作物广泛分布于多个地区，分年度的技术进步偏向研究使用了主产区数据，核算了多个产地的技术偏向指标。研究结果表明，2005年以来，代表性作物主要产地农业技术进步均是有偏的，同种作物产地间技术进步偏向存在差异性，但其主体变化方向与该作物技术偏向平均水平的计量结果指向是一致的。通过实证计量分析可以看到，地形相对开阔和平坦的主产区，一般机械化技术进步更快一些，技术进步偏向特征也更显著。

8.2 政策建议

农业技术变迁是供求力量交互作用的结果。科学知识、经验积累和应用研究是技术进步的源泉，新技术供给能产生巨大动能，激励投资扩张和增加农业产出，培养出新的市场购买热点。农业技术进步也不能脱离既定的科技体系和架构，新技术的研发总是在现有创新边界可及范围内才能实现。然而，从农业技术创新的动机看，通常以补齐资源短板、打破要素约束为出发点，旨在解决当前及可预期未来生产实践中的棘手问题，以充分发挥比较优势，更好满足需求主体的提质增效目的，最终目标是服务于农业生产及农村发展。与供给端相比，需求端因素的影响分析，能够更好解释现实层面农业技术的有偏进步。本书已经完成的实证检验，证实了需求端诱导性因素是农业技术结构性变化的重要引致力量。在土地与劳动间的替代弹性大于0且小于1时，技术进步具有弱均衡偏离特征，偏向于相对丰裕要素，但作物间由于栽培工艺及技术可及性的不同，技术进步偏向存在异质性。所以，应进行需求与供给端的双向调节，不仅要优化诱导创新因素，从需求层面入手改善引致技术进步的相关条件；也要立足于农业生产现实，结合需求端变化，不断完善技术供给体系，以推动精准创新，确立起适宜的创新驱动发展路径。

8.2.1 调节和规范诱导性因素，形成良好的引致技术创新机制

要素相对稀缺性与市场需求引致了农业技术的有偏进步，进而促使要素相对边际产出发生变化。因而要从农业技术的需求端出发，调节和优化基本要素结构，提升涉农技术的市场需求，培育和确立与现代农业发展相匹配的诱导创新体系，以适应和促进新型农用技术的应用及推广。

8.2.1.1 调节和优化要素结构，促进现代农业技术进步

要调节和优化农业要素结构，形成有利于现代农业技术应用和推广的要素条件。土地和劳动数量比例体现了要素相对稀缺性的变化。改革开放后，农业基本要素数量结构经历了先降后升的过程。从土地与劳动的数量比率看，当前要素相对丰裕度显著提升；未来随着农业人口的非农转化，人地比例会继续得到优化。同时，农用地"三权分置"改革的加快推进，使土地流转范围和规模进一步扩大，农业土地内部结构必然呈现集中化和规模化的趋势。

然而，中国土地资源基本面是人多地少，丘陵山地比例高、优质耕地相对偏低，整体看，人地矛盾依然大范围存在。尤其是近些年，由于城镇化和工业化的快速发展，大量被征用的土地"农转非"，优质农地流失、耕地"非粮化"及土地生态质量滑坡等问题表现得较为突出。《中国国土资源统计年鉴》显示，2014—2017年，土地整治、复垦等增加耕地扣减建设占用、灾毁、生态退耕等减少耕地后，净耕地数额逐年减少，流失额依次为107 339.12公顷、59 452.15公顷、76 869.86公顷和39 925.11公顷。种植结构方面，小麦和稻米播种面积下滑幅度较大，不利于基本口粮自给和粮食安全战略的实现。连续作物复种和过度利用导致耕地功能退化，长时期农药和化肥的过量使用污染了土壤和地下水。一些地区受短期可视利益驱使，在实施耕地占补平衡政策时，"以劣充优""占多补少"，导致城镇附近大量连片农地被占用。这些土地多数地理位置好，水源丰富，稳产保收，而补偿土地则出现了条块化和碎片化倾向，部分甚至使用滩地、沼泽地、坡地等稳定性差和不易耕种的地块给以替补，优质耕地数量持续大幅减少。近年来，东北平原黑土壤肥力退化，华北平原地下水漏斗，长江中下游平原土壤污染严重。

西北地区荒漠化和沙漠化，西南地区石漠化，南方地区水田减少、坡耕地增加。可见，当前我国耕地数量、质量、生态均存在滑坡问题，加强耕地保护和改善人地关系的责任仍然任重道远。

土地是农业生产基本要素，又是不可再生资源。应当看到和指出，农业要素结构优化的关键点是要在既定自然禀赋条件下，尽力坚守做好耕地保护工作。未来应继续贯彻和执行最严厉的耕地保护制度，节约集约用地，严守耕地保护红线。严格管控建设用地性质的农用地征用审批，应严密谨防地方以"城乡绿化""自然保护地建设""河流、湖泊、湿地治理"等为名扩大农地占用。根据耕地等级标准，明确划定区域，切实落实永久基本农田保护措施，坚决遏制耕地"非农化"现象，加强耕地转为林地、园地和牧草地等其他农用地的控制。要采取政策促进农业生产者提高种粮积极性，引导和适度提升小麦、水稻及大豆等供给相对短缺作物种植比例，防止耕地"非粮化"倾向。

中国土地资源数量和质量分布有较大的区域差异性，各地区社会经济发展中用地急迫度也不尽相同。为了强化耕地保护，同时兼顾客观增长的建设用地需求，可以继续推行耕地占补平衡制度，允许用地矛盾较为突出的地区，通过开垦后备土地资源相对丰富地区的地块给以补充。应当调整和完善补充标准，不仅要保证数量平衡，还要体现质量要求和生态规范，要健全土地占补考察和监督机制，把质量和生态指标纳入评价范围，建立起包括耕地数量、质量和生态保护"三位一体"的综合评估体系。要加大对农用地非法占用的处罚力度，强化约束机制的有效性。同时要重视耕地保护激励和补偿机制的建设，当前国内多数地区已启动试点并初见成效。针对普遍存在的资金制约问题，中央层面可建立专项基金用于支持地方保护耕地。还要大力推进规模化高标准农田建设，优先采纳和示范先进农业技术。继续推行耕地轮作休耕制度，逐步推动对重金属、化学材料严重污染地区开展土壤修复整治试点。通过系统运用法律、行政、经济和技术手段，不断增强耕地保护能力，切实扭转乃至最终全面提升耕地数量、质量及综合涵养。

农业基本要素结构优化不仅与土地资源禀赋紧密关联，也会受到农业劳动数量及质量储备状况的影响。参与农业生产的劳动力数量将制约要素关系，如本书经验现状部分相关分析所述，城镇化进程中农村人口的非农流动是人地比例改善的重要原因。所以要完善城市工商业体系，培育出适应度高、灵活性强的新型经济业态，不断为进城务工农民创造更多就业岗位。农业劳动力质量也是要素禀赋的重要方面，现代农民通过接受学历教育或专业技术培训，进而凝结出大量人力资本，成为农业发展中新技术的主要承载者和实践者。基于当前农业劳动力质量状况、文献研究重心及数据可得性考量，本书并未对农业劳动质量禀赋做出更多研究，未来随着农村教育水平持续提升及农业人力资本的不断积累，该命题的现实意义会进一步凸显，将有望作为后续研究方向得到继续拓展。

8.2.1.2 提升市场需求水平和层次，积极引导农业发展升级转型

因为市场需求对农业技术进步具有诱导作用，所以应当拓宽市场规模和容量，提高技术品投产和应用的规模收益，从而促进农用技术的创新和扩散。小农经济的生产经营特点是使用自有劳动，生产资料多为低水平投入，由于主要小规模生产，增加技术投入会提高成本，不符合比较利益。要促使农业生产者引进先进技术，应建立农业稳产增产及提质增效的激励机制，扩大农产品生产规模，引导传统小农经营向现代农业发展转型。我国农村土地为集体所有，改革开放初期家庭联产承包责任制的实施，基本确立了以家庭为单位的经营模式。这一制度安排，由于赋予农民部分剩余索取权，调动了生产者的积极性和主动性，农业生产效率大幅提升，但个体家庭组织起来生产经营，普遍形式是小规模和分散化作业，严重制约了规模报酬的实现，也影响现代农业技术的推广和应用。农用地"三权分置"试点改革的启动，优化了制度设计，促进了农地流转和规模化经营。当前应在前期改革基础上，完善具体运作机制，提高制度运行绩效，为现代农业经营模式确立及新技术应用创造良好制度环境。从农产品供需结构性失衡角度看，应特别加大供给存在缺口农作物的种植面积，积极实施规模化经营，以加快新型技术的采用，提高农业生产的产出效率。

农业生产者对新型技术产生需求，并最终投入使用，是基于获利的动机。农产品生产出来后，在流通环节顺利完成市场交易，才能获得投资收益，否则，理性的生产者不会选择增加技术投入。长期以来，农产品价值实现是小农经济占主体的农业生产经营的难题，个体农户市场谈判能力不足，缺乏稳定的销售渠道。除了国家储备政策托底的农产品外，时令蔬菜、水果普遍存在销售难的问题，一些农户因为市场波动或流通渠道不畅而损失惨重。农产品流通不畅、销售难不利于农民增收，也制约了农业扩大再生产中技术应用水平的提升。所以，应健全农产品市场流通体系，建立多层次、面向不同客户端的产品流通市场，既要发展大中型批发市场和集贸市场，又要丰富零售

终端网络，还要积极培育和发展期货市场，降低或规避交易风险。要推动完善乡村电力、通信、信息化和交通等基础设施，缩短周转链条和节约流通成本；不断活跃交易形式，适时发展线上交易。通过逐步完善农产品流通体系，加快农产品的价值实现，保障各种要素的投资回报，进而促进农业技术的应用和推广。

农用技术的市场需求，源于农产品消费的引致需求。要扩大技术市场的规模和容量，提高技术的需求水平，根本上还需要关注农产品需求的变化。农产品消费与市场化程度、收入水平、人口规模和结构等因素相关。农产品市场发育和成长越充分，产业化程度越高，市场交易越活跃，最终销售规模及需求满足程度越高。居民收入通常对需求产生正向影响，当收入水平提高时，产品消费也随着增长，但农产品比较特殊，多数属于基本品，购买支出具有刚性特点。随着收入增长，需求上升幅度不大，当家庭进入高收入阶段后，基础食品支出比例还会下降。所以，收入大幅增长更倾向于影响需求层次，新品种粮食、蔬菜、水果或干货，外观诱人、口感好及营养价值丰富，消费量会随收入有所增加；肉、蛋、奶等中高档产品，收入增长后消费支出也会出现上升。一般农产品多为日常必需品，需求缺乏弹性，价格变化对消费支出影响不大。人口数量和结构是影响农产品消费总量的关键因素，由于食物支出是生存基础和保障，人口规模扩大必然伴随农产品需求水平的上升。城乡二元分治背景下，农产品生产和价值实现在地理及工农间是割裂的。农村是农产品生产基地，农民户户有地、家家有粮，基本保障食品消费自给，当前面向农民交易的农村集贸市场多数仍处于幼稚和无序状态，城镇则是主要流通场所，农产品多数流入市镇市场，城镇人口总量直接决定了农产品市场规模及需求走向。城镇化和工业化发展战略实施以来，城镇人口比例大幅上升，工业原料投入亦不断增长，促使中国农产品市场快速成长和发展壮大起来，整体需求水平和交易规模也逐年连续攀升。由于上述因素对农产品消费的影响，因此要提高市场化程度、增加居民收入及加快城镇化进程，通过农产品需求水平和层次提升，促使农业技术创新和应用，推动农业生产发展及转型升级。

8.2.2 完善农业技术创新体系，确立适宜的创新驱动发展路径

当前还要从农业技术的供给角度着眼，继续完善农业技术创新体系，以匹配需求端变化，选择恰当的技术创新模式，确立起适宜的创新驱动发展

路径。

8.2.2.1 理顺政府与市场间关系，选择恰当的农业技术创新模式

改革开放初期，中国农业技术创新主要沿袭计划经济时期的政府主导模式，由行政计划安排研发方案，自上而下调拨和配置所需资源，政府对技术研发和应用发挥核心导向作用。随着社会主义市场经济体制逐步成熟及日益迈向更高水平，农业生产商品化、市场化、规模化及产业化水平不断提升。在传统农民以家庭为单位的作业基础上，合作社、农业公司及产业基地等新型农业经济组织成长和壮大起来，人力资本积累及创新能力明显增强。市场体系新发展及经营组织新变化，客观要求农业技术创新要较好地对接和契合生产需求。新型农业主体创新地位的逐步凸显和上升，也需要在资源配置方面赋予市场更大的权限。农业科技水平高的发达国家，市场力量通常在科技创新方面有较高的参与度及影响力。诱导性技术创新理论与技术进步偏向理论均强调需求层面因素对技术创新的重要作用，中国农业技术有偏进步的诱导机制检验得出了相同的结论。政府与市场在农业技术创新中的作用，实质上涉及源于供给端与需求端的不同主体职责划分，两者并非对立的非此即彼关系，而是各有重心、互相补充。

按照创新活动中各主体管理权限和角色定位的不同，一般把农业技术创新模式分为政府驱动型、市场需求型及联合组织型三类。政府驱动型由各级政府部门制定农业科技发展战略及配套制度安排，委托和资助科研机构、高等院校及推广部门等相关单位研发试验并投入应用。这一模式的优点是可以集中优势资源，着眼重点目标领域和亟待突破项目，如期保质完成科研攻关任务。其缺点是由于政府全面主导及行政指令委派任务，运行机制缺乏灵活性；单一通过供给端发力，不能有效反映和适应生产需求。市场需求型又称为"市场导向型"，是农业公司、产业化组织根据发展需要自主开展研发活动，或者与社会化研发部门建立合作关系，授权其完成特定开发项目。该种模式立足于农业生产，充分协调和满足各方利益，能够调动市场主体积极性和主动性，有利于提高科技研发和应用绩效。但商业化运作的短视性及趋利性，必然使资源集中于收益易于内部化的投资方案。对于耗资大、风险高及开发周期长的基础研究和公共项目，则倾向于不付费而"搭便车"，从而导致研发投入不足及市场供给短缺。联合组织型将政府组织与市场研发结合起来，促使供给端与需求端双向发力。既可以由政府编制科研发展规划，组织资源落实具体任务，也可以由市场主体申请政府配套项目，获得财政支持，自行

启动和开展研发工作。

关于当前农业技术创新模式的选择，应结合科研项目的公共属性及社会效益加以确定和区分。基础研究和共享技术属于纯公共产品，具有非排他性和非竞争性，使用存在普遍的正外溢效应，应由政府承担供给责任，如农业技术发展战略制定，涉农基础性研究，重大生物基因工程，跨区域节水灌溉设施，自然灾害系统性防御，等等。收益可以部分内部化的准公共品，技术上能够建立起收费机制，但排他性特征弱于私人产品，适宜采取政府与市场相结合的混合供给方式，如良种培育、作物栽培、绿肥技术、病虫害防治等。能够商业化、市场化运作的科研领域，且不涉及国家发展战略制高点及安全性时，则应开放准入权限，交由市场配置资源，如农药、化肥、农机、农具等基本农业生产资料。政府参与诱导创新的实证分析结论，表明目前政府与市场间已经存在基本的职责分工，未来应继续调整政府与市场间的关系，明晰技术创新主体的主导领域及关键职责。关系国计民生的重大科研创新领域，坚持政府主导可以充分发挥举国体制的优势。精细化、技艺性及科技难度系数低的中小型项目，可以逐步市场化和商业化，要进一步培育和激发市场创新活力，赋予和保障农业经营主体研发自主权及收益权，使其成为创新主力军之一，更好适应和满足农业生产发展需要。

8.2.2.2 优化创新主体结构及建立协作激励机制

农业技术创新是复杂的系统性工程，需要投入大量人力、物力和财力，涉及研发、试验、推广和应用等环节。具体实践中有不同主体参与，包括政府部门、科研院所、大中专院校、技术投产企业、推广机构及农业生产组织等。各主体以相对独立的业务形式开展工作，在发展状态、组织资源、核心业务、目标导向、实际职能及绩效评价等方面存在较大差异性。政府主导供给更多考量社会效应，能够弥补市场提供技术品时经常出现的数量短缺问题。由于依据公共行政权力，以财政实力作为后盾，具有较强人力动员及资源组织能力。但政府并不亲自参与农业技术研发实践，主要以委托资助形式授权科研机构进行。研究所和高等院校拥有大量从事科研工作的专职人员，是农业基础研究及应用技术创新的前沿阵地。除了受政府指导及一定范围的市场合作外，事业编制的研究机构通常还会有自身内在的价值考量和绩效评定。长期以来本单位的学术研究传统、职称晋升评定规则及个人职业生涯追求等，都会影响研究决策和项目执行，使某些实际开展的研究或者偏离预期的集体理性方向，或者因缺乏现实商业化、产业化基础而停留于学术讨论和实验室试验阶段。目前，中国专利申请数及学术文章发表数在国际上保持领先优势，但成果转化率水平却依然处于低位。农业经营部门居于生产一线，熟知市场需求及自身发展瓶颈，有明确的技术创新方向和目标。现实状况却是数目众多的中小企业由于缺资金、缺人才，研发能力不足；大企业基于技术研发中的"搭便车"现象又有诸多顾虑。以家庭为单位的农民是人数最为广泛的农业生产群体。他们是技术创新的应用者和受益者，然而同样也面临着资金规模和创新能力的约束。面向基层的农业技术推广机构专业人员配置不足，高新技术掌控度低，资金短缺使业务拓展进一步受限。农业技术创新主体之间关系的相对分割，使各自离散地发挥职能，部分主体在个体理性导向下偏离预期的社会最优创新路径。一些部门运作中缺乏充足资金和高质量人才的有力支撑，难以有效地开展持续性的创新活动。显然，多重因素的影响，制约了农业技术研发及应用整体水平的提升。

为推动农业基础研究取得重要进展，提高应用技术水平，切实解决从研发到应用的"最后一公里问题"，应当优化主体结构，大力培育发展不足的弱势部门，增强核心主体的导向功能。继续坚持政府在重大前沿科技领域的主导性作用，在引领需求的同时，也要对市场需求做出跟进、评估和预期，毕竟创新目的终究是为了满足更高水平发展需要。应加大对农业公司、产业化组织的支持力度，使其增强农业技术自主创新能力。对科研院所、高等院校的创新机制做出适度调整，允许通过商业化形式获取一定的收益回报，促使其更加密切地关注和对接市场需求，开发富有前景的新技术。积极培养和发展涉农技术中介机构（也称"技术经纪人"），目的是弥补现有推广体系的不足，发挥"桥梁"和"纽带"作用，承担信息传递、技术示范、职业培训等职能，更好建立起政府、科研部门及市场之间的联络关系。当前可通过设置更具包容性和联动性的创新组织形式，建立相对规范的约束和激励机制，在各主体间形成连续和稳定的合作与互动关系，以充分发挥不同主体优势，合力解决资金、技术短缺及脱离市场的系列难题。对于重大高新前沿技术项目，可以在政府主导下设立科技园区、战略联盟及科技项目区，以契约形式形成包括政府、科研机构、农业生产企业、金融公司等部门在内的多方合作关系。整体运营集技术开发、试验推广、信息共享、资金融通及收益实现于一体。新技术成功推广可以产生巨大示范效应及市场辐射力，带动区域农业技术升级。关于中小型易于开发的惠农技术产品，由市场主导资源配置，依托"产学研""公司+基地+农户""项目+企业"等方式强化研发能力，通过技术转让、技术入股等合作形式规范主体行为，降低交易成本，激发创新活力，提高研发水平及成果转化率。

8.2.2.3 确立农业内生发展路径，加大创新力度以补齐技术短板

诱导创新因素作用下中国农业技术进步呈现有偏变化特征，城镇化发展战略加快实施后，生物化学技术（土地增强型技术）与机械化技术（劳动增强型技术）相对增长出现逆转；由于要素相对稀缺性发生变化，当价格效应主导技术变化方向时，机械化技术整体增长更快。农业技术结构性变化是需求端力量引致的结果，旨在通过创新不断突破生产中的要素制约，以应对市场竞争及创造新的获利机会。具体经济实践中，要顺应和遵循内在规律，确立适宜的农业内生发展路径，促进更高需求水平的技术种类保持较快增速。这并不是否认其他类型技术创新的重要性，也不意味着要使这些技术发展处于从属位置，而是基于成本收益比较及利润最大化动机驱使，技术创新需要致力于优先解决最急迫问题，以不断挖掘发展潜能，充分塑造发展新优势。

近十余年来，随着农村人口大规模转向非农领域转移，农业用工成本大幅提升。在当前的农村土地制度背景下，家庭联产承包用地基本上是无偿的，土地流转所促生的租金实现比例较低，经营权流动的要素市场尚处于起步阶段。面对国外规模化生产的现代发达农业的冲击，降低成本和提质增效是中国农业生产的必然方向。所以，中国农业发展要顺应经济形势新变化，积极驱动劳动密集型生产到土地密集型生产的转变，要加快机械化技术应用和推广，支持机械化技术服务组织的发展，因为相对于土地使用的低成本或无成本，以机械替代劳动更符合比较优势原则。同时也应继续加大生物化学技术创新力度，培育出更多优质新品种，增强病虫害防治能力，进一步提高土地产出绩效。

从结构层面看，受农作物属性及要素替代关系的影响，农业内部技术有偏进步存在异质性，土地密集型及土地劳动密集型作物机械化技术增长更快，技术进步偏向于土地要素，生物化学技术保持优势增长，技术进步偏向于劳动要素。同种作物不同产地之间，要素结构、市场需求及地理表征有一定差异性，从而技术偏向状况也有所不同。结合农业内部技术有偏进步的异质性，应确立差异化创新驱动发展路径。粮食类作物实施劳动生产率导向的发展路径，尽快完成从传统农业向现代农业的转型；蔬菜、水果类作物实施土地生产率导向的发展路径，目前仍然优先发展生物化学技术；油料、棉花等作物则实施土地、劳动生产率并重的发展路径。

同时，还要根据具体农作物技术应用状况，加快创新力度，克服技术瓶颈。目前粮食类作物机械化率水平相对较高，但部分作业环节仍存在技术短板，如水稻的种植、玉米的收获。近年来主要粮食类作物除玉米外，小麦、稻米种植量大幅下降，由于粮食价格低、生产成本高，农民种植积极性受挫。未来要通过育种技术创新，改良作物性状，既提质增效，又为匹配机种和机收创造条件。研究机构近期开发的玉米新品种，已进入试验推广阶段，整体株高和结穗位置非常适宜机收。还要促进新型农机生产，优化机械装置，持续降低作物毁损率。对于关键口粮作物，应推进全程机械化服务，提高生产效率，拓宽利润空间。蔬菜、水果类作物栽培工艺复杂、个性化劳动投入多，部分工序的操作现有机械技术创新边界不可及，或者一些机械设备应用不具有普遍性，很难进行商业化投产，因而动力设施难以较大程度替代劳动。对于这类作物，当前依然突出发展生物化学技术，以优异品质、特殊口感和营养价值取胜获得竞争优势。要不失时机研发和推广易于操作且富有市场前景的机械装置，目前，马铃薯、大白菜及西红柿等作物收获机已经在规模化生产中投入应用，通过降低成本和提高效率使生产者进一步受益。由于自然地理环境限制，同种作物的不同产区，可以实施差别化经营模式。平原面积广袤的区域，具备大规模作业条件，应加快机械化和产业化进程。丘陵和山地比例高的地区，适宜小规模种植，要培育和推广特殊适应能力的作物品种，还要创新工艺，推出轻型、便捷式的机械设备，更好地匹配地形条件。通过合理和有序的技术创新，切实使农业生产有利可图，现代农民愿意投资、乐于经营。

8.2.2.4 完善制度体系，持续提高农业技术创新绩效

在现实经济实践中，制度选择与农业技术进步紧密关联。与创新活动相关的科技体制、具体制度及配套政策，通过直接或间接作用于资金融通、资源配置及组织运营，并最终影响研发及应用活动的绩效水平。成熟的体制环境、合理的制度设计及高效的政策实施，可以激发创新参与主体的活力，降低交易成本，促进创新活动高效运行。然而，现行科技管理体制成长于计划经济时期，虽在后来社会发展中进行了系列改革，但还存在一定的不足之处，制约了其他关联工作推进及预期目标实现。当前科研体制运行中，部分机构设置重叠，主体职责划分不清，多头管理、交错委派任务时有发生。机构间缺乏有效协调和配合，技术研发和推广工作分别独立进行，不能保障农业生产者及时获得所需新技术。

中央与地方科研资源分布不平衡,高端人力资源主要集聚于省级以上部门,财政资金也多做出相应配套倾斜,县乡基层虽然直接面向农业生产一线,却基本处于缺人才和资金的尴尬局面。科研资源配置仍然习惯在行政指示下自上而下进行,市场主体自主权不足,致使一些应用研究项目与生产脱节。具体制度建设及配套政策实施尚不完善,也限制了研发及应用工作的持续拓展。研发资金主要源于财政支持,多元化融资渠道发展处于起步阶段。政府出资供给技术品,可以弥补市场不足,有其现实必要性;但对财政资金高度依赖,筹资渠道相对单一,会加大财政压力,也不利于确保总体研发资金的充分性。

围绕农业技术创新的激励、收益和保障机制构建还比较薄弱。专利制度建设不健全,专利法并未对生物技术创新给以保护。专利评估和专有技术交易活动有限,专利权的创新激励及收益实现功能不足。近年来,政府财政金融政策加大支农力度,从诱导机制检验的实证结果看,更快地促进了机械化技术进步。然而,随着国家产业政策及土地经营制度调整,与农业技术创新相关的政策实施已不相适应。近年来,贯彻绿色环保的产业优化政策,一批农机和化肥生产企业环保成本大幅增加,部分产能调整后生产经营甚至出现亏损。"三权分置"改革启动后,一些承包权的享有方不再从事农业经营,但各种农业补贴仍然针对承包户,显然不合时宜。另外,由于生产资料价格的结构性上涨,也需要对补贴标准跟进做出调整。

未来应进一步健全科技管理体制,适度向市场和基层放权,根据主体职能界定政府与市场主要活动范围,划分中央与地方间的财权及事权。政府与市场的职责划分,参照上文农业技术创新模式选取的论述。关于中央与地方间的事权分解,应大致遵循基础研究上行,应用技术研究下行的原则。适时对研发机构进行整合,提高管理效率。要平衡人力和财力资源配置,大力支持创新人才以项目合作、扶贫开发等形式下潜基层,服务于乡村科技事业发展。基于分税制财政体制改革后,县乡层级政府部门相对紧张的财政状况,中央及省级财政要加大相关专项转移支付力度,继续向农业发展亟须的应用技术项目倾斜。推动建立多元、灵活和有效的融资机制,政策性银行要给予高新技术研究投资更多支持,提高具有开发价值项目的中长期贷款规模;对于商业化运营方案,不断拓宽外源筹资渠道,可以借鉴国内基础设施建设中广泛实施的PPP模式,积极吸引风险投资基金进入,符合条件的农业公司应授权其以股票和债券等形式融通资金。完善专利制度,强化对发明创造的专利保护，促进专有技术流转的要素市场成长和发展，活跃涉农知识产权交易，维护和提升专利权的收益实现。优化配套政策实施，对符合科技发展战略的农机和化肥生产企业，以贴息贷款和减税降费等形式给以支持。还要根据经营主体及要素价格变化，及时调整补贴对象，增加补贴金额。力争通过制度体系的优化和完善，不断释放农业技术创新动能，形成持续提升研发和应用绩效的良好局面。

8.3 研究不足及未来展望

技术进步偏向的基础研究，通常涉及技术有偏进步的诱导机制及技术进步的要素偏向性两个层面，彼此间有紧密的逻辑关系，同时又可以作为独立的专业问题存在。近年来，学术界对该主题有较高的关注度，相关研究也更加规范化、系统化，但立足于农业领域，能够充分联系现实，与之相关的体系化研究文献并不丰富。本书在需求端诱导性因素引致农业技术偏向的理论模型构建基础上，结合农业经济发展现状，对农业技术有偏进步的内在机理，及技术进步的要素偏向性进行实证研究。然而，受本书篇幅、研究重心、数据可得性、理论假设与现实间的偏差等因素制约，整体研究还存在许多不足之处，有待进一步拓展和深化。

8.3.1 研究不足之处

8.3.1.1 缺乏微观层面的相关研究

本书以农业技术进步偏向为研究主题，主要从宏观层面研究农业技术有偏进步的内在机制及要素产出效率变化状况。由于缺乏与研究方向相关的完整微观数据，本书没有对农业技术结构性变化的诱导机制进行微观视角下的解析。当前中国农业生产中，存在农户、农业公司、产业化组织等多元经营主体，不同主体在资金实力、生产规模和经营模式等方面有较大差异性，对农业技术的需求状况不尽相同，本书没有对比分析不同微观主体需求引致机制的异质性。

8.3.1.2 欠缺动态机制的理论分析

本书理论模型构建和实证检验，主要使用静态和比较静态分析方法。关于农业技术有偏进步机制及技术偏向性研究，未进行理论层面的动态机制研究。实证研究仅有部分内容进行了相对简易的动态分析，一是在城镇化发展战略启动的政策效应检验时，分析了该战略实施的动态处理效应；二是依次测度了整体农业部门及各类农作物逐年的要素效率增长率及技术进步偏向指数。从整体看，本书对农业技术有偏进步动态特征及机理的探索相对不足，一些研究结论的得出仅是基于静态或比较静态层面考察的结果。

8.3.1.3 实证检验有一定局限性

本书在实证分析过程中，只做到相对有效和严谨。农业发展现实及数据实现困难的制约，使相关研究方法及变量测算并未尽善尽美。技术进步偏向测度方面，供给面系统方法有较多应用，但农业领域较为特殊，不完全符合这个方法的先决假设条件。此外，当前技术进步偏向性的测度分析中，存在多重实证核算方法，相关研究并未对面板和时序数据的应用做出区分。本书在研究内容前后统一的基础上，为保证实证结果的可靠和易得，最终权衡选取单方程级数展开式法。关于年度要素效率增长及技术进步偏向指数核算，由于《全国农产品成本收益资料汇编》仅提供了2004年后的地租数据，而使用其他口径数据替代的误差较大，所以之前年份并未进行测度。

8.3.1.4 尚未完全解决双向因果关系问题

以技术进步偏向理论为基础进行理论研究和实证检验时，可能存在双向因果关系问题。技术进步偏向理论结合替代弹性取值范围，研究价格效应与规模效应作用下，不同种类技术进步所引起的要素边际产出的相对变化状况。在变量的影响关系中，要素比率会影响技术进步偏向，而技术偏向最终会影响到要素边际产出和份额实现，变量间看似存在相互作用的循环关系。在经济学研究中，潜在存在的双向因果关系是学术难题。本书的理论研究，并未完全解决这个问题，只是结合研究主题和重心，把农业技术有偏进步内生化处理，而把要素相对价格变化外生化处理。实证研究环节，则在使用两阶段最小二乘法和广义矩法计量回归时，通过工具变量减小双向因果关系的影响。

8.3.2 未来研究展望

8.3.2.1 构筑相关研究的微观基础

结合农业生产现实，为相关研究构筑微观基础，是未来该领域的重要研究方向。如上文所述，中国当前农业经营组织呈多元化发展格局，以家庭为单位的个体农户保留着传统小农经营特点，农业公司、产业化组织已经逐步确立起现代农业的经营模式。在市场经济背景下，不同主体的价值取向和行事逻辑如何，是生存小农，商品小农，还是理性农业经营者？对这些微观主体赋予不同的假设条件，关于其生产动机、要素投入的分析会有所不同，对农业技术进步诱导机制进行研究，得出的结论也会有较大差异性。依据相关理论，对这个问题做出详细分析，明确不同主体的影响，在理论研究中补充微观模型，是未来一个有价值的研究议题。

8.3.2.2 理论层面的动态研究

完善农业技术有偏进步理论模型的构建，是开展其他相关研究的基础。以动态研究方法替代静态或比较静态分析，有利于深化理论研究，更细致地呈现农业技术偏向性均衡的实现路径，可以作为未来理论拓展的方向。在多期的动态分析框架中，除价格效应与规模效应的综合作用外，前期技术水平会对下一期技术创新和扩散方向产生影响，可以进一步引入技术变迁的路径依赖研究，更深入地揭示诱导创新因素对农业技术有偏变化的影响机理。

8.3.2.3 研究视角和对象的拓展

当前学术界围绕技术进步偏向的研究，可以分为内生和外生两个视角，但相关研究主要集中于工业领域，农业部门研究较为稀缺。本书选取两个相互关联的内生化研究对象，一是对农业技术有偏变化诱导机制的研究；二是对农业技术进步要素偏向性的研究。由于技术进步偏向与经济增长、产出结构及要素份额等方面的变化有较强相关性，因而未来把农业技术有偏进步作为外生变量，分析其对农业经济增长、结构转型及农村居民收入分配的影响，也有较高的理论和现实意义。

参考文献

[1] ACEMOGLU D. Why do new technologies complement skills? directed technical change and wage inequality [J]. Quarterly journal of economics, 1998, 113 (4): 1055-1089.

[2] ACEMOGLU D. Changes in unemployment and wage Inequality: an alternative theory and some evidence [J]. American economic review, 1999, 89 (5): 1259-1278.

[3] ACEMOGLU D. Factor prices and technical change: from induced innovations to recent debates [R]. Cambridge: Social Science Research Network, Working Paper, 2001a: 1-39.

[4] ACEMOGLU D, ZILIBOTTI F. Productivity differences [J]. Quarterly journal of economics, 2001b, 116 (2): 563-606.

[5] ACEMOGLU D. Directed technical change [J]. Review of economic studies, 2002a, 69 (4): 781-809.

[6] ACEMOGLU D. Technical change, inequality, and the labor market [J]. Journal of economic literature, 2002b, 40 (1): 7-72.

[7] ACEMOGLU D. Labor- and capital-augmenting technical change [J]. Journal of European economic association, 2003a, 1 (1): 1-37.

[8] ACEMOGLU D. Patterns of skill premia [J]. Review of economic studies, 2003b, 70 (2): 199-230.

[9] ACEMOGLU D, LINN J. Market size in innovation: theory and evidence from the pharmaceutical industry [J]. The Quarterly journal of economics, 2004, 119 (3): 1049-1090.

[10] ACEMOGLU D. Equilibrium bias of technology [J]. Econometrica, 2007, 75 (5): 1371-1409.

[11] ACEMOGLU D, GUERRIERI V. Capital deepening and non-balanced economic growth [J]. Journal of political economy, 2008, 116 (3): 467-498.

[12] ACEMOGLU D. When does labor scarcity encourage innovation? [J]. Journal of political economy, 2010, 118 (6): 1037-1078.

[13] ACEMOGLU D, AGHION P, BURSZTYN L, et al. The environment and directed technical change [J]. American economic review, 2012, 102 (1): 131-166.

[14] ACEMOGLU D, AGHION P, HÉMOUS D. The environment and directed technical change in a north-south model [J]. Oxford review of economic policy, 2014, 30 (3): 513-530.

[15] ACEMOGLU D. Localized and biased technologies: Atkinson and Stiglitz's new view, induced innovations, and directed technological change [J]. The economic journal, 2015, 125 (583): 443-463.

[16] ACEMOGLU D, RESTREPO P. Robots and jobs: evidence from US labor markets [J]. Journal of political economy, 2020, 128 (6): 2188-2244.

[17] ACEMOGLU D, RESTREPO P. The Race between machine and man: implications of technology for growth, Factor shares and employment [J]. American economic review, 2018, 108 (6): 1488-1542.

[18] ACEMOGLU D, GANCIA G, ZILIBOTTI F. Offshoring and directed technical change [J]. American economic journal: macroeconomics, 2015, 7 (3): 84-122.

[19] ACEMOGLU D, GUERRIERI V. Capital deepening and non-balanced economic growth [J]. Journal of political economy, 2008, 116 (3): 467-498.

[20] AHMAD S. On the theory of induced invention [J]. The economic journal, 1966, 76 (302): 344-357.

[21] ALLEN R. The industrial revolution in miniature: the spinning jenny in Britain, France, and India [J]. The journal of economic history, 2009, 69 (4): 901-927.

[22] ARMANVILLE I, FUNK P. Induced innovation: an empirical test [J]. Applied economics, 2013, 35 (15): 1627-1647.

[23] BALDI L, CASATI D. Induced innovation in Italy: an error correction model for the period 1968—2002 [R]. Copenhagen: Paper prepared for presentation at the 99th seminar of the EAAE (European association of agricultural economists), 2005.

[24] BAI Y, JIA R X. Elite recruitment and political stability: The impact of the abolition of China's civil service exam [J]. Econometrica, 2016, 84 (2):

677-733.

[25] BHATTACHARYA J, PACKALEN M. Opportunities and benefits as determinants of the direction of scientific research [J]. Journal of health economics, 2011, 30 (4): 603-615.

[26] BIDABADI F S, HASHEMITABAR M. The induced innovation test (co-integration analysis) of Iranian agriculture [J]. Agriculture economic, 2009 (3): 126-133.

[27] BINSWANGER H P. A microeconomic approach to induced innovation [J]. The economic journal, 1974a, 84 (336): 940-958.

[28] BINSWANGER H P. The measurement of technical change biases with many factors of production [J]. The American economic review, 1974b, 64 (6): 964-976.

[29] BINSWANGER H P. Induced innovation: technology, institutions and development [M]. Baltimore: Johns Hopkins University Press, 1978.

[30] BUERA F J, KABOSKI J P. The rise of the service economy [J]. The American economic review, 2012, (102): 2540-2569.

[31] BUERA F J, Rogerson R, Vizcaino J I, et al. Skill-biased structural change [J]. Review of economic studies, 2022, 89 (2): 592-625.

[32] BUSTOS P, CAPRETTINI B, PONTICELLI J. Agricultural productivity and structural transformation: evidence from Brazil [J]. American economic review, 2016, 106 (6): 1320-1365.

[33] BUSTOS P, CASTRO-VINCENZI J M, MONRAS J, et al. Structural transformatiom, industrisl specialization, and endogenous growth [R]. New York: NBER, Working Paper, 2019.

[34] BRAVO O C, LEDERMAN D. Agricultural productivity and its determinants: revisiting international experiences [J]. Estudios de economia, 2004, 31 (2): 133-163.

[35] CHAVAS J-P, ALIBER M, COX T L. An analysis of the source and nature of technical change: the case of U. S. agriculture [J]. Review of economics and statistics, 1997, 79 (3): 482-492.

[36] CHEN, P C, YU M M, CHANG C C. Total factor productivity growth in China's agricultural sector [J]. China economic review, 2008, 19 (4): 580-593.

[37] COWAN B W, LEE D, SHUMWAY C R. The induced innovation hypothesis and U.S. public agricultural research [J]. American journal of agricultural economics, 2015, 97 (3): 727-742.

[38] CUTLER D M, MEARA E, RICHARDS S. Induced innovation and social inequality evidence from infant medical care [J]. Journal of human resources, 2012, 47 (2): 456-492.

[39] DIAMOND P A. Disembodied technical change in a two-sector model [J]. Review of economic studies, 1965 (32): 161-168.

[40] DRANDAKIS E, PHELPS E. A model of induced invention, growth and distribution [J]. The economic journal, 1966, 76 (304): 823-840.

[41] ESPOSTI R, PIERANI P. Public R&D investment and cost structure in italian agricuture, 1960-1995 [J]. European review of agricultural economics, 2003, 30 (4): 509-573.

[42] FÄRE R, GRIFELL-TATJÉ E, GROSSKOPF S, et al. Lovell biased technical change and the malmquist productivity index [J]. Scandinavian journal of economics, 1997, 99 (1): 119-127.

[43] FLEISHER B M, MCGUIRE WH, SU Y, et al. Innovation, wages, and polarization in China [J]. Applied economics, 2021, 53 (52): 6075-6093.

[44] FUNK P. Induced innovation revisited [J]. Economica, 2002 (69): 155-171.

[45] GRILICHES Z. Hybrid Corn: an exploration in the economics of technological change [J]. Econometrica, 1957, 25 (4): 501-522.

[46] GRILICHES Z. Capital-skill complementarity [J]. The review of economics and statistics, 1969, 51 (4): 465-468.

[47] HABAKKUK H J. American and British technology in the Nineteenth century: search for labor saving inventions [M]. Cambridge: Cambridge University Press, 1962.

[48] HAYAMI Y, RUTTAN V W. Factor prices and technical change in agricultural development: The U.S. and Japan, 1880—1960 [J]. Journal of political economy, 1970, 78 (5): 1115-1141.

[49] HAYAMI Y, RUTTAN V W. Agricultural development: an international perspective [M]. Baltimore MD: Johns Hopkins University Press, 1971.

[50] HÉMOUS D, OLSEN M. The Rise of the machines: automation, horizontal innovation and income inequality [J]. The American economic journal: macroeconomics, 2022, 14 (1): 179-223.

[51] HICKS J R. The theory of wages [M]. London: Macmillan, 1932.

[52] HOCKMANN H, KOPSIDIS M. What kind of technological change for Russian agriculture? the transition crisis of 1991-2005 from the induced innovation theory perspective [J]. Post-communist economies, 2007, 19 (1): 34-52.

[53] JONES C I. The shape of production functions and the direction of technical change [J]. Quarterly journal of economics, 2005 (120): 517-549.

[54] KENNEDY C. Induced bias in innovation and the theory of distribution [J]. The economic journal, 1964, 74 (295): 541-547.

[55] KLUMP R, MCADAM P, WILLMAN A. Factor substitution and factor augmenting technical progress in the United States: a normalized supply-side system approach [J]. The review of economics and statistics, 2007, 89 (1): 183-192.

[56] KILEY M. The supply of skilled labor and skill-biased technological progress [J]. The economic journal, 1999, 109 (458): 708-724.

[57] KMENTA J. On estimation of the CES production function [J]. International economic review, 1967, 8 (2): 180-189.

[58] KILEY M. On estimation of the CES production function [J]. International economic review, 1967, 8 (2): 180-189.

[59] KRUGMAN P. And now for something completely different: an alternative model of trade, education, and inequality [C]. The impact of international trade on wages, Chicago: University of Chicago Press, 2000.

[60] KRUSELL P, OHAMIAN L, RÍOS-RULL J-V, et al. Capital-skill complementarity and inequality: a macroeconomic analysis [J]. Econometrica, 2000, 68 (5): 1029-1053.

[61] LEE D, COWAN B W, SHUMWAY C R. Non-neutral marginal innovation costs, omitted variables, and induced innovation [J]. Agricultural and resource economics review, 2020, 49 (3): 465-491.

[62] LEÓN-LEDESMA M A, MCADAM P, WILLMAN A. Identifying the elasticity of substitution with biased technical change [J]. The American economic review, 2010, 100 (4): 1330-1357.

[63] LIN Y F. Hybrid rice innovation in China: a study of market-demand induced technological innovation in a centrally-planned economy [J]. The review of economics and statistics, 1992, 74 (1): 14-20.

[64] LIN Y F. Prohibition of factor market exchanges and technological choice in Chinese agriculture [J]. Journal of development studies, 1991a, 27 (4): 1-15.

[65] LIN Y F. Public research resource allocation in Chinese agriculture: a test of induced technological innovation hypothesis [J]. Economic development and cultural change, 1991b, 40 (1): 55-73.

[66] LIU Y C, SHUMWAY C R. Geographic aggregation and induced innovation in American agriculture [J]. Applied economics, 2006, 38 (6): 671-682.

[67] LIU Y C, SHUMWAY C R. Induced innovation in U. S. agriculture: time-series, econometric, and nonparametric tests [J]. American journal of agricultural economics, 2009, 91 (1): 224-236.

[68] NAPASINTUWONG O. Immigrant workers and technological change: An induced innovation perspective on Florida and U. S. agriculture [D]. Gainesville: University of Florida, 2004.

[69] NEWELL R G, JAFFE A B, STAVINS R N. The induced innovation hypothesis and energy-saving technological change [J]. Quarterly journal of economics, 1999, 114 (3): 941-975.

[70] NICOLA A D, GITTO S, MANCUSO P. Airport quality and productivity changes: a malmquist index decomposition assessment [J]. Transportation research part e-logistics and transportation review, 2013, 58 (10): 67-75.

[71] NORDHAUS W. Some Skeptical Thoughts on the theory of induced innovation [J]. Quarterly journal of economics, 1973, 87 (2): 208-219.

[72] ONIKI S. Testing the induced innovation hypothesis in a cointegrating regression model [J]. The Japanese economic review, 2000, 51 (4): 544-554.

[73] PIESSE J, SCHIMMELPFENNIG D, THIRTLE C. An error correction model of induced innovation in UK agriculture [J]. Applied economics, 2011 (43) 4081-4094.

[74] PIVA M, VIVARELLI M. Is demand-pulled innovation equally

important in different groups of firms? [J]. Cambridge journal of economics, 2007, 31 (5): 691-710.

[75] POPP D. Induced innovation and energy price [J]. American economic review, 2002, 92 (1): 160-180.

[76] SALTER W E G. Productivity and technical change 2nd edition [M]. Cambridge: Cambridge University Press, 1966.

[77] SAMUELSON P. Theory of induced innovation along Kennedy-Weisäcker lines [J]. Review of economics and statistics, 1965, 47 (4): 343-356.

[78] SCHMOOKLER J. Invention and economic growth [M]. Cambridge: Harvard University Press, 1966.

[79] SHUMWAY C R, COWAN B W, LEE D. Testing the induced innovation hypothesis: accounting for innovation creation and innovation implementation incentives [J]. AgBioForum, 2015, 18 (3): 303-311.

[80] THIRTLE C, RUTTAN V. The role of demand and supply in the generation and diffusion of technical change [C]. London: Harwood Academic Publishers, 1987.

[81] THIRTLE C, SCHIMMELPFENNIG D, TOWNSEND R F. Induced innovation in United States agriculture 1880-1990: time series tests and an error correction model [J]. American journal of agricultural economics, 2002, 84 (3): 598-614.

[82] WALKER H W. Necessity is the mother of invention: input supplies and directed technical change [J]. Econometrica, 2015, 83 (1): 67-100.

[83] WASILUK K. Path dependence and induced innovation [R]. Konstanz: Konstanzer Online-Publikations -System (KOPS), Working Paper, 2015.

[84] WEBER W, DOMAZLICKY B. Total factor productivity growth in manufacturing: a regional approach using linear programming [J]. Regional science and urban economics, 1999, 29 (1): 105-122.

[85] WERFEL S H, JAFFE A B. Induced innovation and technology trajectory: evidence from smoking cessation products [J]. Research policy, 2013 (42): 15-22.

[86] WING I S. Induced technological change: firm innovatory responses to environmental regulation [R]. Boston: Boston University, Working Paper, 2006.

［87］ WONG K G, FLEISHER B M, ZHAO M Q et al. Technical progress and induced innovation in China: a variable profit function approach ［J］. Journal of productivity analysis, 2022, 57（2）：177-191.

［88］ YOUNG A. Slopes ［M］. Oliver and Boyd: Edinburgh, 1972.

［89］ YUHN K-H. Growth and distribution: a test of the induced innovation hypothesis for the Korean economy ［J］. Applied economics, 1991, 23（3）：543-552.

［90］ 安同良，杨晨. 互联网重塑中国经济地理格局：微观机制与宏观效应 ［J］. 经济研究，2020（2）：4-19.

［91］ 巴罗，萨拉-伊-马丁. 经济增长 ［M］. 上海：格致出版社，上海三联出版社，上海人民出版社，2010.

［92］ 曹博，赵芝俊. 技术进步类型选择和我国农业技术创新路径 ［J］. 农业技术经济，2017（9）：80-87.

［93］ 陈芙蓉，赵一夫. 中国玉米生产要素替代关系及技术进步路径分析：基于主产省2000—2016年数据 ［J］. 湖南农业大学学报（社会科学版），2019（1）：26-34.

［94］ 陈俊. 技术进步偏向、要素累积与中国经济增长动力构成：基于一种新的非参数分解方法的实证研究 ［J］. 华中科技大学学报，2018（2）：76-86.

［95］ 陈俊杰，钟昌标. 数量驱动或创新驱动：异质型人力资本对经济增长的机制演进 ［J］. 科技进步与对策，2020（3）：1-9.

［96］ 陈强. 高级计量经济学及Stata应用 ［M］. 北京：高等教育出版社，2014.

［97］ 陈苏，胡浩，傅顺. 要素价格变化对农业技术进步及要素替代的影响：以玉米生产为例 ［J］. 湖南农业大学学报（社会科学版），2018（6）：24-31.

［98］ 陈勇，柏喆. 技术进步偏向、产业结构与中国劳动收入份额变动 ［J］. 上海经济研究，2020（6）：56-68.

［99］ 陈志明. 论中国地貌图的研制原则、内容与方法 ［J］. 地理学报，1993（2）：105-113.

［100］ 楚天骄. 东西部小城镇生长机制中制度因素的比较研究 ［J］. 中州学刊，2002（1）：43-46.

[101] 戴天仕,徐现祥.中国的技术进步方向[J].世界经济,2010(11):54-70.

[102] 邓晓兰,鄢伟波.农村基础设施对农业全要素生产率的影响研究[J].财贸研究,2018(4):36-45.

[103] 丁黎黎,杨颖,郑慧,等.中国省际绿色技术进步偏向异质性及影响因素研究[J].中国人口·资源与环境,2020(9):84-92.

[104] 董直庆,王芳玲,高庆昆.技能溢价源于技术进步偏向性吗?[J].统计研究,2013(6):37-44.

[105] 方师乐,黄祖辉.新中国成立70年来我国农业机械化的阶段性演变与发展趋势[J].农业经济问题,2019(10):36-49.

[106] 封志明,唐焰,杨艳昭,等.中国地形起伏度及其与人口分布的相关性[J].地理学报,2007(10):1071-1082.

[107] 付明辉,祁春节.要素禀赋、技术进步偏向与农业全要素生产率增长:基于28个国家的比较分析[J].中国农村经济,2016(12):76-90.

[108] 高启杰.中国农业技术创新模式及其相关制度研究[J].中国农村观察,2004(2):53-60.

[109] 高延雷,张正岩,王志刚.城镇化提高了农业机械化水平吗?:来自中国31个省(区、市)的面板证据[J].经济经纬,2020(5):37-44.

[110] 龚敏,辛明辉.产业结构变迁与劳动份额变化:基于要素替代弹性和偏向技术进步视角[J].学术月刊,2017(12):90-102.

[111] 郭芳芳,杨农,孟晖,等.地形起伏度和坡度分析在区域滑坡灾害评价中的应用[J].中国地质,2008(2):131-143.

[112] 韩彪,王云霞.偏技术进步、要素替代与区域经济增长:研究综述[J].工业技术经济,2016(9):26-33.

[113] 韩国高,张倩.技术进步偏向对工业产能过剩影响的实证研究[J].科学学研究,2019(12):2157-2167.

[114] 韩海彬,赵慧欣.中国农业技术进步是否偏向节约土地:基于农业投入偏向型技术进步的测度[J].农业资源与环境学报,2023(3):705-715.

[115] 韩振兴,常向阳.劳动力价格上升、要素替代与要素投入结构变化:来自中国大豆生产的证据[J].农业现代化研究,2021(3):507-516.

[116] 郝枫,盛卫燕.中国要素替代弹性估计[J].统计研究,2014(7):12-21.

[117] 郝枫. 超越对数函数要素替代弹性公式修正与估计方法比较 [J]. 数量经济技术经济研究, 2015 (4): 88-105, 122.

[118] 郝枫. 中国技术偏向的趋势变化、行业差异及总分关系 [J]. 数量经济技术经济研究, 2017 (4): 20-38.

[119] 何爱. 诱致性技术、制度创新与战后菲律宾农业发展 [D]. 厦门: 厦门大学, 2009.

[120] 何爱, 曾楚宏. 诱致性技术创新文献综述及其引申 [J]. 改革, 2010 (6): 45-48.

[121] 胡浩, 杨泳冰. 要素替代视角下农户化肥施用研究: 基于全国农村固定观察点农户数据 [J]. 农业技术经济, 2015 (3): 84-90.

[122] 胡瑞法, 黄季焜. 农业生产投入要素结构与农业技术发展方向 [J]. 中国农村观察, 2001 (6): 9-16.

[123] 黄建强, 曹景, 戴素强. 基于超越对数粮食生产模型投入要素替代研究 [J]. 科技管理研究, 2019 (6): 214-221.

[124] 黄忠. 迈向均衡: 我国耕地保护制度完善研究 [J]. 学术界, 2020 (2): 122-135.

[125] 黄宗智. 华北的小农经济与社会变迁 [M]. 北京: 中华书局, 2000.

[126] 黄宗智. 长江三角洲小农家庭与乡村发展 [M]. 中文繁体字版. 牛津: 牛津大学出版社, 1994.

[127] 姜鑫. 诱致性农业技术创新模型及中国农业技术变革的实证研究 [J]. 财经论丛, 2007 (3): 1-7.

[128] 孔祥智, 张琛, 张效榕. 要素禀赋变化与农业资本有机构成提高 [J]. 管理世界, 2018 (10): 147-160.

[129] 雷钦礼. 偏向性技术进步的测算与分析 [J]. 统计研究, 2013 (4): 83-91.

[130] 雷钦礼, 李粤麟. 资本技能互补与技术进步的技能偏向决定 [J]. 统计研究, 2020 (2): 1-12.

[131] 李静, 张传慧. 中国农业技术进步的绿色产出偏向及影响因素研究: 基于1999—2018年农业绿色TFP增长的技术进步产出偏向分解 [J]. 西部论坛, 2020 (3): 36-50, 105.

[132] 李宁, 汪险生, 王舒娟, 等. 自购还是外包: 农地确权如何影响

农户的农业机械化选择［J］．中国农村经济，2019（6）：54-75.

［133］李哲敏，钟永玲，李娴，等．目标价格改革试点对棉花市场的影响分析［J］．中国农业资源与区划，2017（10）：87-91.

［134］李志俊．中国农业要素的替代弹性：人力资本的作用及农业技术变迁［J］．财经论丛，2014（7）：10-15.

［135］林伯强，谭睿鹏．中国经济集聚与绿色经济效率［J］．经济研究，2019（2）：119-132.

［136］林善浪，叶炜，张丽华．农村劳动力转移有利于农业机械化发展吗？［J］．农业技术经济，2017（7）：4-17.

［137］林善浪，胡小丽．农村过疏化、要素替代与农业技术选择［J］．财贸研究，2018（7）：42-54.

［138］林万龙，孙翠清．农业机械私人投资的影响因素：基于省级层面数据的探讨［J］．中国农村经济，2007（9）：25-32.

［139］林万龙．农地经营规模：国际经验与中国的现实选择［J］．农业经济问题，2017（7）：33-42.

［140］林毅夫．制度、技术与中国农业发展［M］．上海：格致出版社，上海三联出版社，上海人民出版社，2014.

［141］刘传明，马青山．网络基础设施建设对全要素生产率增长的影响研究：基于"宽带中国"试点政策的准自然实验［J］．中国人口科学，2020（3）：75-88，127.

［142］刘元保，唐克丽．国内外坡度分级和王东沟试验区的坡度组成［J］．水土保持通报，1987（8）：59-65.

［143］陆雪琴，章上峰．技术进步偏向定义及测度［J］．数量经济技术经济研究，2013（8）：20-34.

［144］陆雪琴，文雁兵．偏向型技术进步、技能结构与溢价逆转：基于中国省级面板数据的经验研究［J］．中国工业经济，2013（10）：18-30.

［145］罗富民．农业地理集聚对农业机械化技术进步的影响：基于丘陵山区的实证分析［J］．中国农业资源与区划，2018（3）：193-199.

［146］罗慧，赵芝俊．偏向性技术进步视角下中国粳稻技术进步方向及其时空演进规律［J］．农业技术经济，2020（3）：42-55.

［147］马克思．摩尔根《古代社会》一书摘要［M］．北京：人民出版社，1965.

[148] 马克思. 机器、自然力和科学的应用 [M]. 北京：人民出版社，1978.

[149] 马克思，恩格斯. 马克思恩格斯文集：第5卷 [M]. 北京：人民出版社，2009.

[150] 闵师，项诚，赵启然，等. 中国主要农产品生产的机械劳动力替代弹性分析：基于不同弹性估计方法的比较研究 [J]. 农业技术经济，2018（4）.

[151] 倪九派，李萍，魏朝富，等. 基于AHP和熵权法赋权的区域土地开发整理潜力评价 [J]. 农业工程学报，2009（5）：202-209.

[152] 牛善栋，方斌. 中国耕地保护制度70年：历史嬗变、现实探源及路径优化 [J]. 中国土地科学，2019（10）：1-11.

[153] 潘彪，田志宏. 中国农业机械化高速发展阶段的要素替代机制研究 [J]. 农业工程学报，2018（9）：1-10.

[154] 潘文卿，吴天颖，马瑄忆. 中国高技能-低技能劳动的技术进步偏向性及其估算 [J]. 技术经济，2017（2）：100-108.

[155] 齐晓辉. 我国可持续农业技术创新模式及相关制度研究 [J]. 农业经济，2011（3）：12-14.

[156] 钱娟. 能源节约偏向型技术进步对工业节能减排的门槛效应研究 [J]. 科研管理，2020（1）：223-233.

[157] 钱雪松，方胜. 担保物权制度改革影响了民营企业负债融资吗？：来自中国《物权法》自然实验的经验证据 [J]. 经济研究，2017（5）：146-160.

[158] 全炯振. 中国农业的增长路径：1952—2008 [J]. 农业经济问题，2010（9）：10-16.

[159] 萨伊. 政治经济学原理 [M]. 北京：商务印书馆，2017.

[160] 邵永发，熊桉，夏娟. 农业新常态下科技创新与推广的新模式探究 [J]. 湖北经济学院学报，2016（6）：28-35.

[161] 舒尔茨. 改造传统农业 [M]. 北京：商务印书馆，2010.

[162] 宋冬林，王林辉，董直庆. 技能偏向型技术进步存在吗？[J]. 经济研究，2010（5）：68-81.

[163] 速水佑次郎，拉坦. 农业发展：国际前景 [M]. 北京：商务印书馆，2014.

[164] 孙猛．要素替代、技术进步偏向与碳生产率增长［J］．环境经济研究，2021（2）：41-56．

[165] 孙学涛，张广胜．技术进步偏向对城市经济高质量发展的影响：基于结构红利的视角［J］．管理学刊，2020（6）：36-47．

[166] 孙学涛，王振华．农业生产效率提升对产业结构的影响：基于技术进步偏向的视角［J］．财贸研究，2021（6）：46-58．

[167] 王班班，齐绍洲．中国工业技术进步的偏向是否节约能源［J］．中国人口·资源与环境，2015（7）：24-31．

[168] 王波，李伟．我国农业机械化演进轨迹与或然走向［J］．改革，2012（5）：126-131．

[169] 王静．农业技术市场对农户诱致性技术创新行为影响机理分析［J］．广东农业科学，2014（21）：210-215．

[170] 王静，霍学喜．交易成本对农户要素稀缺诱致性技术选择行为影响分析：基于全国七个苹果主产省的调查［J］．中国农村经济，2014（2）：20-32，55．

[171] 王俊，胡雍．中国制造业技能偏向技术进步的测度与分析［J］．数量经济技术经济研究，2015（1）：82-96．

[172] 王林辉，蔡啸，高庆昆．中国技术进步技能偏向性水平：1979—2010［J］．经济学动态，2014（4）：56-65．

[173] 王林辉，王辉，董直庆．经济增长和环境质量相容性政策条件：环境技术进步方向视角下的政策偏向效应检验［J］．管理世界，2020（3）：39-60．

[174] 王少杰，王建强．我国耕地保护补偿激励机制建设现状、问题与建议［J］．江苏农业科学，2020（12）：324-328．

[175] 王文旭，曹银贵，苏锐清，等．我国耕地保护政策研究：基于背景、效果与未来趋势［J］．中国农业资源与区划，2020（10）：41-51．

[176] 魏金义，祁春节．农业技术进步与要素禀赋的耦合协调度测算［J］．中国人口·资源与环境，2015（1）：90-96．

[177] 吴丽丽，李谷成，周晓时．要素禀赋变化与中国农业增长路径选择［J］．中国人口·资源与环境，2015（8）：144-152．

[178] 吴丽丽，连梦娇，邓灵璨．要素禀赋变化对农业生产要素投入与技术选择的影响［J］．中国农机化学报，2021（6）：223-230．

［179］吴伟伟．支农财政、技术进步偏向的农田利用碳排放效应研究［J］．中国土地科学，2019（3）：77-84．

［180］项松林，田容至．偏向型技术进步与动态比较优势：理论与中国行业经验［J］．经济评论，2020（5）：44-62．

［181］徐田华．农产品价格形成机制改革的难点与对策［J］．农业经济问题，2018（7）：70-77．

［182］许新华．企业诱致性技术创新：原理与实现途径［J］．企业经济，2012（3）：35-38．

［183］杨舸．新中国成立以来的人口政策与人口转变［J］．北京工业大学学报（社科科学版），2019（1）：37-49．

［184］杨义武，林万龙．农业技术进步的增收效应：基于中国省级面板数据的检验［J］．经济科学，2016（5）45-57．

［185］杨义武，林万龙，张莉琴．农业技术进步、技术效率与粮食生产来自中国省级面板数据的经验分析［J］．农业技术经济，2017（5）：46-56．

［186］尹朝静，付明辉，李谷成．技术进步偏向、要素配置偏向与农业全要素生产率增长［J］．华中科技大学学报，2018（5）：50-59．

［187］应瑞瑶，郑旭媛．资源禀赋、要素替代与农业生产经营方式转型：以苏、浙粮食生产为例［J］．农业经济问题，2013（12）：15-24．

［188］游珍，封志明，杨艳昭．中国1km地形起伏度数据集［J］．全球变化数据学报，2018（2）：151-155，274．

［189］袁鹏，朱进金．要素市场扭曲、技术进步偏向与劳动份额变化［J］．经济评论，2019（2）：73-87．

［190］展进涛，陈超．劳动力转移对农户农业技术选择的影响［J］．中国农村经济，2009（3）：75-84．

［191］赵伟，赵嘉华．互联网、离岸与技术进步的要素偏向：一个全球视野［J］．世界经济研究，2020（9）：104-118．

［192］张经廷，李谦，张峰，等．丘陵山区旱作节水技术与农业机械化发展现状及趋势［J］．中国农机化学报，2019（6）：197-200，226．

［193］张俊，钟春平．偏向型技术进步理论：研究进展及争议［J］．经济评论，2014（5）：148-160．

［194］张俊光，宋喜伟，杨双．基于熵权法的关键链项目缓冲确定方法［J］．管理评论，2017（1）：211-219．

[195] 张利国, 刘辰, 陈苏. 要素价格诱导稻谷生产技术进步与要素替代: 以南方稻作区为例 [J]. 农业经济与管理, 2020 (3): 16-29.

[196] 张琪, 朱满德, 刘超. 偏向性技术变迁与中国粮食增长路径转型: 基于1978—2018年玉米主产省的实证 [J]. 农业现代化研究, 2020 (1): 1-11.

[197] 张旭青. 粮食生产中资本投入与劳动投入的替代弹性 [J]. 江苏农业科学, 2016 (11): 551-554.

[198] 张月玲, 叶阿忠. 中国区域技术选择与要素结构匹配差异 [J]. 财经研究, 2013 (12): 100-114.

[199] 张在一, 杜锐, 毛学峰. 我国诱致性农业技术创新路径: 基于十种农作物劳动力节约技术变革的研究 [J]. 中国软科学, 2018 (9): 15-25.

[200] 郑旭媛, 徐志刚. 资源禀赋约束、要素替代与诱致性技术变迁: 以中国粮食生产的机械化为例 [J]. 经济学 (季刊), 2016 (10): 45-66.

[201] 郑旭媛, 应瑞瑶. 农业机械对劳动的替代弹性及区域异质性分析: 基于地形条件约束视角 [J]. 中南财经政法大学学报, 2017 (5): 52-58, 136.

[202] 钟甫宁, 陆五一, 徐志刚. 农村劳动力外出务工不利于粮食生产吗?: 对农户要素替代与种植结构调整行为及约束条件的解析 [J]. 中国农村经济, 2016 (7): 36-47.

[203] 钟世川. 技术进步偏向与中国工业行业全要素生产率增长 [J]. 经济学家, 2014 (7): 46-54.

[204] 钟世川. 要素替代弹性、价格加成对劳动收入份额的影响研究 [J]. 云南财经大学学报, 2015 (4): 14-20.

[205] 钟世川. 收入差距与技术进步方向的经验研究 [J]. 探索, 2015 (4): 162-166.

[206] 周端明. 农户规模与农业技术创新 [J]. 山西财经大学学报, 2005 (2): 56-60.

[207] 朱广其. 我国农业技术创新的主体、模式及对策 [J]. 农业现代化研究, 1997 (3): 132-135.

[208] 朱琳, 汪波, 徐波. 中国技术进步偏向性的测算与分析 [J]. 技术经济, 2016 (11): 73-78, 96.

附 录

附录 1 农作物技术有偏进步诱导机制的理论模型推导过程

设定农业内部不同作物生产函数：

$$Y_t^{Ai} = \left[\lambda_t^i Y_t^{T i \frac{\rho^i-1}{\rho^i}} + (1-\lambda_t^i) Y_t^{L i \frac{\rho^i-1}{\rho^i}} \right]^{\frac{\rho^i}{\rho^i-1}} \tag{1-1}$$

$$Y_t^{Ti} = \frac{1}{1-\alpha^i} \left(\int_0^{N_t^T} x_t^{Ti}(j)^{1-\alpha^i} dj \right) T_t^{\alpha^i} \tag{1-2}$$

$i=1, 2, 3$（"1"表示土地密集型作物，"2"表示劳动密集型作物，"3"表示土地劳动密集型作物）：

$$Y_t^{Li} = \frac{1}{1-\alpha^i} \left(\int_0^{N^{Li}} x_t^{Li}(j)^{1-\alpha^i} dj \right) (\bar{L}_t^{Fi} + L_t^{Vi})^{\alpha^i} \tag{1-3}$$

(1-3) 式中，$\bar{L}_t^{Fi}$ 表示机械化技术难以替换的劳动部分，数量相对稳定；L_t^{Vi} 表示机械化技术易于替换的劳动部分，数量趋于减少，$\bar{L}_t^{Fi} + L_t^{Vi} = L_t^i$；此处及下文其余变量和参数设定参考 3.2 小节，不再赘述。

市场出清条件下两种中间品相对价格：

$$P_t^i \equiv \frac{P_t^{Ti}}{P_t^{Li}} = \frac{\lambda_t^i}{1-\lambda_t^i} \left(\frac{Y_t^{Ti}}{Y_t^{Li}} \right)^{-\frac{1}{\rho_i}} \tag{1-4}$$

P_t^{Ti}, P_t^{Li} 分别表示中间品 Y_t^{Ti}，Y_t^{Li} 价格，最终产品 Y_t^{Ai} 价格作为计价单位。
则有：

$$\left[\lambda_t^{i\rho^i} P_t^{Ti\,1-\rho^i} + (1-\lambda_t^i)^{\rho^i} P_t^{Li\,1-\rho^i} \right]^{\frac{1}{1-\rho^i}} = 1 \tag{1-5}$$

假定产品市场是完全竞争的，两类中间产品达到利润最大化水平，需要分别满足：

$$\max \pi_t^{Ti} = P_t^{Ti} Y_t^{Ti} - r_t^i T_t^i - \int_0^{N_t^{Ti}} \vartheta^{Ti}(k) x_t^{Ti}(k) dk \tag{1-6}$$

$$\max \pi_t^{Li} = P_t^{Li} Y_t^{Li} - w_t^i (\bar{L}_t^{Fi} + L_t^{Vi}) - \int_0^{N_t^{Li}} \vartheta^{Li}(k) x_t^{Li}(k) dk \tag{1-7}$$

将 (1-6) 式和 (1-7) 式分别对 $x_t^{Ti}(k)$，$x_t^{Li}(k)$ 求一阶条件，则可以得到：

$$x_t^{Ti}(k) = \left(\frac{p_t^{Ti}}{\vartheta^{Ti}(k)} \right)^{\frac{1}{\alpha^i}} T_t^i \tag{1-8}$$

$$x_t^{Li}(k) = \left(\frac{p_t^{Li}}{\vartheta^{Li}(k)}\right)^{\frac{1}{\alpha^i}} (\bar{L}_t^{Fi} + L_t^{Vi}) \quad (1-9)$$

$\vartheta^{Ti}(k)$, $\vartheta^{Li}(k)$ 表示拥有专利权的垄断者向市场分别供给两种类型技术的价格。

将（1-6）式和（1-7）式分别对 T_t, L_t^{Vi} 求一阶条件，则可以得到：

$$r_t^i = \frac{\alpha^i}{1-\alpha^i} P_t^{Ti} \left(\int_0^{N_t^{Ti}} x_t^{Ti}(k)^{1-\alpha^i} dk\right) T_t^{i\alpha^i-1} \quad (1-10)$$

$$w_t = \frac{\alpha^i}{1-\alpha^i} P_t^{Li} \left(\int_0^{N_t^{Li}} x_t^{Li}(k)^{1-\alpha^i} dk\right) (\bar{L}_t^{Fi} + L_t^{Vi})^{\alpha^i-1} \quad (1-11)$$

假定专利技术垄断厂商生产两种技术类型机器的边际成本是 $\psi^{Ti,Li}$，利润最大化条件下，$\pi_t^{Ti,Li} = (\vartheta^{Ti,Li}(k) - \psi^{Ti,Li}) x_t^{Ti,Li}(k)$。

利润最大化的技术垄断者供给价格 $\vartheta^{Ti,Li}(k) = \frac{\psi^{Ti,Li}}{1-\alpha^i}$，令 $\psi^{Ti,Li} = 1-\alpha$，

则有 $\vartheta^{Ti}(k) = \vartheta^{Li}(k) = 1$，$\pi_t^{Ti} = \alpha^i P_t^{Ti\frac{1}{\alpha^i}} T_t^i$，$\pi_t^{Li} = \alpha^i P_t^{Li\frac{1}{\alpha^i}} (\bar{L}_t^{Fi} + L_t^{Vi})$

垄断者净利润现值为：

$$I_t^i V_t^{Ti,Li} - \dot{V}_t^{Ti,Li} = \pi_t^{Ti,Li} \quad (1-12)$$

当稳态时 $\dot{V}_t^{Ti,Li} = 0$，所以有：

$$V_t^{Ti} = \frac{\alpha^i P_t^{Ti\frac{1}{\alpha^i}} T_t^i}{I_t^i} \text{ 和 } V_t^{Li} = \frac{\alpha^i P_t^{Li\frac{1}{\alpha^i}} (\bar{L}^{Fi} + L_t^{Vi})}{I_t^i} \quad (1-13)$$

将（1-8）式和（1-9）式分别代入（1-2）式和（1-3）式中，可以得到：

$$Y_t^{Ti} = \frac{1}{1-\alpha^i} P_t^{Ti\frac{1-\alpha^i}{\alpha^i}} N_t^{Ti} T_t^i \quad (1-14)$$

$$Y_t^{Li} = \frac{1}{1-\alpha^i} P_t^{Li\frac{1-\alpha^i}{\alpha^i}} N_t^{Li} (\bar{L}_t^{Fi} + L_t^{Vi}) \quad (1-15)$$

令 $\sigma^i \equiv \rho^i - (\rho^i - 1)(1-\alpha^i)$，将（1-14）式和（1-15）式代入（1-4）式，则有：

$$P_t^i \equiv \frac{P_t^{Ti}}{P_t^{Li}} = \left(\frac{\lambda_t^i}{1-\lambda_t^i}\right)^{\frac{\alpha^i \rho^i}{\sigma^i}} \left(\frac{N_t^{Ti} T_t^i}{N_t^{Li}(\bar{L}_t^{Fi} + L_t^{Vi})}\right)^{-\frac{\alpha^i}{\sigma^i}} \quad (1-16)$$

结合（1-13）式和（1-16）式，可以得到：

$$\frac{V_t^{Ti}}{V_t^{Li}} = \underbrace{P_t^{\frac{1}{\alpha^i}}}_{\text{价格效应}} \cdot \underbrace{\frac{T_t^i}{(\bar{L}_t^{Fi} + L_t^{Vi})}}_{\text{规模效应}} = \left(\frac{\lambda_t^i}{1-\lambda_t^i}\right)^{\frac{\rho^i}{\sigma^i}} \left(\frac{N_t^{Ti}}{N_t^{Li}}\right)^{-\frac{1}{\sigma^i}} \left(\frac{T_t^i}{(\bar{L}_t^{Fi} + L_t^{Vi})}\right)^{\frac{\sigma^i-1}{\sigma^i}} \quad (1\text{-}17)$$

假定研发市场新技术开发满足

$$\dot{N}_t^{Ti} = \psi_t^{Ti} R_t^{Ti} \text{ 和 } \dot{N}_t^{Li} = \psi_t^{Li} R_t^{Li} \quad (1\text{-}18)$$

研发市场均衡条件：

$$\psi_t^{Ti} \pi_t^{Ti} = \psi_t^{Li} \pi_t^{Li} \quad (1\text{-}19)$$

借助（1-17）式和（1-19）式，令 $\psi_t^i = \frac{\psi_t^{Ti}}{\psi_t^{Li}}$，则有：

$$\frac{N_t^{Ti}}{N_t^{Li}} = \psi_t^{i\sigma^i} \left(\frac{\lambda_t^i}{1-\lambda_t^i}\right)^{\rho^i} \left(\frac{T_t^i}{(\bar{L}^{Fi} + L_t^{Vi})}\right)^{\sigma^i-1} \quad (1\text{-}20)$$

附录2 生物化学技术的各项衡量指标权重及综合评价数据

表2.1 种子、农药和化肥三方面技术的影响权重（熵权法赋权）

年份	种子技术权重	农药技术权重	化肥技术权重
1991	0.295	0.364	0.341
1992	0.276	0.381	0.344
1993	0.282	0.394	0.323
1994	0.289	0.402	0.309
1995	0.274	0.391	0.334
1996	0.288	0.391	0.321
1997	0.308	0.380	0.312
1998	0.317	0.364	0.319
1999	0.309	0.394	0.298
2000	0.334	0.356	0.310
2001	0.346	0.347	0.307
2002	0.336	0.362	0.301
2003	0.353	0.346	0.301
2004	0.362	0.350	0.288
2005	0.364	0.341	0.295
2006	0.360	0.345	0.295
2007	0.371	0.333	0.296
2008	0.384	0.325	0.291
2009	0.370	0.326	0.305
2010	0.377	0.342	0.280
2011	0.384	0.335	0.281
2012	0.385	0.334	0.281
2013	0.382	0.334	0.284
2014	0.381	0.331	0.288

续表

年份	种子技术权重	农药技术权重	化肥技术权重
2015	0.380	0.331	0.289
2016	0.398	0.321	0.281
2017	0.389	0.325	0.286
2018	0.378	0.333	0.289

表 2.2 各地区种子、农药和化肥综合评价得分（熵权法评价）

年份	北京	天津	河北	山西	内蒙古	辽宁	吉林	黑龙江	上海	江苏
1991	5.04	4.19	45.36	10.62	8.84	17.89	22.59	20.29	8.09	57.69
1992	4.12	4.10	49.56	12.23	11.48	20.36	23.79	28.51	5.99	60.03
1993	4.06	3.66	50.06	11.77	12.47	18.81	24.38	27.92	6.00	57.82
1994	4.55	3.80	54.41	12.16	10.11	20.35	24.66	26.04	4.26	56.84
1995	7.16	4.41	58.54	12.76	12.98	23.79	32.44	33.39	4.51	59.81
1996	5.69	4.07	56.27	13.03	13.97	21.73	30.10	33.01	4.21	59.66
1997	3.93	4.32	55.65	12.59	14.24	20.50	27.47	29.87	3.17	57.54
1998	3.41	4.18	54.84	12.72	14.86	22.76	27.06	28.80	5.04	58.82
1999	2.68	4.21	48.41	12.04	14.40	19.28	24.59	26.20	3.93	50.48
2000	2.79	2.19	56.44	12.90	12.87	21.44	27.56	25.54	3.81	55.74
2001	2.10	2.29	59.40	12.77	12.73	21.57	28.59	25.10	3.28	53.22
2002	1.56	1.79	52.79	12.49	12.39	21.91	28.24	23.55	2.61	49.08
2003	1.67	1.84	49.82	12.07	11.05	21.86	27.85	22.10	2.27	47.68
2004	1.78	2.17	53.86	13.16	13.86	23.51	29.85	27.95	1.89	53.04
2005	1.71	2.24	56.61	14.18	14.66	23.47	30.94	27.08	2.17	59.59
2006	1.66	2.17	54.36	14.10	14.35	22.62	32.68	28.48	2.04	51.68
2007	1.27	2.24	55.28	13.95	16.08	22.45	33.79	37.89	1.95	51.81
2008	1.20	2.09	54.24	14.23	16.64	21.22	32.49	32.28	1.82	48.40
2009	1.26	2.17	55.00	15.23	19.95	23.85	35.56	38.47	1.74	51.20
2010	1.27	2.11	54.54	16.82	21.90	28.90	38.75	44.38	1.69	51.15
2011	1.26	2.11	54.15	16.79	21.34	26.22	37.86	44.66	1.54	49.03
2012	1.17	2.08	52.76	16.89	24.62	26.84	39.15	47.06	1.39	47.08

续表

年份	北京	天津	河北	山西	内蒙古	辽宁	吉林	黑龙江	上海	江苏
2013	0.98	1.98	53.45	17.20	26.76	27.98	40.53	48.25	1.13	46.90
2014	0.79	1.99	53.46	17.36	27.73	27.35	42.81	48.64	1.05	46.52
2015	0.65	1.87	51.46	17.04	28.11	27.18	44.47	47.01	1.05	46.04
2016	0.57	1.80	52.13	16.20	28.00	27.71	46.81	44.71	0.91	45.76
2017	0.50	1.50	48.33	15.94	29.37	26.53	44.77	48.37	0.95	45.61
2018	0.50	1.50	45.52	16.22	29.39	27.21	44.00	49.22	0.94	46.23

年份	浙江	安徽	福建	江西	山东	河南	湖北	湖南	广东	广西	海南
1991	36.81	36.33	24.11	27.97	72.42	54.10	43.11	45.04	78.17	23.22	6.04
1992	38.68	40.59	25.35	27.94	78.26	61.60	47.25	47.66	80.31	23.38	6.15
1993	28.10	44.17	23.90	24.78	81.73	65.12	44.48	41.93	79.63	23.85	5.39
1994	29.14	44.01	25.74	27.62	85.16	68.29	53.15	44.50	79.72	27.92	5.97
1995	30.24	47.70	29.07	29.28	86.67	71.02	63.56	49.74	71.39	29.37	6.34
1996	28.86	50.59	28.64	27.44	86.26	73.86	53.51	44.46	66.81	29.04	5.53
1997	26.30	48.16	25.30	25.05	88.93	72.36	53.08	40.63	61.32	28.02	5.42
1998	26.09	49.64	24.14	24.84	89.61	74.45	52.58	41.01	63.71	28.51	5.84
1999	20.95	41.52	21.36	23.06	90.83	67.30	44.88	35.83	54.31	24.87	4.91
2000	23.68	48.06	23.44	27.90	89.85	78.89	52.14	40.67	60.73	28.27	6.88
2001	22.33	45.66	22.21	24.97	89.52	79.58	48.60	37.77	59.46	28.73	6.52
2002	19.87	45.17	21.33	24.59	90.27	76.85	45.45	36.07	56.19	27.76	6.70
2003	18.09	45.35	19.85	22.20	85.17	77.08	44.47	36.44	54.76	28.93	7.03
2004	19.97	49.36	20.77	27.43	84.54	81.13	50.67	43.28	56.00	30.82	9.38
2005	21.96	56.60	21.15	29.92	86.41	82.43	49.54	44.37	57.21	32.94	8.40
2006	18.98	50.10	19.81	29.12	87.08	81.80	52.18	41.78	56.90	31.16	8.98
2007	18.36	51.11	19.15	32.40	84.80	84.80	53.17	40.28	58.85	31.21	9.80
2008	17.47	52.29	18.21	32.23	84.15	85.21	52.44	38.65	56.77	29.41	11.08
2009	18.22	55.87	19.09	35.37	85.26	86.65	55.45	41.57	59.85	33.08	14.48
2010	19.10	58.80	20.50	40.08	86.61	91.64	59.94	45.31	42.00	34.42	15.06
2011	18.54	57.50	19.98	37.87	83.81	92.62	58.10	44.97	42.27	33.79	14.23
2012	18.43	56.65	19.92	38.52	83.00	93.01	58.60	46.28	42.91	34.30	13.58

续表

年份	浙江	安徽	福建	江西	山东	河南	湖北	湖南	广东	广西	海南
2013	18.59	58.31	20.51	38.78	81.29	93.99	55.24	46.78	43.98	36.23	14.70
2014	17.83	57.24	20.69	37.82	79.53	94.35	55.38	47.56	44.51	37.15	14.18
2015	17.66	55.58	20.64	37.75	78.15	95.09	54.88	46.48	44.72	36.99	14.63
2016	15.93	54.74	20.27	36.34	89.74	93.21	51.60	44.61	44.48	39.45	13.02
2017	15.39	55.59	19.12	36.73	76.29	95.36	51.85	46.38	45.08	36.77	13.39
2018	16.05	57.97	19.74	36.14	75.27	95.80	53.19	48.54	43.76	38.47	11.49

年份	重庆	四川	贵州	云南	西藏	陕西	甘肃	青海	宁夏	新疆
1991	14.20	29.74	7.47	14.38	0.00	30.94	9.13	2.36	2.15	10.21
1992	14.28	33.14	7.63	16.02	0.00	32.49	11.86	2.07	2.59	11.64
1993	14.02	33.14	9.76	14.84	0.00	34.77	11.33	2.00	2.86	13.03
1994	12.85	32.44	10.92	15.61	0.00	33.37	9.88	1.74	2.46	8.93
1995	13.01	36.18	9.88	16.80	0.00	36.01	10.64	1.88	2.83	13.74
1996	11.73	38.35	8.88	18.60	0.00	35.68	11.40	1.47	2.90	17.29
1997	11.47	36.55	8.66	18.80	0.00	33.29	12.75	1.77	3.45	17.44
1998	11.82	38.18	8.37	17.98	0.00	35.02	12.48	1.86	3.36	16.88
1999	10.49	36.11	8.27	15.53	0.00	14.64	12.00	1.63	3.25	14.24
2000	11.59	40.29	9.66	18.17	0.00	15.47	12.49	1.80	3.68	15.47
2001	11.06	36.72	9.02	18.92	0.00	14.54	11.62	1.69	3.71	14.72
2002	10.72	34.87	10.15	17.61	0.00	13.75	10.89	1.21	3.77	12.38
2003	10.62	33.77	10.59	17.98	0.00	13.25	10.71	1.27	3.42	13.07
2004	10.96	35.25	9.52	18.45	0.00	13.34	12.11	1.24	5.84	14.63
2005	11.45	37.43	9.97	19.43	0.00	13.68	12.39	1.19	5.97	15.03
2006	11.00	34.89	10.32	19.68	0.00	13.67	11.93	1.26	5.91	14.99
2007	10.22	34.43	9.78	20.10	0.00	13.57	14.69	1.42	5.90	16.71
2008	9.96	33.65	10.49	21.71	0.00	13.36	14.69	1.06	5.50	18.70
2009	10.98	34.71	11.02	23.86	0.00	15.41	16.19	1.16	5.94	21.86
2010	11.25	36.56	11.78	26.63	0.00	16.32	17.91	1.23	6.33	22.08
2011	10.73	35.65	11.71	27.19	0.00	16.77	22.74	1.20	6.12	23.25
2012	10.61	35.27	12.33	29.32	0.00	18.25	24.41	1.18	6.09	23.22

续表

年份	重庆	四川	贵州	云南	西藏	陕西	甘肃	青海	宁夏	新疆
2013	10.31	35.26	12.33	30.40	0.00	18.41	25.37	1.16	6.10	24.39
2014	10.11	35.37	12.75	31.94	0.01	17.88	26.00	1.15	5.93	28.60
2015	10.23	34.82	12.18	31.71	0.07	17.63	26.72	1.22	6.12	28.23
2016	9.59	33.75	11.60	31.24	0.10	17.40	23.46	1.12	6.13	28.24
2017	9.75	34.38	11.75	31.93	0.18	17.46	20.29	1.26	6.07	29.32
2018	10.43	35.61	10.79	31.77	0.17	17.66	19.41	1.30	5.98	29.76

注：评价得分总分值按百分计。

附录3 诱导创新因素变化的综合评价数据

表3.1 各地区要素相对稀缺性与市场需求变化的综合评价得分（熵权法评价）

年份	北京	天津	河北	山西	内蒙古	辽宁	吉林	黑龙江	上海	江苏
1978	16.51	20.10	81.74	42.56	40.76	40.19	32.75	60.91	20.13	77.49
1979	15.52	18.76	81.89	42.02	42.59	40.04	34.20	64.49	18.68	77.63
1980	14.69	17.73	81.44	42.16	43.13	39.75	35.41	67.86	17.45	76.62
1981	13.92	16.76	78.87	40.49	41.86	38.50	35.51	67.24	16.43	78.02
1982	13.21	15.95	76.82	39.90	41.69	37.81	36.63	65.44	15.59	77.34
1983	12.97	13.79	75.96	39.44	40.82	36.91	35.64	65.13	14.95	75.13
1984	12.83	12.74	75.37	38.25	40.54	36.51	35.08	64.41	14.36	74.61
1985	12.01	11.96	73.21	36.64	39.28	35.53	34.88	63.05	13.18	72.89
1986	11.69	11.74	73.13	36.08	38.80	34.95	34.39	61.31	12.43	71.58
1987	11.51	11.67	71.98	36.10	37.61	34.39	34.81	61.05	11.98	70.80
1988	11.36	11.61	72.79	36.23	37.99	34.33	35.49	58.84	11.53	70.05
1989	11.39	11.61	72.35	36.20	37.69	34.11	35.58	60.05	11.06	69.73
1990	11.39	11.72	73.23	36.70	39.07	34.52	36.06	61.26	10.96	70.73
1991	11.31	11.66	73.05	36.25	39.44	34.53	36.04	61.19	10.52	69.02
1992	11.10	11.80	71.76	36.62	40.18	34.69	36.49	60.43	10.40	70.31
1993	9.32	11.85	71.67	36.49	39.78	34.42	35.99	60.51	10.56	68.15
1994	10.22	11.35	71.30	36.39	40.24	34.11	35.97	61.09	10.50	66.73
1995	10.05	11.30	71.25	35.70	40.63	34.17	35.85	60.12	10.93	66.73
1996	10.99	11.75	72.74	36.70	42.70	34.98	36.44	62.01	13.09	67.43
1997	11.07	11.99	72.50	36.14	45.17	35.10	36.32	62.50	13.88	67.74
1998	12.62	14.32	70.29	37.43	35.17	37.17	34.07	54.29	19.06	68.06
1999	13.09	13.29	70.04	37.10	37.63	36.18	34.24	56.03	16.08	66.89
2000	13.47	13.21	68.25	35.89	37.15	35.13	34.11	56.13	14.65	64.23
2001	14.14	12.58	68.21	34.40	37.19	34.44	33.93	57.72	14.22	62.90
2002	15.60	13.65	66.97	35.23	36.77	34.93	35.39	55.74	14.91	62.05

续表

年份	北京	天津	河北	山西	内蒙古	辽宁	吉林	黑龙江	上海	江苏
2003	15.82	14.17	64.47	33.97	35.03	34.30	34.71	55.30	14.48	59.74
2004	15.57	14.25	64.01	33.94	36.34	35.06	34.45	55.45	13.83	58.62
2005	13.19	12.75	64.38	33.28	40.93	34.22	36.43	68.16	11.45	57.64
2006	13.15	13.83	63.67	32.16	42.58	33.61	36.71	69.65	10.97	55.77
2007	12.76	12.70	58.48	31.91	42.44	32.90	36.44	72.32	10.47	53.88
2008	13.39	13.30	59.81	32.62	42.56	33.22	36.59	71.72	10.34	54.17
2009	13.34	13.24	60.24	32.65	43.90	33.78	37.23	75.21	10.17	54.52
2010	13.33	13.19	60.33	32.63	46.87	34.57	38.33	78.43	7.54	54.76
2011	12.92	12.80	60.14	32.70	48.04	34.49	38.65	81.08	7.69	54.56
2012	11.99	11.76	60.36	32.06	49.55	34.34	38.99	83.36	9.38	54.34
2013	11.93	11.44	59.96	31.53	50.17	34.15	39.64	84.41	9.60	53.73
2014	13.36	12.38	60.03	32.23	50.86	34.99	40.48	84.26	10.57	53.37
2015	13.84	12.67	59.67	32.11	51.92	35.56	40.73	84.98	11.38	53.09
2016	14.50	12.88	59.76	32.32	54.65	35.50	40.80	84.67	12.29	52.40
2017	15.21	13.11	59.88	32.76	55.45	35.76	41.06	84.79	12.56	52.16
2018	15.92	13.33	58.91	32.76	53.97	36.14	40.62	82.19	12.66	51.52

年份	浙江	安徽	福建	江西	山东	河南	湖北	湖南	广东	广西	海南
1978	49.45	72.17	33.72	53.87	93.61	94.98	71.35	76.09	86.01	52.93	18.47
1979	48.99	72.94	32.85	54.49	93.63	96.07	70.51	75.99	83.83	51.41	17.49
1980	48.64	71.98	31.80	54.05	95.02	96.52	69.52	73.79	81.11	50.05	16.69
1981	47.32	71.80	30.55	53.00	92.35	96.75	66.70	73.22	76.92	48.67	15.96
1982	46.70	72.36	29.55	52.76	91.11	96.90	67.79	72.56	76.31	48.05	15.41
1983	45.55	69.89	28.73	50.98	91.12	96.87	65.93	69.46	73.46	45.85	15.20
1984	44.57	70.13	28.50	50.52	91.78	96.71	65.24	68.17	72.34	44.94	15.42
1985	43.22	70.30	27.47	49.07	90.65	96.77	63.32	65.70	69.00	43.57	15.04
1986	42.25	69.43	27.78	48.72	90.86	96.58	62.92	65.47	68.15	44.00	15.13
1987	42.00	70.26	28.56	48.75	88.93	96.66	62.22	64.54	67.70	44.13	15.14
1988	41.72	69.03	29.10	48.34	89.52	96.58	61.63	64.87	67.75	45.19	15.41
1989	41.66	69.16	29.36	49.15	87.92	96.53	61.53	66.26	69.07	46.39	15.49

续表

年份	浙江	安徽	福建	江西	山东	河南	湖北	湖南	广东	广西	海南
1990	42.51	70.31	30.22	51.01	89.24	96.64	63.63	68.27	70.86	48.11	15.72
1991	42.13	69.04	30.62	51.17	89.50	96.78	63.62	68.39	70.16	48.99	15.66
1992	41.72	69.22	31.25	51.48	88.87	96.88	62.32	68.24	68.71	49.61	15.95
1993	39.15	69.19	30.71	49.84	87.20	96.55	61.32	65.46	64.35	49.38	16.11
1994	37.88	69.05	30.32	50.14	87.95	96.76	61.44	65.75	64.82	49.99	15.60
1995	38.75	69.43	30.79	50.95	87.63	96.40	62.76	66.30	65.43	51.52	16.06
1996	39.57	70.30	31.78	52.52	89.35	98.10	64.42	67.48	67.53	53.97	16.62
1997	39.72	71.14	32.37	51.81	89.27	98.10	65.42	68.05	68.26	55.40	17.15
1998	44.78	70.75	38.19	49.06	87.34	94.99	63.99	67.84	66.02	58.12	23.21
1999	42.80	70.18	36.49	48.81	87.35	96.61	63.84	67.53	64.02	56.95	21.66
2000	38.35	67.22	33.81	46.31	86.83	97.42	60.96	65.55	61.48	54.32	20.25
2001	36.02	66.02	32.53	45.52	85.48	97.51	60.42	64.76	62.00	53.58	19.33
2002	35.50	66.08	33.01	44.81	82.87	97.06	59.05	63.36	58.21	53.32	20.31
2003	34.03	64.77	32.18	42.11	80.21	96.87	57.64	61.92	58.01	52.31	20.72
2004	33.15	65.12	31.68	42.89	78.78	96.59	57.69	63.31	57.34	52.12	20.78
2005	30.44	65.18	28.16	42.77	77.83	97.60	57.53	63.15	56.35	51.38	17.94
2006	28.99	65.05	27.63	42.52	77.45	97.36	55.95	63.87	52.72	47.29	18.33
2007	27.16	63.53	25.58	41.21	75.40	97.30	53.86	56.14	50.55	45.97	17.25
2008	27.56	63.76	26.04	41.94	75.58	96.93	54.75	57.28	50.46	46.83	18.08
2009	27.49	64.47	25.81	42.45	76.28	96.84	56.17	58.89	50.80	47.93	18.12
2010	26.64	62.49	25.40	43.00	76.62	96.99	56.48	60.09	50.48	47.86	17.94
2011	26.41	64.72	24.68	42.81	76.54	97.10	56.57	60.45	50.00	47.92	17.50
2012	24.47	64.06	23.17	42.44	76.38	97.40	57.31	60.78	49.48	47.41	16.44
2013	23.78	63.08	22.35	42.02	76.04	97.50	56.76	60.37	48.78	46.99	15.88
2014	24.41	62.67	23.15	42.23	75.77	97.45	56.85	60.55	48.85	46.10	17.17
2015	24.52	61.37	23.17	42.07	75.00	97.25	57.28	59.89	48.42	46.93	17.40
2016	24.49	61.96	23.20	42.26	76.24	97.20	56.73	59.55	48.45	47.03	17.73
2017	24.94	61.64	23.67	42.60	75.80	96.86	57.33	59.83	49.36	47.60	18.20
2018	25.22	61.78	24.20	42.26	75.04	96.40	57.04	58.85	49.88	47.79	18.69

续表

年份	重庆	四川	贵州	云南	西藏	陕西	甘肃	青海	宁夏	新疆
1978	33.67	31.20	37.65	44.86	16.25	49.27	36.76	15.81	12.94	30.27
1979	34.39	30.03	35.90	44.36	14.97	49.06	36.70	15.00	13.33	30.60
1980	33.94	29.30	34.50	43.53	13.97	49.42	37.32	14.33	13.59	30.60
1981	33.74	27.93	33.62	42.29	13.18	47.04	36.13	13.77	13.28	29.88
1982	33.33	27.58	33.63	41.75	12.50	45.92	35.74	13.12	12.92	29.53
1983	31.96	27.61	32.82	40.95	12.29	45.23	36.18	12.89	12.82	28.36
1984	31.43	28.53	33.49	41.06	12.59	44.63	35.80	13.06	13.01	28.06
1985	30.59	28.03	32.92	40.28	12.20	43.27	35.15	12.61	12.70	27.30
1986	30.33	28.24	33.54	40.19	12.30	42.82	34.93	12.56	12.66	26.95
1987	30.32	28.53	34.19	40.32	12.29	43.42	34.98	12.66	12.80	27.20
1988	30.72	28.97	35.11	41.60	12.58	43.63	35.29	12.93	13.03	27.33
1989	31.09	28.32	35.95	42.33	12.55	43.78	35.23	12.97	13.00	27.04
1990	31.77	28.67	37.05	43.61	12.67	44.42	36.05	13.79	13.32	27.56
1991	32.12	28.25	38.29	44.04	12.50	44.41	35.59	13.71	13.46	27.86
1992	32.35	28.63	39.29	45.11	12.68	44.80	36.34	13.99	13.82	28.27
1993	31.59	28.64	39.74	45.43	13.24	43.94	36.48	14.19	14.05	27.74
1994	31.27	28.38	39.92	45.66	12.67	43.82	36.46	13.80	13.86	27.62
1995	31.06	29.46	40.98	46.57	13.33	41.95	37.05	14.33	14.16	27.85
1996	36.74	78.76	42.16	48.07	13.83	44.34	37.72	14.99	14.81	28.73
1997	37.11	79.40	43.56	49.24	14.50	42.88	37.92	15.53	15.42	29.89
1998	42.11	80.15	48.44	53.98	25.28	46.78	42.23	23.98	18.12	26.36
1999	40.58	79.10	47.40	53.73	22.89	45.70	40.41	21.81	17.64	26.45
2000	38.05	75.77	45.55	51.50	20.38	42.63	38.19	20.22	16.47	25.94
2001	36.70	74.90	46.35	52.90	18.93	40.73	37.38	19.71	16.03	26.03
2002	36.02	73.13	46.71	52.37	20.18	40.79	37.63	20.78	15.78	26.06
2003	34.47	70.60	46.24	51.52	20.17	39.93	37.22	21.03	14.50	25.53
2004	34.15	70.75	46.07	51.74	20.06	40.17	37.18	20.40	14.39	26.27
2005	32.29	70.67	43.26	50.48	15.86	38.80	35.24	16.52	14.39	28.37

续表

年份	重庆	四川	贵州	云南	西藏	陕西	甘肃	青海	宁夏	新疆
2006	30.84	70.82	41.46	50.91	16.25	37.01	35.47	16.53	14.36	30.20
2007	29.79	67.47	39.73	47.49	15.00	36.45	34.64	15.20	13.94	30.02
2008	30.27	67.41	40.87	48.58	15.98	36.96	35.35	16.12	13.93	30.81
2009	30.31	67.12	41.72	49.32	15.95	36.92	35.99	15.94	13.73	32.07
2010	30.30	67.09	41.94	49.72	15.75	36.93	34.99	15.73	16.11	33.56
2011	30.55	67.05	42.19	52.76	15.18	36.20	36.25	15.06	16.13	35.20
2012	29.88	67.26	42.35	53.41	13.86	35.46	35.70	13.75	15.53	36.58
2013	29.40	66.74	42.86	53.35	13.37	34.53	35.47	13.49	15.32	37.03
2014	29.69	66.47	43.90	53.67	14.66	34.86	36.08	14.60	16.03	40.57
2015	29.61	66.35	43.89	53.43	15.07	34.91	34.03	14.89	16.27	41.29
2016	29.63	66.51	44.27	53.58	15.41	35.68	36.53	15.27	16.59	42.23
2017	29.88	67.49	45.07	54.08	15.94	35.74	34.54	15.70	16.80	41.84
2018	30.02	67.54	44.27	52.59	16.39	36.14	34.95	15.99	16.99	42.58

注：评价得分总分值按百分计。

附录4 农业内部各类作物的年度要素效率增长率数据

4.1 土地密集型作物的要素效率增长率

4.1.1 小麦土地与劳动效率增长率

表 4.1.1.1 小麦主要产区土地效率增长率

年份	河北	山西	内蒙古	江苏	安徽	山东	河南	云南	甘肃	新疆
2005	-0.152 5	-0.374 7	-0.055 5	-0.208 2	-0.180 6	0.014 3	-0.266 6	-0.142 9	0.062 7	0.029 5
2006	-0.054 4	0.365 5	0.057 9	0.136 3	0.416 3	0.065 3	0.135 7	0.025 3	-0.071 7	0.063 0
2007	-0.000 5	-0.178 8	-0.177 3	-0.040 5	0.036 1	-0.152 7	-0.156 6	0.143 7	-0.039 0	0.008 2
2008	0.036 5	0.354 2	0.029 2	0.058 7	-0.248 3	-0.158 5	0.097 8	-0.062 2	0.123 9	0.278 3
2009	0.073 5	-0.165 6	-0.137 7	-0.008 8	-0.039 4	0.022 5	-0.087 9	-0.096 3	-0.081 9	-0.114 9
2010	-0.042 2	0.049 7	-0.079 2	-0.021 1	-0.028 1	-0.026 1	-0.016 4	-0.301 0	0.145 9	-0.146 0
2011	0.189 6	0.283 1	0.302 1	0.049 9	-0.065 7	0.064 6	0.317 9	0.787 7	-0.063 2	0.042 3
2012	0.157 2	0.354 6	-0.047 9	0.058 7	0.066 7	0.165 2	-0.081 3	0.033 3	0.312 8	0.137 4
2013	0.032 2	-0.040 7	0.056 9	0.074 1	-0.050 8	0.037 6	0.069 8	0.068 0	-0.155 9	0.141 1
2014	0.047 2	0.191 6	0.116 4	0.090 0	0.197 7	0.027 3	0.049 4	0.062 3	0.135 9	0.011 7
2015	-0.083 6	0.019 4	-0.050 6	-0.153 7	-0.162 5	-0.042 0	-0.082 2	0.005 5	-0.219 7	-0.058 5
2016	0.039 3	0.083 0	-0.093 2	-0.207 9	-0.026 8	0.028 7	-0.103 2	0.156 3	0.073 3	0.043 1
2017	0.015 8	-0.097 9	-0.030 7	0.218 7	0.067 2	-0.027 9	0.080 0	-0.056 7	-0.117 9	0.028 9
2018	-0.188 1	-0.159 9	-0.007 9	-0.150 7	-0.300 4	-0.118 4	-0.258 0	-0.022 2	-0.068 8	-0.151 8

表 4.1.1.2 小麦主要产区劳动效率增长率

年份	河北	山西	内蒙古	江苏	安徽	山东	河南	云南	甘肃	新疆
2005	0.091 6	0.000 8	0.077 9	0.172 8	0.093 9	-0.059 1	-0.145 4	0.047 2	-0.062 9	0.045 0
2006	0.073 2	0.235 3	0.067 6	0.166 5	0.292 3	0.166 1	0.514 5	0.057 4	0.094 8	0.084 8
2007	0.173 0	-0.216 0	0.088 7	0.017 7	-0.023 7	0.062 1	0.277 5	0.141 1	0.227 5	-0.028 5
2008	0.104 5	0.158 1	0.314 0	-0.006 7	0.570 5	0.394 9	-0.007 4	0.022 4	0.161 6	0.166 5

续表

年份	河北	山西	内蒙古	江苏	安徽	山东	河南	云南	甘肃	新疆
2009	0.102 0	0.326 8	0.189 0	0.139 6	-0.098 4	0.082 2	0.124 0	0.204 9	-0.021 8	0.642 3
2010	-0.234 7	-0.111 2	-0.144 6	-0.039 3	0.171 5	-0.025 9	-0.013 6	-0.452 0	0.064 9	-0.122 7
2011	0.113 6	0.005 8	0.100 5	-0.049 6	-0.125 6	0.101 3	-0.158 5	1.027 0	-0.099 5	0.161 5
2012	0.051 1	0.154 1	0.136 2	-0.087 9	0.367 7	0.154 4	-0.123 4	-0.085 3	0.187 3	0.031 6
2013	-0.042 7	-0.129 4	0.003 7	0.201 1	0.051 9	-0.155 0	0.011 2	-0.040 2	-0.216 2	0.142 6
2014	0.092 5	0.268 6	0.157 2	0.172 2	0.123 0	0.144 8	0.455 0	0.138 8	0.074 4	-0.234 1
2015	-0.022 0	0.000 5	-0.006 1	-0.007 1	0.016 5	0.006 4	0.146 9	0.034 3	-0.078 8	0.214 4
2016	0.101 7	-0.020 3	-0.028 2	0.006 7	0.030 6	0.023 4	-0.075 1	-0.065 2	0.225 0	0.033 0
2017	0.014 0	0.266 3	0.103 3	0.475 5	0.194 7	0.016 0	0.080 2	0.276 3	-0.020 8	-0.032 7
2018	-0.220 6	-0.143 3	0.147 6	0.032 7	-0.180 4	-0.006 9	-0.219 7	-0.102 3	-0.049 4	-0.010 1

4.1.2 玉米土地与劳动效率增长率

表4.1.2.1 玉米主要产区土地效率增长率

年份	河北	山西	内蒙古	辽宁	吉林	黑龙江	江苏	安徽
2005	-0.080 3	-0.009 2	0.031 9	-0.113 1	-0.074 2	0.168 2	-0.589 0	-0.011 4
2006	-0.019 7	0.189 2	-0.146 8	0.071 1	0.076 0	0.148 4	0.361 5	0.235 4
2007	-0.023 1	0.201 5	-0.053 0	-0.110 5	-0.219 6	-0.215 6	-0.144 4	0.018 9
2008	-0.195 9	-0.223 2	0.149 8	-0.031 8	0.116 2	0.177 0	-0.008 7	-0.403 1
2009	0.345 8	0.009 1	-0.068 1	-0.077 9	-0.055 8	-0.001 3	0.365 9	0.200 5
2010	0.128 7	0.123 9	0.092 4	0.207 4	0.224 4	0.024 7	0.074 1	-0.189 7
2011	0.119 4	0.494 8	0.159 6	0.311 7	0.192 0	0.158 4	0.053 3	0.115 2
2012	0.176 6	0.098 3	0.130 1	0.289 3	0.224 3	0.040 8	0.399 3	0.430 7
2013	0.107 9	0.067 0	-0.009 2	0.072 3	0.123 6	0.023 7	0.094 0	-0.321 7
2014	0.049 0	-0.014 7	-0.033 9	-0.282 8	-0.162 2	0.023 7	-0.264 5	0.142 6
2015	-0.156 3	-0.247 0	-0.190 3	-0.301 3	-0.118 1	-0.209 7	-0.150 8	-0.360 6
2016	0.031 5	0.054 7	-0.323 3	0.003 4	-0.086 9	-0.293 8	-0.025 4	-0.122 2
2017	0.028 2	0.125 0	0.142 8	0.470 6	0.817 4	0.579 3	-0.080 5	-0.065 7
2018	-0.050 6	-0.000 8	0.129 3	-0.245 5	-0.417 8	-0.004 5	-0.052 8	-0.198 5

续表

年份	山东	河南	湖北	四川	云南	陕西	甘肃	新疆
2005	0.2687	-0.3343	-0.4854	-0.0291	-0.1448	-0.2770	0.4539	0.0021
2006	0.0711	0.1277	0.1025	-0.4942	0.1347	0.4306	0.2084	0.0596
2007	-0.2378	-0.2638	0.0865	-0.1959	0.0681	-0.1234	-0.0911	0.1519
2008	-0.2675	-0.0884	-0.4122	0.6828	0.1086	-0.1782	-0.1136	-0.1131
2009	0.0975	0.0125	0.0385	-0.2742	0.0881	0.2373	0.2044	0.4702
2010	-0.1744	0.0646	0.2345	-0.1076	0.1817	0.1687	0.3911	0.0471
2011	0.1475	0.2272	0.1666	0.3000	-0.1429	0.3426	-0.0491	-0.1351
2012	0.1526	0.2546	0.4595	0.3894	0.6569	0.5972	0.4477	0.1002
2013	0.0772	-0.0650	-0.1943	0.2127	0.1118	0.1896	0.1602	-0.2562
2014	0.1322	-0.1097	0.0927	-0.0908	-0.0413	0.0387	-0.2306	0.1775
2015	-0.1577	-0.2866	-0.1806	0.0262	0.0247	-0.0632	-0.1757	-0.3948
2016	-0.0073	-0.1382	0.0163	0.0148	0.0606	0.1085	-0.1093	0.3293
2017	0.0516	0.0535	-0.0331	0.0304	-0.1336	-0.0781	-0.0510	0.1285
2018	-0.1169	-0.0114	-0.0139	-0.0640	-0.0506	-0.0603	0.2420	-0.0324

表4.1.2.2 玉米主要产区劳动效率增长率

年份	河北	山西	内蒙古	辽宁	吉林	黑龙江	江苏	安徽
2005	0.0228	-0.0878	0.1286	0.0905	0.4315	0.1432	-0.2803	-0.3071
2006	0.3178	0.4311	0.3755	0.2482	0.0538	0.3509	0.5485	0.5829
2007	0.0681	0.1315	0.0432	0.2202	0.2529	-0.1970	0.2272	-0.0519
2008	-0.0255	-0.2344	-0.1517	0.0757	0.3991	0.3452	0.0371	0.0663
2009	0.2705	0.2425	0.1968	-0.0802	-0.0657	0.0750	0.2611	0.5984
2010	-0.1060	0.0533	0.5152	-0.0420	0.0433	0.2949	-0.1890	-0.0251
2011	0.1397	0.1985	-0.0373	0.1502	0.0261	0.0256	-0.0778	0.0480
2012	-0.0487	0.0564	-0.1372	-0.0639	-0.1420	0.1280	-0.0180	-0.1002
2013	-0.0171	-0.0912	0.2836	-0.0604	-0.0241	0.0055	-0.1027	0.1447
2014	-0.0662	0.0147	0.1347	0.3280	0.0355	0.1634	0.4284	0.2205
2015	-0.1375	-0.1302	-0.1086	-0.0317	-0.0032	-0.0369	-0.1471	0.1937
2016	0.1296	0.1104	0.2076	-0.0606	-0.0261	-0.3252	0.0849	0.4155

续表

年份	河北	山西	内蒙古	辽宁	吉林	黑龙江	江苏	安徽
2017	0.158 1	0.106 1	0.771 0	0.159 8	0.462 4	0.014 8	0.202 3	0.081 8
2018	0.031 3	0.076 0	0.258 7	-0.159 2	-0.044 1	0.227 8	-0.025 8	0.156 1

年份	山东	河南	湖北	四川	云南	陕西	甘肃	新疆
2005	-0.157 6	0.263 4	0.067 4	0.003 4	-0.035 2	0.189 9	-0.037 8	-0.068 5
2006	0.285 6	0.245 5	0.205 0	0.132 1	0.092 1	-0.013 7	0.207 6	0.261 2
2007	0.214 7	0.399 2	0.114 4	0.019 9	-0.011 0	0.179 5	0.116 8	0.230 3
2008	0.108 1	-0.110 4	0.126 0	0.228 8	0.240 5	0.036 7	0.015 5	-0.064 1
2009	0.457 7	0.240 3	0.225 0	-0.053 0	0.126 3	0.314 4	0.073 8	-0.035 9
2010	-0.060 1	-0.117 9	-0.035 5	0.213 0	-0.022 0	0.004 4	0.058 8	-0.170 4
2011	0.072 2	0.016 2	0.021 2	-0.020 4	-0.062 1	-0.118 6	0.113 4	0.440 8
2012	-0.019 3	-0.019 3	-0.195 0	0.004 3	0.132 8	-0.029 3	-0.035 3	0.061 3
2013	-0.345 8	0.321 1	0.603 9	0.022 7	0.032 0	-0.015 8	-0.105 3	0.124 9
2014	0.628 9	-0.022 8	-0.299 8	-0.021 1	-0.000 8	0.001 1	0.102 1	0.129 0
2015	-0.176 9	0.193 5	0.011 6	-0.016 4	0.013 6	-0.073 5	-0.088 3	0.202 9
2016	0.229 5	0.130 9	0.141 2	0.109 9	0.121 5	0.108 0	-0.080 1	-0.049 5
2017	0.178 7	0.191 5	0.005 9	0.018 1	0.204 3	0.009 1	0.098 5	0.198 8
2018	0.000 0	-0.038 1	0.028 4	-0.066 9	0.034 1	0.101 9	0.224 9	0.104 3

4.1.3 稻米土地与劳动效率增长率

表4.1.3.1 稻米主要产区土地效率增长率

年份	辽宁	吉林	黑龙江	江苏	浙江	安徽	福建
2005	-0.082 4	-0.117 4	-0.075 4	-0.243 7	-0.108 1	-0.107 0	-0.085 6
2006	-0.119 9	-0.138 6	-0.206 1	-0.016 1	0.016 7	-0.001 1	-0.084 2
2007	-0.195 9	-0.150 3	-0.145 5	-0.080 3	-0.154 3	0.041 5	-0.005 3
2008	0.094 8	0.119 1	0.069 0	0.036 2	-0.015 6	-0.365 7	-0.176 8
2009	0.189 8	0.130 0	0.100 9	0.016 3	0.003 3	-0.082 6	-0.180 6
2010	0.017 4	0.304 6	0.080 0	0.182 4	0.090 8	0.058 9	-0.131 8
2011	0.026 3	-0.081 5	-0.050 3	0.050 5	0.027 5	0.171 5	0.050 5

续表

年份	辽宁	吉林	黑龙江	江苏	浙江	安徽	福建
2012	0.015 9	0.053 0	0.117 2	0.229 4	-0.058 1	0.160 1	0.200 8
2013	0.015 3	-0.105 8	-0.036 8	0.053 1	0.053 0	0.022 3	-0.003 4
2014	0.029 0	0.117 6	0.017 0	-0.156 3	0.002 7	-0.041 9	-0.002 9
2015	0.010 5	-0.060 8	-0.048 1	-0.044 0	-0.012 0	-0.057 3	-0.041 8
2016	-0.044 9	0.078 6	0.016 4	-0.225 7	-0.067 5	-0.141 2	-0.036 5
2017	-0.017 8	-0.080 1	-0.059 5	-0.063 1	-0.050 5	-0.174 9	-0.061 3
2018	-0.088 2	-0.007 9	-0.084 2	-0.057 9	-0.013 8	-0.084 9	0.028 9

年份	江西	山东	河南	湖北	湖南	云南
2005	-0.114 0	0.144 2	-0.427 5	-0.158 9	-0.099 7	0.042 7
2006	0.022 6	-0.143 2	0.632 7	0.147 6	0.298 6	-0.072 8
2007	0.061 5	-0.262 9	-0.333 7	0.214 3	0.087 2	-0.096 2
2008	-0.131 2	-0.055 5	-0.092 5	-0.430 6	-0.250 6	0.047 4
2009	-0.058 7	-0.011 4	0.288 1	0.174 4	-0.208 7	0.042 1
2010	-0.198 7	-0.061 2	0.861 9	0.374 6	-0.096 3	0.287 4
2011	0.201 0	-0.230 6	-0.350 5	-0.065 4	0.264 1	0.233 0
2012	0.108 9	0.213 3	0.365 8	0.474 1	0.181 1	0.288 7
2013	0.161 3	0.850 0	0.032 3	0.070 7	-0.084 9	0.168 8
2014	0.011 0	-0.256 0	0.107 9	0.025 8	0.064 5	-0.149 0
2015	-0.044 6	0.118 7	-0.218 8	-0.211 5	-0.011 3	-0.019 1
2016	-0.054 4	-0.106 5	0.022 3	-0.072 3	-0.102 7	-0.039 1
2017	0.019 4	0.000 2	0.086 0	-0.373 6	-0.276 0	-0.055 8
2018	-0.123 8	-0.272 8	-0.195 0	0.136 1	0.197 6	-0.065 4

表 4.1.3.2 稻米主要产区劳动效率增长率

年份	辽宁	吉林	黑龙江	江苏	浙江	安徽	福建
2005	0.250 4	0.311 0	0.098 1	0.027 7	-0.024 9	0.032 8	-0.078 7
2006	0.260 5	0.358 0	0.693 6	0.110 9	0.036 9	0.036 3	0.073 4
2007	-0.019 1	-0.236 6	-0.145 4	0.041 3	0.118 8	0.190 1	0.087 6

续表

年份	辽宁	吉林	黑龙江	江苏	浙江	安徽	福建
2008	-0.005 3	0.149 9	0.218 8	0.030 3	0.213 8	0.151 5	0.148 5
2009	0.202 0	-0.019 3	0.139 6	0.103 3	0.051 7	0.378 5	0.227 2
2010	-0.042 3	-0.012 5	0.510 1	0.219 1	0.172 1	0.226 5	0.228 9
2011	0.021 3	0.079 5	-0.003 4	-0.055 8	0.036 8	0.132 7	0.016 2
2012	0.186 4	-0.029 0	-0.103 2	-0.113 8	0.052 8	-0.173 4	-0.006 1
2013	-0.105 5	-0.107 8	0.022 2	0.059 9	-0.041 0	0.087 2	0.002 0
2014	0.412 7	0.087 0	0.245 1	0.115 0	0.058 6	0.094 3	0.083 7
2015	-0.127 8	0.004 8	-0.046 0	-0.085 3	0.028 0	0.089 0	-0.022 5
2016	0.180 4	0.137 2	0.063 4	0.223 6	0.146 8	0.172 9	0.033 6
2017	0.007 0	-0.021 0	0.004 0	0.223 5	0.017 3	0.306 2	0.037 3
2018	-0.087 1	0.152 6	-0.127 5	0.084 8	-0.052 7	0.142 1	0.027 2

年份	江西	山东	河南	湖北	湖南	云南
2005	-0.047 6	-0.236 0	-0.017 3	-0.033 1	-0.144 3	0.080 9
2006	0.168 0	0.329 7	-0.057 7	-0.193 2	0.098 3	0.119 0
2007	0.227 2	0.066 9	0.203 3	0.166 9	0.208 4	0.125 7
2008	0.189 6	0.120 6	-0.040 4	0.151 4	0.269 6	0.081 1
2009	0.228 2	0.156 3	0.317 4	0.017 1	-0.015 1	0.026 1
2010	0.126 4	0.248 0	-0.079 4	0.212 8	0.123 6	0.089 2
2011	0.095 8	0.172 4	-0.167 7	-0.037 2	0.010 9	0.014 7
2012	0.030 9	0.194 5	0.015 9	0.064 1	0.070 4	-0.062 5
2013	0.011 0	-0.551 2	0.259 7	-0.079 6	-0.045 0	-0.005 9
2014	0.065 2	0.515 1	0.158 3	-0.002 1	0.188 1	0.121 9
2015	0.011 1	0.234 4	-0.074 8	0.423 2	0.039 9	-0.073 4
2016	0.025 4	-0.152 3	-0.036 3	0.088 5	0.154 4	0.206 2
2017	0.082 7	0.222 6	0.077 8	0.560 3	0.123 9	0.096 9
2018	-0.092 7	0.018 7	-0.139 4	-0.009 0	-0.036 6	0.013 1

4.2 土地劳动密集型作物的要素效率增长率

4.2.1 花生土地与劳动效率增长率

表 4.2.1.1 花生主要产区土地效率增长率

年份	河北	辽宁	安徽	山东	河南	广东	广西	四川
2005	-0.077 6	0.059 9	0.054 2	0.147 7	-0.180 2	-0.062 6	0.149 4	0.276 1
2006	0.127 0	0.020 7	0.396 9	0.192 6	0.515 7	0.179 9	-0.057 8	-0.272 4
2007	0.389 6	0.382 2	0.125 8	-0.123 3	-0.382 2	0.140 3	0.008 2	-0.271 5
2008	-0.434 0	-0.567 9	-0.551 4	-0.445 6	-0.396 7	-0.109 4	-0.007 8	0.504 3
2009	0.655 3	0.602 8	0.454 3	0.851 7	0.654 9	-0.107 0	-0.273 5	0.195 4
2010	-0.056 9	-0.127 8	-0.222 9	-0.162 8	-0.103 2	0.052 5	0.322 8	-0.212 8
2011	0.136 9	0.007 6	0.120 3	0.045 9	0.495 6	0.173 7	0.308 9	-0.003 3
2012	0.039 9	0.401 1	0.329 2	0.082 0	0.042 8	0.087 4	0.134 1	0.340 4
2013	-0.130 6	-0.197 6	-0.260 1	-0.178 8	-0.348 8	-0.056 1	-0.010 9	-0.031 3
2014	0.145 1	-0.147 3	0.060 7	0.345 0	-0.053 6	0.041 6	-0.027 6	0.016 7
2015	-0.099 9	-0.402 3	-0.090 6	-0.194 0	0.092 0	0.007 0	0.016 2	0.113 7
2016	0.055 8	0.614 3	-0.031 4	0.062 9	0.150 6	0.059 5	0.035 3	0.222 1
2017	0.059 8	-0.357 0	-0.113 3	-0.051 8	-0.219 0	-0.076 4	0.030 4	-0.093 5
2018	0.220 4	0.123 6	-0.204 8	0.139 4	-0.038 5	0.090 6	0.063 0	-0.000 9

表 4.2.1.2 花生主要产区劳动效率增长率

年份	河北	辽宁	安徽	山东	河南	广东	广西	四川
2005	-0.032 8	0.312 8	-0.327 2	0.103 0	-0.109 4	-0.068 1	-0.037 7	0.829 7
2006	0.154 8	0.582 4	0.212 1	0.316 4	0.813 9	-0.030 5	-0.069 6	-0.385 1
2007	0.467 2	0.349 8	0.397 2	0.084 5	0.003 7	0.695 5	0.008 7	0.661 9
2008	-0.340 2	-0.520 1	-0.448 2	-0.403 9	-0.316 9	-0.124 1	0.002 9	-0.454 4
2009	0.686 4	0.781 2	0.881 3	0.892 5	0.887 5	-0.115 5	-0.091 4	-0.119 0
2010	-0.089 5	-0.277 6	-0.214 4	-0.149 2	-0.189 6	0.014 1	0.152 1	0.037 5
2011	0.051 1	0.042 4	0.183 3	0.004 5	0.537 9	0.066 0	0.255 5	-0.165 2

续表

年份	河北	辽宁	安徽	山东	河南	广东	广西	四川
2012	-0.115 4	0.211 0	0.302 1	0.066 6	0.003 0	0.017 8	-0.024 6	0.300 3
2013	-0.187 0	-0.089 9	-0.253 7	-0.282 8	-0.212 9	-0.072 9	-0.087 7	-0.072 0
2014	0.122 1	0.159 3	0.226 3	0.355 6	-0.066 4	-0.022 6	0.009 4	0.108 9
2015	-0.043 2	-0.344 1	0.029 2	-0.177 1	0.282 9	0.079 1	0.024 9	0.042 4
2016	0.058 9	1.065 2	0.555 6	0.092 9	0.129 3	0.015 3	0.016 2	0.308 6
2017	0.085 2	-0.302 9	0.063 8	-0.001 7	-0.240 8	0.031 6	0.080 6	-0.106 9
2018	0.258 6	0.054 4	-0.027 0	0.142 1	-0.000 1	0.013 6	0.096 9	0.006 1

4.2.2 油菜籽土地与劳动效率增长率

表 4.2.2.1 油菜籽主要产区土地效率增长率

年份	江苏	安徽	江西	河南	湖北	湖南	四川	贵州	云南	陕西
2005	-0.195 8	-0.068 1	-0.239 2	-0.099 0	-0.315 0	-0.000 4	-0.111 9	-0.210 1	-0.200 1	-0.150 1
2006	-0.029 2	-0.035 3	-0.062 1	0.089 1	0.105 7	-0.024 9	-0.063 9	0.104 7	0.053 7	-0.002 1
2007	0.271 9	0.471 9	0.189 6	0.179 2	0.359 9	0.213 8	-0.006 4	0.285 1	0.090 6	0.493 9
2008	0.129 2	0.154 4	-0.047 0	0.220 3	-0.109 7	-0.065 1	0.274 6	-0.138 8	0.125 0	-0.210 6
2009	-0.259 5	-0.180 8	-0.111 0	-0.363 6	-0.240 0	-0.260 1	-0.363 6	-0.198 6	-0.316 6	-0.218 6
2010	-0.055 6	-0.238 6	0.175 1	-0.260 4	0.092 4	0.014 4	0.027 4	-0.102 8	-0.147 7	0.073 9
2011	-0.118 7	-0.133 3	0.417 3	0.142 1	0.068 8	0.165 0	0.090 3	0.200 4	0.449 5	0.257 4
2012	0.285 9	0.586 4	-0.038 2	0.168 7	-0.038 5	-0.168 9	0.187 3	0.166 2	0.097 4	0.251 9
2013	0.079 6	0.180 3	0.195 9	0.178 5	0.294 1	0.443 4	-0.006 9	0.049 8	-0.231 0	0.058 8
2014	-0.062 2	-0.155 0	-0.037 4	-0.203 9	-0.183 2	-0.160 5	0.116 5	0.015 6	0.152 8	0.031 7
2015	-0.173 0	-0.145 4	-0.081 2	0.035 3	-0.229 9	-0.124 5	-0.008 1	0.029 4	0.015 4	-0.072 2
2016	-0.097 3	-0.052 4	-0.226 8	-0.079 2	0.004 2	-0.147 5	-0.116 9	-0.164 6	-0.000 9	0.063 9
2017	0.335 4	0.111 8	0.327 6	0.114 6	0.312 2	0.183 6	0.048 0	0.119 1	0.132 1	0.098 5
2018	0.007 1	-0.018 2	-0.120 4	0.006 8	0.055 3	0.095 2	0.003 9	0.105 5	0.032 4	-0.142 1

表 4.2.2.2　油菜籽主要产区劳动效率增长率

年份	江苏	安徽	江西	河南	湖北	湖南	四川	贵州	云南	陕西
2005	0.059 0	0.003 3	-0.276 3	-0.235 6	-0.090 8	-0.074 9	-0.168 1	-0.184 2	0.274 8	0.428 2
2006	-0.027 9	-0.088 5	0.443 4	0.136 2	0.138 4	-0.053 0	0.330 3	0.160 0	0.169 6	-0.036 4
2007	0.171 7	0.537 0	-0.118 3	0.349 1	0.271 8	0.323 4	0.392 5	0.283 0	-0.023 0	-0.001 9
2008	0.145 6	0.076 6	0.087 8	0.141 7	0.146 4	-0.098 6	0.311 2	-0.095 6	0.130 7	-0.257 7
2009	-0.225 2	0.019 2	0.065 6	-0.162 6	-0.239 4	-0.161 2	-0.412 3	-0.071 4	-0.241 3	0.222 7
2010	-0.073 8	-0.226 5	-0.258 4	-0.127 6	0.108 6	0.055 2	-0.015 4	-0.179 1	-0.292 1	-0.042 9
2011	-0.182 7	-0.049 1	0.199 1	-0.001 3	0.036 4	0.156 2	-0.005 0	0.213 1	0.408 9	0.140 4
2012	0.234 5	0.466 9	-0.133 3	0.403 7	-0.056 7	-0.234 1	0.063 4	0.186 8	-0.168 4	0.119 1
2013	0.095 0	0.158 2	0.351 7	-0.108 0	0.280 5	0.356 6	-0.085 1	0.062 9	-0.079 3	-0.008 9
2014	0.078 4	0.041 5	-0.032 7	0.017 4	-0.137 5	0.022 3	0.182 2	0.105 4	0.403 0	0.001 5
2015	-0.155 8	0.024 5	-0.018 7	-0.030 1	-0.183 2	-0.217 6	0.005 4	0.037 2	0.016 0	-0.084 3
2016	-0.172 9	-0.081 9	-0.199 6	0.060 0	0.087 9	-0.091 9	-0.114 5	-0.195 0	0.047 0	0.102 9
2017	0.503 9	0.187 2	0.298 0	0.024 9	0.348 5	0.485 4	0.201 8	0.146 1	0.155 5	0.071 2
2018	-0.011 4	-0.038 5	-0.095 5	-0.043 8	0.135 9	0.257 1	0.050 4	0.125 6	0.044 9	-0.055 2

4.2.3　棉花土地与劳动效率增长率

表 4.2.3.1　棉花主要产区土地效率增长率

年份	河北	江苏	安徽	江西	山东	河南	湖北	湖南	甘肃	新疆
2005	0.171 4	-0.276 6	-0.017 6	0.020 6	0.095 0	0.036 3	0.147 1	0.116 4	0.138 8	0.091 7
2006	-0.051 8	0.164 2	0.251 1	0.106 8	0.135 1	0.327 4	0.193 1	0.336 4	-0.021 4	-0.017 4
2007	0.080 0	0.010 4	-0.029 3	-0.027 4	-0.003 5	-0.042 8	-0.030 7	-0.115 0	0.068 8	0.056 2
2008	-0.239 1	-0.010 7	-0.243 1	-0.081 8	-0.169 1	-0.216 4	-0.256 4	-0.264 6	-0.118 4	-0.135 5
2009	0.478 2	0.146 2	0.256 0	0.175 0	0.361 9	0.276 4	0.312 7	0.458 9	0.240 6	0.110 9
2010	0.209 5	0.275 9	-0.048 2	-0.022 9	-0.121 1	0.153 3	-0.023 5	0.035 7	0.014 6	0.041 5
2011	-0.329 1	-0.388 9	0.160 9	0.083 9	-0.390 0	-0.108 7	0.078 1	-0.169 2	-0.210 8	0.081 4

续表

年份	河北	江苏	安徽	江西	山东	河南	湖北	湖南	甘肃	新疆
2012	0.109 3	0.600 5	0.015 5	-0.111 0	0.262 4	0.230 6	0.180 8	0.354 4	0.051 6	0.134 9
2013	0.041 2	0.007 8	-0.129 7	-0.063 7	-0.005 3	-0.030 9	-0.151 9	-0.367 5	0.057 6	-0.019 9
2014	0.050 8	-0.305 4	-0.115 8	0.070 6	-0.008 4	-0.090 0	-0.139 2	-0.061 6	-0.250 5	-0.142 7
2015	-0.028 2	0.082 7	0.147 4	-0.054 4	-0.142 5	-0.053 5	0.071 4	0.396 7	-0.013 6	-0.078 0
2016	0.349 8	-0.025 2	0.008 5	-0.002 6	0.462 2	0.009 6	-0.198 5	0.261 3	0.045 3	0.225 5
2017	-0.121 9	0.011 9	0.026 9	-0.027 9	-0.032 3	-0.119 1	-0.265 3	-0.411 0	-0.019 2	0.064 8
2018	0.124 9	-0.022 4	0.091 0	0.004 6	-0.103 3	0.228 0	0.286 4	0.178 5	0.079 8	-0.101 8

表 4.2.3.2 棉花主要产区劳动效率增长率

年份	河北	江苏	安徽	江西	山东	河南	湖北	湖南	甘肃	新疆
2005	-0.008 0	-0.221 3	-0.112 8	0.031 6	0.119 4	0.110 9	0.220 2	0.014 9	0.013 9	0.047 6
2006	0.077 8	0.116 7	0.074 2	0.295 0	0.137 7	0.209 2	0.199 5	0.341 7	0.018 6	-0.009 4
2007	0.128 6	0.009 9	0.062 8	0.004 8	0.014 6	-0.029 1	-0.058 6	-0.067 5	0.147 8	0.024 4
2008	-0.286 4	-0.023 6	-0.119 8	-0.073 9	-0.146 4	-0.114 7	-0.158 3	-0.160 4	0.135 8	-0.085 9
2009	0.490 3	0.169 5	0.395 2	0.240 9	0.402 1	0.327 6	0.368 5	0.619 1	0.080 4	0.265 9
2010	0.062 1	0.268 2	0.018 5	-0.100 8	-0.125 9	0.123 7	-0.066 1	-0.061 4	0.035 5	0.045 2
2011	-0.334 3	-0.367 9	0.299 4	0.065 5	-0.401 0	-0.081 2	0.095 9	-0.214 0	-0.090 8	0.479 8
2012	0.162 9	0.638 0	-0.103 3	-0.061 5	0.289 6	0.132 3	0.172 8	0.320 8	0.117 4	0.017 2
2013	0.014 5	-0.041 6	0.034 0	0.213 4	-0.005 1	-0.040 0	-0.135 7	-0.369 2	0.045 8	0.043 0
2014	0.120 2	-0.204 7	-0.102 3	-0.101 7	-0.005 6	0.005 3	-0.110 0	-0.044 3	-0.145 3	-0.082 3
2015	-0.052 9	0.065 5	0.189 2	-0.100 3	-0.133 0	0.000 5	0.196 9	0.488 8	0.026 8	0.006 9
2016	0.367 9	-0.026 3	0.060 0	0.030 7	0.468 8	0.013 4	-0.140 1	0.349 2	-0.021 4	0.167 4
2017	-0.101 1	0.055 2	0.060 6	0.023 2	-0.030 7	-0.064 6	-0.225 3	-0.385 7	-0.061 7	0.082 1
2018	0.137 5	-0.019 9	0.154 0	0.035 9	-0.066 0	0.268 1	0.299 4	0.219 5	0.065 1	0.114 2

4.3 劳动密集型作物的要素效率增长率

4.3.1 大白菜土地与劳动效率增长率

表4.3.1.1 大白菜主要产区土地效率增长率

年份	天津	石家庄	太原	沈阳	哈尔滨	南昌	济南	郑州	贵阳	兰州
2005	0.532 2	2.404 5	0.021 5	0.165 0	-0.032 2	2.718 1	2.564 7	0.387 4	-0.023 8	0.325 6
2006	-0.617 4	-0.067 0	-0.359 4	0.269 8	-0.301 9	-0.510 3	-0.437 1	-0.173 1	0.250 0	-0.081 3
2007	0.964 6	0.235 0	0.690 8	1.572 0	0.509 8	-0.213 7	0.527 2	0.484 3	0.633 5	-0.024 1
2008	-0.519 1	-0.037 7	-0.090 5	-0.283 5	0.218 8	0.295 5	-0.770 8	-0.157 5	0.110 8	-0.105 8
2009	-0.113 8	0.750 0	-0.006 2	-0.544 9	-0.165 4	-0.224 7	1.431 7	0.261 6	0.037 8	-0.343 1
2010	1.447 8	0.319 0	0.444 6	1.651 5	0.284 7	0.159 6	0.678 2	0.125 7	-0.053 2	1.360 8
2011	-0.709 7	-0.749 3	-0.470 2	-0.545 4	0.080 9	0.019 3	-0.766 1	-0.509 6	0.086 7	-0.056 6
2012	-0.027 1	-0.357 6	-0.059 4	0.119 7	-0.187 2	0.408 9	0.111 5	0.086 0	-0.052 0	-0.528 3
2013	0.985 1	0.313 4	0.945 0	1.597 2	0.359 4	0.015 5	1.518 2	0.639 1	0.127 9	0.706 3
2014	-0.234 9	0.298 2	-0.157 2	0.027 7	-0.226 0	0.054 3	-0.287 7	-0.043 0	-0.164 7	-0.138 6
2015	0.116 9	-0.049 4	-0.128 9	-0.176 4	0.549 5	-0.105 3	0.349 6	-0.019 3	0.119 8	0.064 9
2016	0.148 0	0.450 2	-0.181 0	-0.117 8	-0.175 1	-0.031 4	-0.037 3	0.037 5	0.117 7	-0.268 0
2017	-0.019 2	-0.131 0	-0.149 8	0.077 3	-0.180 2	-0.005 1	-0.025 2	-0.067 2	0.052 2	0.267 9
2018	-0.185 8	-0.133 2	0.199 8	0.178 4	0.289 6	-0.282 7	0.558 2	0.211 0	-0.045 6	0.114 1

表4.3.1.2 大白菜主要产区劳动效率增长率

年份	天津	石家庄	太原	沈阳	哈尔滨	南昌	济南	郑州	贵阳	兰州
2005	0.832 6	1.795 3	0.645 1	0.326 9	0.133 8	1.769 6	2.410 7	1.469 3	-0.035 0	0.235 9
2006	-0.396 7	0.221 6	-0.138 0	0.061 6	0.044 0	-0.375 9	-0.168 7	-0.070 1	0.733 4	-0.009 8
2007	0.913 2	0.808 7	0.302 2	1.467 5	0.005 2	-0.232 2	1.516 5	0.595 5	0.787 3	0.260 1
2008	-0.377 1	-0.429 0	-0.179 3	-0.283 4	0.380 8	0.279 1	-0.784 7	-0.192 1	0.064 4	-0.077 9
2009	-0.240 1	0.479 2	0.323 5	-0.588 6	-0.446 3	-0.063 3	1.070 4	-0.354 1	0.117 9	-0.380 5
2010	1.240 0	0.101 9	0.143 7	1.452 5	0.186 7	-0.031 4	0.754 1	-0.085 3	-0.211 6	0.781 9

续表

年份	天津	石家庄	太原	沈阳	哈尔滨	南昌	济南	郑州	贵阳	兰州
2011	-0.624 1	-0.895 9	-0.201 7	-0.397 0	0.177 6	1.015 9	-0.711 4	-0.506 4	-0.120 9	0.111 8
2012	-0.074 1	4.382 3	-0.123 1	-0.254 0	-0.266 9	0.231 7	-0.228 2	0.033 2	-0.035 9	-0.525 4
2013	0.951 1	0.038 2	0.738 3	1.554 6	0.368 5	0.285 8	1.264 1	0.682 3	-0.010 2	0.797 6
2014	-0.114 3	0.049 0	-0.375 8	-0.014 7	-0.218 2	-0.418 2	-0.283 6	0.099 3	-0.029 3	-0.188 2
2015	0.029 6	0.090 1	-0.102 3	-0.169 8	1.256 2	0.456 6	0.286 0	-0.050 1	0.123 1	0.027 9
2016	0.101 5	0.334 6	-0.206 8	-0.095 5	0.078 0	-0.180 6	-0.080 5	0.014 0	-0.072 5	-0.270 3
2017	0.016 3	-0.091 2	-0.180 2	0.052 7	-0.057 8	0.231 7	-0.064 0	-0.045 5	0.108 3	0.243 1
2018	-0.210 5	-0.121 5	0.381 9	0.175 8	-0.234 3	0.000 3	0.711 5	0.738 2	-0.072 7	0.083 9

4.3.2 苹果土地与劳动效率增长率

表4.3.2.1 苹果主要产区土地效率增长率

年份	北京	河北	山西	辽宁	山东	河南	陕西	甘肃
2005	1.301 3	0.120 1	0.294 7	-0.102 8	-0.081 8	-0.104 3	0.185 3	-0.396 2
2006	0.452 5	-0.048 3	0.328 7	-0.032 4	0.033 1	0.613 1	0.020 9	1.521 3
2007	-0.351 5	0.270 9	0.090 6	0.728 2	0.436 9	0.052 3	0.508 0	0.556 7
2008	0.030 6	-0.076 1	-0.213 4	-0.261 9	-0.147 4	-0.178 6	-0.273 6	-0.208 2
2009	1.114 9	-0.031 3	0.021 4	0.489 4	0.247 6	0.068 1	0.358 7	0.008 0
2010	0.037 5	0.097 2	0.232 0	0.070 9	0.362 4	0.702 0	0.250 5	0.950 1
2011	-0.019 5	0.232 4	0.289 1	-0.177 5	-0.143 9	-0.239 4	0.189 4	0.081 8
2012	0.180 8	-0.001 8	-0.123 8	-0.177 8	-0.010 8	0.185 2	0.232 5	-0.157 1
2013	-0.142 7	-0.088 9	-0.165 4	0.008 0	-0.138 0	-0.200 3	-0.014 1	0.034 1
2014	-0.071 4	0.013 0	0.104 1	-0.022 5	0.295 1	0.138 9	0.141 0	0.151 8
2015	0.117 2	-0.115 1	-0.215 2	-0.139 3	-0.240 6	-0.044 8	-0.216 2	0.020 6
2016	-0.095 6	0.001 5	0.140 3	-0.121 6	-0.037 2	0.104 9	0.005 5	-0.279 7
2017	-0.040 3	-0.062 2	0.072 0	0.242 3	-0.033 8	-0.113 5	-0.055 0	0.133 5
2018	-0.087 6	0.374 0	-0.152 2	-0.123 1	0.329 6	0.075 8	0.099 1	-0.029 4

表 4.3.2.2　苹果主要产区劳动效率增长率

年份	北京	河北	山西	辽宁	山东	河南	陕西	甘肃
2005	0.322 6	0.117 0	0.388 2	0.266 1	-0.005 4	0.446 3	0.298 0	-0.402 9
2006	0.018 0	0.069 4	0.234 4	0.048 3	0.054 9	-0.028 5	-0.048 0	1.081 7
2007	1.932 3	0.300 9	0.056 9	0.367 7	0.524 0	0.364 7	0.569 3	0.469 4
2008	-0.291 5	-0.135 1	-0.181 5	-0.215 9	-0.164 4	-0.282 2	-0.212 9	-0.264 5
2009	0.384 2	-0.013 5	0.011 5	0.221 5	0.240 2	0.285 6	0.400 2	-0.004 4
2010	0.034 8	0.069 5	0.588 0	-0.087 5	0.362 2	0.610 0	0.189 6	0.739 2
2011	0.055 3	0.264 1	0.199 2	-0.127 1	-0.149 0	0.006 5	0.122 8	0.055 4
2012	-0.005 2	-0.037 2	-0.175 7	-0.198 2	-0.086 7	-0.067 2	0.160 1	-0.205 7
2013	0.018 7	0.034 1	-0.143 7	-0.030 7	-0.131 4	0.079 2	-0.030 5	0.007 4
2014	-0.361 0	0.069 2	0.122 9	-0.019 0	0.405 6	0.115 2	0.123 2	0.213 3
2015	0.057 8	-0.156 6	-0.225 2	0.114 8	-0.263 2	-0.218 5	-0.228 0	0.032 7
2016	-0.115 3	0.004 7	0.077 7	-0.230 8	0.028 1	0.074 0	-0.015 3	-0.247 0
2017	0.511 0	-0.047 2	-0.041 4	0.129 8	-0.019 7	-0.110 3	-0.084 0	0.221 9
2018	0.115 8	0.254 3	0.007 0	-0.064 0	0.333 8	0.172 5	0.139 2	0.066 2

后 记

今夜，我静坐在书桌前，为即将收尾的书稿撰写后记。时值9月，窗外下着小雨，淅淅沥沥的雨声，不时传入耳中，让人睡意全无。我思索着该从何处落笔，心中思绪万千，感慨颇多！明日便是中秋佳节，城市已经开始洋溢着节日的气氛，我的感怀却不是由此而起。

那一年，我怀揣着对经济学执教的兴趣和热爱，入职河南农业大学从事教学科研工作，而今已经18年有余。刚踏上工作岗位的我，对未来充满憧憬，又有些许的迷茫。我会在闲暇时读些专业书籍，结果是书读了一些，却常常觉得没有方向感。那时的我并未意识到，自我踏入农大校园那一刻起，已经与农业农村问题的研究结缘。我的身边有许多年长的学者，常年深入农业农村生产一线，深耕不倦。在他们的耳濡目染下，我越来越多地关注三农领域问题，日益产生浓厚兴趣，主要研究方向也逐步聚焦到农业经济与农村发展方面，希望能以此为农业农村发展尽微薄之力。

到了后来，我有幸被首都经济贸易大学录取，再次获得学生身份，我的学习和研究也由此发生重要转折。在我的母校，学习环境优美，学习资源丰富，最重要的是，这里有一批造诣高深的经济学专家，他们学术情怀高洁宽广，学术思想积淀深厚。在这些老师的教育下，我不仅学习了经典和前沿理论，而且也学习了现代分析方法。相对深入和系统的学习，推进了我对三农问题的研究。尤其是经过我的导师王军教授的悉心指导，我进一步明确了研究主题和对象，开始集中于技术进步偏向和农业内生发展的研究，对该领域问题有了一些自己的认识，在此基础上逐步积累形成本书的初稿。

我要感谢我的工作单位河南农业大学，感谢我的直接工作部门文法学院；谢谢学校和学院多年的培养，使我能够时常保持学习的状态；谢谢学校和学院提供的良好教学和科研环境，奠定了我学术研究的基础。我要特别感谢陈娱教授、王晓勇教授和李伟教授，你们或谆谆教导，或善意劝勉，使我更加坚定信念——作为一名农大人，要心系农业农村发展，要立足于工作岗位笔耕不辍。这激励着我最终完成本书的初稿。我还要衷心感谢学院和系部的老师们，你们的支持和帮助使我有了更多的时间和精力完成书稿的撰写。

我要感谢我的母校首都经济贸易大学，感谢我学习的经济学院，谢谢老师们对我多年的潜心教育。正是在你们的培养下，我系统地学习了新理论和新方法，拓宽了学术视野，丰富了知识体系。我深深地感谢我的导师王军教授，正是由于老师不辞辛苦的指导，我完成了博士阶段的学业，在此基础上撰写完成了本书。我也要感谢学院的张连城教授、李婧教授、徐则荣教授和杜雯翠教授等，谢谢你们对我专业问题的细致解答，使我能够相对完整地呈现书稿的研究内容。

我要感谢首都经济贸易大学出版社，谢谢出版社为本书出版所做的排版、印刷等工作。我要特别感谢薛捷编辑，谢谢他对书稿宝贵的修改建议！

我要感谢我的两个家庭，谢谢我的原生家庭，我的父母早已步入古稀之年，身体也时常抱恙，但他们不会轻易打扰我，为的是我能够安心工作，早日完成书稿；谢谢我的时下家庭，爱人的鼓励和孩子的笑脸，常常会在懈怠时化作我坚持下去的动力。我还要谢谢自己，谢谢那个努力撰写书稿，认真工作的自己！所幸，我终于要交付书稿，完成多年的心愿！

我要衷心感谢所有关心、支持和帮助我的人们！

最后，我要以此书献给我热爱的"三农研究"事业，希望自己能够不忘初心，愈行愈远！